EL PARADIGMA

JONATHAN CAHN

CASA
CREACIÓN

Visite la página web del autor: www.jonathancahn.com

Traducido por: Belmonte Traductores
Diseño de la portada por: Justin Evans
Director de arte: Justin Evans

Originally published in the U.S.A. under the title: *The Paradigm*
Published by Frontline Charisma Media/Charisma House Book Group,
a Charisma Media Company, Lake Mary, FL 32746 USA
Copyright © 2017 Jonathan Cahn

Library of Congress Control Number: 2017953221
ISBN: 978-1-62999-367-6
E-ISBN: 978-1-62999-368-3

Impreso en los Estados Unidos de América
18 19 20 21 22 — 7 6 5 4 3 2

ÍNDICE

UNAS PALABRAS DE PREPARACIÓN

P OR LO GENERAL, no escribo prefacios; pero debo hacerlo aquí, pues son necesarias unas palabras de preparación. *El paradigma* es de una naturaleza tan explosiva, sus revelaciones son tan específicas y están tan relacionadas con personalidades y acontecimientos concretos de nuestros tiempos, con temas con tanta carga y concernientes a los poderes que son, que su intención puede malinterpretarse fácilmente y su propósito puede ser mal percibido. De ahí que lo que escribo aquí lo repetiré en el libro. Es lo bastante importante para afirmarlo más de una vez.

El paradigma no está dirigido contra ninguna persona o personas. Aunque hable sobre personalidades del mundo moderno, se citan como parte de dejar que ocurra lo que tenga que ocurrir según el desarrollo del misterio. Y por tanto, aunque hablará de figuras mundiales, en última instancia no se tratará de ellas; su enfoque final será el cuadro general que implica a toda una nación y civilización. La importancia de las personalidades implicadas está en los papeles que han desempeñado en ese cuadro general y en el desarrollo del esquema antiguo.

El paradigma es, sobre todo, la revelación de un misterio, un esquema, un paradigma antiguo, que de manera increíble y asombrosa tiene todo que ver con nuestros tiempos.

Es también la revelación de una advertencia a una nación y una civilización que concierne a su rumbo presente y el final definitivo de ese rumbo.

En cuanto a las figuras citadas, no hay lugar alguno en el reino de Dios para la malicia, solo para el amor. Se nos encomienda que nos opongamos a lo que es erróneo pero que amemos a todos, incluso a quienes participan en lo que es erróneo. Hay una sola respuesta y una acción correctas: amarlos, orar por ellos, y hablar la verdad en amor. Ninguno de los implicados tenía la más remota idea de que hubiera ninguna conexión o misterio. Actuaron sin conocimiento.

Aunque el libro abordará el ámbito político y muchos otros ámbitos, no es político sino espiritual y profético. Si queremos ver sus revelaciones, entonces antes de seguir adelante debemos dejar a un lado todas las ideas preconcebidas y presunciones, toda la política y opiniones y juicios relacionados. Debemos acercarnos a él con una apertura total, específicamente si no estamos familiarizados con lo que es bíblico o somos ajenos a ello. Por supuesto que podemos volver a retomar esas ideas al final, pero es crucial que por ahora las dejemos a un lado, al principio, si queremos destapar el misterio.

El misterio tendrá dinámicas únicas y propiedades asombrosas. Alguien podría buscar explicar algunos hechos, pero lo que estamos a punto de abrir no será cuestión de unos cuantos hechos, o ni siquiera varios hechos. Será abrumador en su alcance, en su amplitud, en su coherencia, y en la magnitud de sus detalles. Es algo que ningún ser humano podría haber orquestado o fabricado.

Es mi oración, sobre todo, que Dios utilice este libro para lograr sus propósitos, profética y soberanamente, para despertar, para iluminar, para empoderar, para alentar, para hacer regresar, para restaurar, para avivar, para salvar, y para un tiempo como este.

Capítulo 1

EL ESQUEMA MAESTRO

- ¿Es posible que exista un esquema maestro que esté detrás de los acontecimientos del mundo moderno?

- ¿Es posible que este esquema se originara en tiempos antiguos y sin embargo revele los acontecimientos del siglo XXI?

- ¿Podría este esquema anunciar el ascenso y la caída de líderes y gobiernos modernos?

- ¿Podría ser que eventos que tuvieron lugar casi tres mil años atrás estén determinando ahora el rumbo de nuestro mundo y con él el rumbo de nuestras vidas?

- ¿Podría revelar este misterio no solo los eventos del mundo moderno sino también el *momento* de esos eventos, revelando el *año* en que un evento ha de producirse y en algunos casos indicando la *fecha exacta*, y al menos en un caso incluso la *hora exacta*?

- ¿Podría un esquema del Oriente Medio antiguo anunciar incluso el resultado de unas elecciones presidenciales?

- ¿Podrían las figuras antiguas dentro del paradigma tener las claves y los misterios que hay detrás de los gobernantes y líderes de los tiempos modernos, teniendo cada figura un prototipo antiguo y teniendo cada figura antigua un antitipo moderno?

- ¿Podría dar los parámetros exactos de tiempo asignados a los líderes mundiales modernos para permanecer en el escenario nacional y mundial?

- ¿Es posible que todos seamos parte de la repetición del misterio?

- ¿Y qué sucedería si pudiéramos descubrir el paradigma y abrir el esquema maestro?

- ¿Qué nos revelaría, o de qué nos advertiría, con respecto a nuestro futuro?

E STE LIBRO SERÁ la revelación y el descubrimiento del esquema antiguo, el misterio que cobró vida era antes de que naciera el pueblo al que concierne y milenios antes de que tuvieran lugar los acontecimientos que revela. El esquema es objetivo y fijo; no tiene ninguna animosidad contra nadie ni contra los que implica. Yo tampoco tengo. Si el paradigma concerniera a distintos pueblos o poderes, aun así lo habría escrito. Está por encima de toda revelación de un misterio que haya operado en un segundo plano y haya afectado a nuestras vidas y tiempos. Cualquier conexión con alguna personalidad o acontecimiento del mundo moderno será cuestión de dejar que ocurra lo que tenga que ocurrir del misterio antiguo. Debido a su naturaleza explosiva, me sentí tentado a no escribirlo; pero debido a su naturaleza crítica, no podía dejar de hacerlo. Porque contenida en el misterio está no solo una revelación sino también una advertencia fundamental.

El paradigma toca no solo a quienes están en el poder sino toda la vida en este planeta y todo ámbito de la vida, desde política hasta espiritualidad, economía, historia, derecho, religión, cultura, relaciones internacionales, moralidad, incluso el rumbo de naciones. Aunque ha tocado o determinado el ámbito de la política, ese hecho es incidental con respecto a su interés supremo, el cual no es político sino algo mucho mayor. Es la revelación de dónde hemos estado y dónde estamos, y una advertencia en cuanto a dónde nos dirigimos.

Primero debemos identificar y después abrir el paradigma. Para hacerlo, comenzaremos un viaje de casi tres mil años, desde las arenas de un árido paisaje del Oriente Medio hasta la tierra y las calles de los Estados Unidos en la actualidad, desde antiguos palacios hasta la Casa Blanca. Veremos a reyes y reinas despiadados, misteriosos sacerdotes y sacerdotisas, secretos y escándalos, ídolos y dioses, profetas y hombres santos, señales, portentos, maravillas y presagios.

Al final veremos que dos misterios se entrelazan y se fusionan, el de *El paradigma* con el de *El presagio*. Porque *El paradigma* es la otra dimensión y el ámbito de *El presagio*. Cada uno de ellos surge del mismo terreno. Cada uno fue forjado en la matriz de la misma civilización. Si *El presagio* abrió revelaciones y advertencias proféticas en las formas de objetos y acciones, en *El paradigma* las personas mismas se convierten en revelaciones proféticas: líderes en el escenario del mundo moderno se convierten en los presagios.

Veremos que antiguos monarcas y presidentes modernos se fusionan, los reinados y las acciones de antiguos reyes gobernando los reinados y las acciones de líderes modernos, antiguos escándalos que yacen tras escándalos modernos, y los acontecimientos de tiempos antiguos determinando el rumbo, la dirección y los tiempos de los acontecimientos del mundo moderno.

Y en todo esto veremos nuestros días bajo una nueva luz y desde un punto de vista eterno.

Con cada uno de los misterios del paradigma, la revelación tendrá lugar en tres partes:

- La apertura de los acontecimientos antiguos
- El paradigma mismo
- La manifestación del paradigma en el mundo moderno

El paradigma en sí será distinguido por el hecho de que aparecerá de forma sangrada en una caja.

A fin de abrir el misterio, antes debemos poner el fundamento. Para destapar el esquema, debemos regresar a tiempos antiguos y a la tierra del paradigma.

METAMORFOSIS

L A IDEA DE que podría existir un esquema desde tiempos antiguos en el cual están contenidos y revelados los acontecimientos del mundo moderno, incluso el momento de esos acontecimientos y las personas que tomarían parte en esos acontecimientos sonaría, sin duda alguna, demasiado increíble para ser cierto.

Pero ¿y si fuera cierto? ¿Y si revela todo eso además del rumbo en el que estamos actualmente, el fin definitivo de ese rumbo, y una advertencia concerniente al futuro? Si existiera tal cosa, querríamos conocerla y no podríamos permitirnos no conocerla.

En este capítulo presentaremos el escenario del misterio del paradigma, un misterio que comienza hace casi tres mil años atrás.

El paradigma

¿Qué es exactamente un paradigma?

Un *paradigma* se define como un patrón, un modelo, un esquema, un prototipo, un ejemplar, un arquetipo.

Aparecen paradigmas a lo largo de la Biblia. En el monte Sinaí se le dio a Moisés un patrón, o paradigma, desde el que construir el arca del pacto y la Tienda de la presencia de Dios. También hubo un paradigma, o plano, para la construcción del Templo de Jerusalén en épocas posteriores. Pero también aparecieron en las Escrituras otros paradigmas y otros tipos de paradigmas.

Los profetas utilizaban paradigmas. Realizaban actos proféticos, o actos de simbolismo profético: rasgar un manto, romper una vasija de barro, enterrar una escritura en la tierra. Esas cosas eran paradigmas proféticos, modelos de acontecimientos que habían de llegar. Rasgar el manto anunciaba que un reino sería arrebatado a su rey; romper la vasija, la destrucción de una ciudad; y enterrar la escritura, la restauración de una nación.

Aparecen paradigmas también en los relatos de personajes bíblicos: la vida del patriarca José, un hombre rechazado por sus hermanos, falsamente acusado, y que sufrió por los pecados de otros; sin embargo, termina siendo el salvador de una nación, un anuncio del Mesías que vendría. Además de esto, aparecen también paradigmas en las crónicas bíblicas de la historia de Israel: patrones, advertencias y ejemplos para generaciones aún por llegar. Con respecto a este último ámbito, el apóstol Pablo escribió lo siguiente:

"Y estas cosas les acontecieron como ejemplo, y están escritas para amonestarnos a nosotros…".[1]

En otras palabras, eventos antiguos no solo quedaron *registrados* para futuras generaciones, sino que realmente *sucedieron* para futuras generaciones. En la expresión *estas cosas*, Pablo se está refiriendo concretamente a la apostasía de Israel de antaño, a su alejamiento de Dios, a su aceptación de la inmoralidad. Todo ello era para servir como ejemplo y advertencia o amonestación para futuras generaciones.

Tras la palabra *ejemplo* está la palabra griega *tupos*. De *tupos* obtenemos la palabra *tipo*, y también puede traducirse como patrón y modelo. La misma palabra griega se utiliza en otro lugar en el Nuevo Testamento para hablar del patrón, o esquema, que recibió Moisés en el monte Sinaí. La palabra *tupos* puede traducirse también como paradigma. Por tanto, el pasaje podría expresarse de este modo:

"Estas cosas les sucedieron a ellos como *paradigmas*, y fueron escritas para nuestra advertencia…".

De modo que también el paradigma que estamos a punto de descubrir no solo revela sino también advierte. Su advertencia concierne a un error fatal cometido en tiempos antiguos que ahora está siendo recreado en nuestra época.

Pero ¿cómo podría un esquema antiguo hablar de acontecimientos modernos, y mucho menos revelar sus detalles? La respuesta es que Dios es soberano. Él conoce cada acontecimiento antes de que se produzca; además, Él hace que todos los acontecimientos, cada acción y reacción, obren para que se lleven a cabo sus propósitos. No es que el paradigma llegó como una profecía de acontecimientos futuros, sino más bien que Dios puede intercalar e interconectar cualquier acontecimiento con cualquier otro acontecimiento y cualquier momento con cualquier otro momento, y así unir dos mundos, el antiguo y el moderno, incluso cuando los dos están separados por un abismo de eras.

La metamorfosis

El paradigma revelará una nación, una civilización, que pasa por una metamorfosis peligrosa. Afectará a los Estados Unidos en particular, y a la civilización occidental y la civilización mundial en general. Como los Estados Unidos ha sido el centro y el líder de la civilización occidental y moderna, operará como el escenario central del paradigma; sin embargo, la revelación afectará al mundo entero.

Esta metamorfosis que tiene lugar en nuestra época está siguiendo el curso de una transformación antigua: la de la antigua Israel. ¿Por qué Israel? Israel es la nación paradigma, la nación que se erige como el patrón o modelo, para bien o para mal, ante el resto del mundo. Israel es la nación ejemplar. Más allá de eso, cada nación y cultura de la civilización occidental está en alguna manera relacionada con Israel. Están unidos a la nación antigua en primer lugar mediante sus fundamentos espirituales, morales y culturales. La civilización estadounidense está especialmente relacionada, pues fue fundada por los puritanos para ser una Israel del Nuevo Mundo.

El paradigma está formado por lo que tuvo lugar en la antigua Israel. Pero había dos Israel en tiempos antiguos: el reino del norte, conocido como Israel y también Samaria, y el reino del sur, conocido como Judá. Nuestro enfoque estará en el reino del norte.

Por tanto, ¿qué sucedió exactamente?

Israel había sido fundada para la voluntad y los propósitos de Dios, pero con el tiempo la nación comenzó a apartarse del Dios de su fundamento y del fundamento sobre el cual había sido establecida. Se alejó de Dios y se acercó a los ídolos. En el reino del norte, esto comenzó con la adoración del becerro de oro. La sustitución de Dios por ídolos de madera y de piedra, y de lo invisible por lo visible, físico y tangible representó también un descenso al materialismo, la carnalidad y la sensualidad.

Y como ellos mismos estaban creando sus propios dioses, la metamorfosis también representaría un alejamiento de la verdad absoluta y una aceptación de la subjetividad. Si ellos podían crear su propia verdad, entonces ya no podía haber ninguna verdad absoluta. Así, ellos podían entonces desautorizar la Palabra de Dios y crear nuevas leyes para anular las leyes de Dios y una nueva moralidad para anular las normas que antes habían considerado inmutables. Y así lo hicieron.

Comenzaron a alejar a Dios de sus plazas públicas, de su gobierno, de la enseñanza de sus hijos, de su cultura, y de sus vidas. Eliminaron su Palabra de su discurso público y la ley de Dios de su conciencia colectiva. Y al expulsar a Dios, crearon un vacío; a ese vacío llevaron aún más dioses. Sus vidas estaban ahora inundadas de ídolos y eran cada vez más carnales, materialistas y fragmentadas. Y su civilización estaba en guerra contra el fundamento sobre el cual se erigió.

Siempre había habido personas entre ellos que participaban en prácticas y ritos paganos y que vivían en guerra con la moralidad bíblica, pero lo hacían desde los márgenes de su sociedad. Sus prácticas eran tabú, prohibidas por la ley o la costumbre, y realizadas en las sombras; pero a medida que continuó el alejamiento de la nación de Dios, tales cosas comenzaron a aparecer de entre las sombras. Con el tiempo serían toleradas, después aceptadas, entonces establecidas, y después impuestas. La nación se había convertido ahora en aquello a lo que antes se oponía y prohibía. La metamorfosis fue completa.

De esas cosas que surgieron de entre las sombras, la más esencial fue una deidad cananea que finalmente llegaría a dominar la cultura de la nación. Incluso llegaría un tiempo en que los monarcas de la nación doblaron sus rodillas ante él. Su nombre era *Baal*, que llegó a convertirse en la personificación de la caída de la nación.

Baal era el dios más destacado del panteón cananeo. Sus imágenes lo describen vestido con un casco cónico y con una lanza en su mano derecha levantada y preparada para el combate. Era el dios de la guerra, señor del cielo, dueño del viento, los relámpagos, las lluvias y las tormentas. Era el dios de la fertilidad y, por tanto, del aumento y la prosperidad. Los cananeos imploraban a Baal que sus campos fueran fructíferos y sus vidas prósperas. Para invocar su favor, los cananeos construían altares en sus lugares altos, en sus valles, y en medio de sus bosques. Y alrededor de sus altares se reunían para adorar en ritos paganos y para ofrecer sacrificios de grano y de ganado, e incluso de ofrendas más preciosas.

A medida que progresó su apostasía, la adoración de Baal se fue volviendo cada vez menos sutil y más clara y desvergonzada. Aquello que en épocas anteriores habría chocado contra las sensibilidades morales de la nación, ya no lo hacía. A medida que pasó el tiempo, les resultó menos necesario fingir o disfrazar la transformación que se estaba apoderando de ellos.

Habían cambiado a su Dios. Y al hacerlo, fueron testigos de la transformación de todo lo que habían conocido: su cultura, sus líderes, sus principios, sus leyes, sus caminos, sus hijos, sus valores, su naturaleza, su historia, su identidad, y finalmente su futuro. Aquello que al principio les parecía libertad resultó ser algo muy diferente al final. Al haberse alejado de la luz, ahora eran dominados por la oscuridad. Baal les había prometido libertad, pero les dio degradación y al final destrucción nacional.

La profanación sagrada

Con su nuevo dios llegó una nueva moralidad. Ante los ojos de cualquier seguidor verdadero de Dios, la adoración de Baal solo podía ser considerada como vil e inmoral. Y a medida que esa adoración y culto comenzaron a infiltrarse en la nación, su cultura se fue volviendo cada vez más grosera, dura y vulgar. En el culto de Baal, la vida no era sagrada sino devaluada; y si incluso su religión y adoración eran viles, entonces ¿qué podía ser sagrado? Nada era sagrado ya. Si podían derrocarse los valores, entonces no podía haber ningún bien o mal absolutos. Entonces la vida misma podía no tener un valor absoluto, dignidad, significado o propósito. Entonces la vida podía ser y era devaluada.

En la cosmovisión de la fe bíblica que Israel había seguido antes, el hombre era sagrado, la mujer era sagrada, y la unión entre los dos era sagrada. Había de estar contenida dentro del sagrado matrimonio; pero en el culto a Baal, matrimonio y sexualidad no tenían ningún valor absoluto y, por tanto, ninguna santidad absoluta. Por consiguiente, también podían ser devaluados.

Baal era carnal, una deidad de impulso y pasión. Moraba en un panteón marcado por la promiscuidad sexual. Sus consortes femeninas eran personificaciones de la pasión sexual desbocada. En sus templos y altares había sacerdotes y sacerdotisas que oficiaban actos de inmoralidad sexual y participaban en ellos. En la adoración a Baal, la sexualidad estaba divorciada de la santidad del matrimonio y se convertía en la posesión del culto, del templo y de la cultura. Así, la sexualidad fue trasladada desde el ámbito privado del lecho matrimonial y situada para mostrarla públicamente. Y cuando el vallado sagrado del matrimonio quedó derribado, la sexualidad saturó cada vez más el ámbito público. Por todas partes había ídolos de las diosas cananeas de la fertilidad, imágenes de barro de mujeres desnudas. La cultura se volvió sexualizada; y esto, a su vez, debilitó y erosionó la institución del matrimonio. Si la sexualidad podía separarse del ámbito del matrimonio en ritos paganos, entonces podía separarse del matrimonio de otras maneras. Se podían tener relaciones sexuales con otras personas aparte del cónyuge; se podían tener relaciones sexuales totalmente fuera del matrimonio. Por tanto, proliferó la inmoralidad sexual.

Fue una espiral. Con la proliferación de la inmoralidad sexual, el matrimonio quedó debilitado; y cuando el matrimonio quedó debilitado, la inmoralidad sexual proliferó aún más, debilitando más aún el matrimonio y alentando más aún la inmoralidad sexual. Y en una civilización que una vez reverenciaba el pacto del matrimonio tal como fue ordenado por Dios, el efecto fue mucho más drástico y destructivo.

Pero eso no fue el final. La guerra de Baal contra el orden de Dios llegó más lejos. Si nada era sagrado o no tenía ningún valor absoluto, tampoco lo eran las naturalezas y distinciones entre varón y hembra: el género. Y si el género no tenía ningún valor absoluto o propósito, entonces uno podía hacer con él lo que quisiera. En el primer ataque, la sexualidad fue divorciada del matrimonio. En el segundo ataque fue eliminada del género, la biología y la naturaleza.

En los altares de Baal y los dioses de Canaán había una clase de personas conocidas como las *kadeshote*. La palabra viene de la raíz hebrea *kadesh*, que significa santo o consagrado; pero el término es irónico. Las kadeshote eran prostitutas consagradas a deidades paganas. Era su "ministerio" realizar actos sexuales en los templos y altares de Canaán.

Había otra clase de personas muy relacionadas con las kadeshote llamadas los *kadeshim*. Estaban igualmente consagrados a los dioses cananeos y se dedicaban igualmente a realizar actos sexuales. En muchos aspectos eran idénticos a las kadeshote pero con una diferencia: eran varones. Los kadeshim eran prostitutos. Realizaban actos homosexuales en los altares y templos cananeos. En la traducción antigua de las Escrituras hebreas al griego hecha por Aquila Ponticus, los kadeshim son denominados los *endiellagmenoi*, o los cambiados. De modo que la religión de Baal implicaba la confusión de varón y hembra, la erradicación de la distinción entre los dos. Y los kadeshim eran los sacerdotes de la confusión, hombres en lugar de mujeres. También eran una señal. Siempre había habido pecado, pero en los tiempos de Baal, el pecado se consagró en la cultura de Israel. La nación que antes había conocido a Dios, ahora celebraba la transgresión declarándola kadesh, santa. Así, los kadeshim eran la señal de una civilización que se había alejado de Dios y ahora se estaba alejando del orden establecido por Él.

El altar

Baal demandaba sacrificios, que fueran más preciosos que el grano y el ganado. Demandaba la vida humana. Si ellos ofrecían a sus propios hijos, entonces su dios los bendeciría con aumento y prosperidad. Ese era el precio de la nueva moralidad: las vidas de sus hijos.

¿Qué implicaba eso exactamente? Los escritos de historiadores de antaño nos dan destellos gráficos. Ellos describen a padres ofreciendo a su hijo a Baal poniéndolo en las manos de bronce del ídolo. Bajo sus brazos había encendido un fuego en el cual el niño sería consumido; y entonces ellos esperaban recibir la bendición de su dios.

Esta era la religión y la adoración que Israel aceptó tras alejarse de Dios, y el horror de la nueva moralidad. Fue este acto lo que produjo el juicio de la nación. Después de que cayó el juicio, la crónica bíblica resumió la profundidad de la depravación de la nación en un solo versículo:

"E hicieron pasar a sus hijos y a sus hijas por fuego…".[2]

La ofrenda de niños se generalizó tanto, que a veces se le daba una sanción oficial. Pasó de ser una práctica pagana prohibida realizada en secreto a ser un derecho respaldado desde los niveles más altos de la sociedad y el gobierno. Incluso reyes ofrecían a sus hijos e hijas regios. Aunque fue defendida primero en el reino del norte, la adoración a Baal y el sacrificio de niños se volvió tan predominante que se extendió incluso hasta el reino sureño de Judá.

Aquello que según las medidas de ética más básicas sería juzgado como una grave maldad, el asesinato de los más inocentes, fue proclamado un derecho incontestable. La vida ya no era sagrada; la muerte sí lo era. El sacrificio de niños se convirtió en un sacramento.

Pero ante los ojos de Dios y de su pueblo, tal cosa nunca podría considerarse aceptable ni nada más excepto el más horrible de los actos. Los profetas declararon su maldad y les advirtieron de sus consecuencias:

"Porque me dejaron, y enajenaron este lugar, y ofrecieron en él incienso a dioses ajenos, los cuales no habían conocido ellos, ni sus padres, ni los reyes de Judá; y llenaron este lugar de sangre de inocentes. Y edificaron lugares altos a Baal, para quemar con fuego a sus hijos en holocaustos al mismo Baal".[3]

Sus manos estaban cubiertas de sangre. Habían hecho oídos sordos al clamor de sus hijos; pero el cielo los escuchó. Y la destrucción que ellos habían llevado a cabo sobre los altares de Baal se convirtió en su propia destrucción.

¿Podría la metamorfosis que tuvo lugar en la antigua Israel estar repitiéndose en nuestra propia época? Ahora comenzaremos la revelación del paradigma.

Capítulo 3

DÍAS DE LOS DIOSES

¿**P**ODRÍA SER QUE lo que tuvo lugar en tiempos antiguos en una tierra del Oriente Medio guardara el secreto de lo que ahora está teniendo lugar delante de nuestros ojos en los Estados Unidos y en todo el mundo?

Para comenzar la revelación del misterio, tomaremos el esquema de la metamorfosis que alcanzó a la antigua Israel, el paradigma, y lo compararemos con el mundo moderno.

Días de metamorfosis

El paradigma comienza del siguiente modo:

> La nación, cultura y civilización que habían sido establecidas sobre la Palabra de Dios y dedicadas a los caminos de Dios comenzará a alejarse del Dios de su fundamento. Comenzará sutilmente al principio, pero a medida que pase el tiempo, el alejamiento será cada vez más claro y descarado.

La civilización estadounidense fue dedicada desde su comienzo a la voluntad y los propósitos de Dios, establecida según el ideal y el patrón de la antigua Israel. Pero a mitad del siglo XX comenzó una metamorfosis crítica: un alejamiento del Dios de su fundamento. La transformación fue sutil al principio, pero con el tiempo se fue volviendo cada vez más clara y descarada.

La metamorfosis no estuvo limitada a los Estados Unidos. La civilización europea también había sido edificada sobre el fundamento de la fe bíblica; pero en el siglo XX se hizo cada vez más obvio que estaba experimentando la misma metamorfosis. Las iglesias se vaciaron y se estableció un secularismo poscristiano.

> A medida que la nación y la civilización se alejen de Dios, se volverán a la idolatría para llenar el vacío. Deificarán el mundo material, y así, se volverán cada vez más materialistas y cada vez más obsesionadas con lo sensual.

Tal como sucedió en la antigua Israel, así también sucedió en el mundo moderno. En los Estados Unidos y en gran parte de Occidente, el alejamiento de Dios condujo a una aceptación de la idolatría. Los ídolos no eran llamados ídolos o dioses; y adoptaron formas modernas: los ídolos del dinero, el éxito, el placer, la prosperidad, la comodidad, las adicciones, el materialismo, el ensimismamiento, la autocomplacencia y la adoración a uno mismo. Igual que en la metamorfosis antigua, con el alejamiento de Dios y el camino hacia la idolatría, la cultura se volvió cada vez más materialista y cada vez más obsesionada con lo sensual y adicta a ello.

> En paralelo con su descenso progresivo a la idolatría habrá un movimiento en aumento hacia el relativismo moral: desechar la verdad absoluta. Debido a eso llegará la redefinición de la verdad, la realidad y los valores. Se introducirá una "nueva moralidad" que prevalecerá por encima de los valores y los caminos de Dios y del terreno moral bíblico que por mucho tiempo había servido como su fundamento.

Por tanto, el alejamiento moderno de Dios hacia la idolatría ha conducido a la aceptación del relativismo moral, la apostasía, y el rechazo de la verdad absoluta. En los Estados Unidos, la idea de una nación "bajo Dios" se erosionó. La cultura y el estado redefinieron lo que era verdadero, lo que era real, y lo que era bueno y malo. Como en la apostasía antigua, se introdujo una "nueva moralidad". La nueva moralidad era invariablemente antibíblica y anticristiana, y era en realidad una versión recuperada de paganismo antiguo. Rechazó los caminos y las normas de Dios y los catalogó como desfasados y restrictivos.

> A medida que continúe la apostasía, la cultura comenzará a eliminar progresivamente a Dios de su plaza pública, de su gobierno, de su discurso público, de la educación de sus hijos…de la vida.

A principios de la década de 1960, los Estados Unidos comenzó a eliminar visiblemente a Dios de su vida pública, de su sistema educativo, de su gobierno, de su cultura. La oración fue progresivamente prohibida en eventos públicos, se quitaron las Biblias de las escuelas públicas, y los Diez Mandamientos fueron eliminados de las paredes y los monumentos de la plaza pública. El fenómeno generalizado se pudo ver también en otras naciones y culturas de Occidente.

> Aquello que antes se había practicado solamente en secreto, ritos de moralidad pagana y actos que estaban en guerra con la moralidad bíblica, ahora comenzarán a aflorar de entre las sombras de la cultura para quedar expuestos.

Como en la metamorfosis antigua, avanzada ya la apostasía moderna, aquello que antes se había practicado solamente en secreto ahora comenzará a aflorar de entre las sombras de la cultura para quedar expuesto, desde el hedonismo y la inmoralidad sexual hasta el ateísmo y la impiedad. Cada uno era una manifestación de una moralidad pagana o antibíblica. A medida que la cultura fue cada vez más anticristiana, lo que antes había sido tabú fue aceptado cada vez más, y aquello que solamente existía en la marginalidad entró ahora en su corriente prevaleciente.

Al igual que pocos en el mundo moderno admitirían jamás servir a ídolos, muchos menos admitirían nunca servir a Baal; sin embargo, cuando una civilización que antes ha conocido los caminos de Dios se aleja de esos caminos, inevitablemente se vuelve a Baal. El nombre de Baal nunca se pronunciará; sin embargo se le servirá a él, de una manera u otra. Cuando una cultura o una vida se entrega a servir al espíritu de aumento, ganancia, beneficio, materialismo, prosperidad e interés personal por encima de todas las cosas, se ha entregado a Baal. Él es el zeitgeist, el espíritu de la época, el dios del aumento y el materialismo, el principio que habita en la civilización moderna y la posee. Como en tiempos antiguos, una civilización que antes conoció a Dios se había alejado de Él y se había vuelto a Baal. Y como en tiempos antiguos, él sigue siendo el dios de la apostasía moderna: el dios de la metamorfosis.

Días de profanación

> A medida que progrese la metamorfosis, la cultura será cada vez más descarada, grosera, dura y vulgar. Cada vez más estará marcada e inundada por la vulgaridad, la obscenidad y la degradación.

Tal como sucedió en la apostasía antigua, así la apostasía moderna ha sido testigo de una vulgarización de la cultura. Las culturas estadounidense y occidental se han vuelto cada vez más crudas, duras, vulgares y obscenas. Si a una persona que vivió en la década de 1950 en los Estados Unidos se le diera la capacidad de poder mirar al futuro, a lo que se mostraría en las pantallas de televisión estadounidenses en la actualidad, le parecería apocalíptico. Y si nosotros no estamos igualmente asombrados, eso es tan solo una medida de cuán insensibles nos hemos vuelto; como sin duda lo eran las generaciones de la apostasía de Israel.

> A medida que continúa el alejamiento de Dios, aquello que antes se consideraba sagrado, como el matrimonio, ya no será visto así. Progresivamente, el matrimonio estará divorciado de la sexualidad. El vínculo matrimonial se debilitará y se erosionará. El debilitamiento abrirá aún más la puerta a la proliferación de la inmoralidad sexual; y esa proliferación debilitará más aún los vínculos del matrimonio.

Por tanto, no es por accidente que el alejamiento actual de Dios haya sido testigo de una erosión paralela del matrimonio y del aumento del divorcio entre matrimonio y sexualidad. Donde antes incluso la representación de la sexualidad fuera del matrimonio era prácticamente impensable, ahora se ha convertido en la norma. Y a medida que se ha erosionado el vínculo matrimonial, ha proliferado la inmoralidad sexual, la cual a su vez ha debilitado aún más el vínculo del matrimonio.

> Al estar divorciada la sexualidad del matrimonio, se
> traspasará progresivamente desde el dormitorio hasta el
> ámbito de la cultura popular. Y así, la cultura se volverá
> cada vez más sexualizada.

Como en la apostasía antigua, también nosotros hemos sido testigos de la salida de la sexualidad de los límites del ámbito privado. Por tanto, lo que antes era la posesión privada y sagrada del lecho matrimonial, se mostró en el escenario de la cultura popular, en las películas, en la televisión, en la música popular, prácticamente en todas las facetas de los medios de comunicación y la industria del entretenimiento; y en la internet. La cultura se volvió cada vez más sexualizada.

> Imágenes carnales y eróticas y objetos de deseo sexual se
> multiplicarán y se mostrarán abiertamente. La cultura se
> saturará de ellos. Una civilización fundada sobre un es-
> píritu de consagración se entregará progresivamente a un
> espíritu de profanación.

Como en los días de la caída de Israel al alejarse de Dios, cuando las imágenes eróticas de diosas cananeas estaban por todas partes, así también en la apostasía moderna imágenes eróticas y pornográficas han saturado la cultura. Esto es evidente en la generalización de la pornografía y en que la corriente prevaleciente se ha vuelto más pornográfica.

En los templos y los altares de la apostasía de Israel estaban las prostitutas de Baal. En griego bíblico, la palabra para *prostituta* es *porne*; y de *porne* obtenemos la palabra *pornografía*. Los Estados Unidos, la civilización consagrada y dedicada en su comienzo a ser una luz para las naciones, ahora en cambio llena el mundo de imágenes pornográficas.

> Al profundizar la apostasía, entra en su siguiente etapa:
> el divorcio entre sexualidad y género. Aceptará la confu-
> sión de varón y hembra. Consagrará la práctica de la ho-
> mosexualidad, celebrará lo que la Palabra de Dios declara
> pecado, y considerará sagrada la inmoralidad: kadesh.

Como sucedió en el caso antiguo, así también la apostasía moderna ha pasado del divorcio entre sexualidad y matrimonio al divorcio entre sexualidad y género. En el caso antiguo, este principio estaba personalizado por los kadeshim. En la repetición actual, se ha manifestado en la generalización, celebración y consagración de la homosexualidad. Y sin embargo, la guerra moderna contra el género tiene muchos prismas e involucra todo, desde inmoralidad sexual hasta ingeniería social. Pero la confusión de género es una parte tan distintiva de la apostasía moderna como lo fue de la apostasía antigua.

Días del altar

¿Podría la parte más oscura del paradigma antiguo hablarnos también a nosotros más de dos mil quinientos años después? ¿Podrían los altares de Baal tener un paralelismo actual en nuestros días? Si es así, ¿cuáles son los altares de Baal en el tiempo actual?

Un altar es un instrumento de muerte y destrucción. Los altares de Baal eran la consecuencia de la apostasía antigua y su conclusión lógica, el oscuro lado subterráneo de la nueva moralidad. Aquí está el paradigma:

> Cuando la civilización se aleje de Dios y quede perdida la santidad de la vida, aceptará y cometerá el más oscuro de los actos: la destrucción de sus más inocentes, la muerte de sus hijos.

No es ningún accidente que la primera civilización en la era moderna en personificar un rechazo total de Dios y de la moralidad bíblica, la Unión Soviética, fuera también la primera en legalizar la muerte de niños aún no nacidos. Tampoco es ningún accidente que en el mismo tiempo que los Estados Unidos comenzó a alejarse radicalmente de Dios y de sus fundamentos bíblicos, a mitad y final del siglo XX, también aceptó el matar a sus más inocentes. Solamente entonces legalizó el aborto. Esta misma convergencia tuvo lugar en gran parte del mundo occidental.

> Cuando la apostasía progrese, la muerte de niños pasará de ser un acto realizado en secreto y en contra de la ley a ser una práctica respaldada desde los niveles más altos de la sociedad y legalizada por quienes están en el poder.

Como en el caso antiguo, la práctica de matar a niños no nacidos aún tuvo lugar primero en secreto y en contra de la ley. Pero a medida que progresó la apostasía, el acto salió de entre las sombras para convertirse en política pública. Fue entonces respaldado por los niveles más altos de la sociedad y la cultura y legalizado por quienes estaban en el poder. Los Estados Unidos y Occidente se volvieron a los altares de Baal.

> El asesinato de los inocentes será ahora defendido como
> un derecho incuestionable, un derecho sagrado, incluso
> un acto sagrado: un sacramento.

Es difícil imaginar que cualquier cultura pudiera permitir el sacrificio de
niños; pero que tal cosa pudiera considerarse un acto sagrado desafía los límites de toda comprensión. Pero eso es exactamente lo que tuvo lugar en la
apostasía antigua. ¿Podría incluso esta faceta del paradigma corresponderse
con el tiempo actual?

Los sacerdotes de Baal eran los que supervisaban y participaban en el
sacrificio de niños. Sus equivalentes actuales serían quienes supervisan la
muerte de niños no nacidos aún en los abortos. La siguiente es una cita de
una mujer que literalmente supervisó la muerte de decenas de miles de criaturas por nacer, Patricia Waird-Bindle:

> "El aborto es una gran bendición, y un *sacramento* en manos de las
> mujeres…".[1]

El vínculo entre aborto y paganismo, como en los sacrificios de Baal,
Moloc, Artemisa, y las otras deidades sangrientas del mundo antiguo, se ve
claramente en las palabras de la autora feminista Ginette Paris. En su libro,
titulado sorprendentemente *El sacramento del aborto*, ella escribe:

> "No es inmoral escoger el aborto; es simplemente otro tipo de mora-
> lidad, una moralidad *pagana*".[2]

Continúa:

> "Nuestra cultura necesita nuevos rituales al igual que leyes para de-
> volver al aborto su dimensión *sagrada*…".[3]

Por tanto, ¿cuál es exactamente la dimensión sagrada que antes poseía y
que ahora hay que devolverle al aborto, a la muerte del hijo propio? En caso
de que la relación se quede en terreno ambiguo, Paris lo explica:

> "El aborto es un sacrificio a Artemisa. El aborto es un sacramento para
> que el don de la vida permanezca puro".[4]

Paris no está sola. Otros defensores de la nueva moralidad, autoras femi-
nistas radicales, han hablado del aborto como enviar al niño al que se ha
dado muerte a la diosa madre, relacionando el aborto con los sacrificios in-
fantiles paganos de tiempos antiguos, como en los altares de Baal. Y aunque

muchos defensores del aborto nunca utilizarían esa terminología, sin darse cuenta hablan como algo sagrado de la práctica y el derecho a realizarlo.

Cuando los niños de Israel eran sacrificados en los altares de Baal, la nación hizo oídos sordos a su clamor; pero Dios sí los oyó. La sangre de los inocentes condujo al juicio de la nación. Así, en el caso moderno hemos levantado a nuestros niños de igual modo sobre los altares de nuestra apostasía e igualmente hemos hecho oídos sordos a su clamor. Pero incluso según las medidas más básicas de moralidad, permanece la verdad clara e inevitable: matar a un bebé, arrebatar una vida inocente, es tan malo y horrible como cualquier acto humano podría ser malo y horrible. Y como en tiempos antiguos, ninguna cantidad de palabras, legislación o normas puede alterar ese hecho. Que hayamos aprobado tal cosa o no hayamos hecho nada para detenerlo es una acusación no solo para nuestra civilización actual, sino también para cada uno de nosotros que lo hemos aprobado o no hemos hecho nada.

Para quienes han participado en este acto o en cualquier acto del que se habla en este capítulo, el amor de Dios es mayor que cualquier pecado, y su misericordia más fuerte que cualquier culpabilidad. Todo aquel que busque el perdón de Él lo encontrará.

Pero cualquier civilización que hace guerra contra los caminos de Dios, aprueba el mal, y sacrifica a millones de sus hijos sobre los altares de sus transgresiones, se erige como el reino antiguo: se erige sobre terreno peligroso y bajo la sombra del juicio de Dios.

El paradigma de los reyes

Hemos entrado en el paradigma. Hemos visto su cuadro general, su amplitud y su perspectiva macro, el esquema profético general de nuestros tiempos. El escenario está listo.

Ahora estamos a punto de entrar en otro ámbito del misterio antiguo, un ámbito en el cual yacen revelaciones específicas con respecto a los tiempos en que vivimos, un ámbito en el cual se encuentran detalles concretos, personas concretas, acontecimientos concretos, e incluso los momentos en los cuales tenían que tener lugar acontecimientos concretos. Aunque pueda parecer surrealista o imposible, todo está ahí y ha estado ahí durante más de dos mil quinientos años.

Sus ramificaciones serán explosivas; por tanto, debemos prepararnos en consecuencia antes de entrar.

A fin de abrir este otro ámbito del paradigma, es crucial que entendamos de lo que estamos hablando ahora. Cuando el profeta Jeremías rompió una vasija de barro delante de los ancianos de Israel, fue un acto de simbolismo profético que anunciaba o se correspondía con el destrozo o la destrucción de Jerusalén. El acto profético, el símbolo, el modelo, o el paradigma, se correspondía con un acontecimiento o realidad del futuro.

Pero una vasija de barro no es Jerusalén, sino que se *corresponde* con Jerusalén. El patriarca hebreo José es considerado por rabinos judíos y cristianos como un prototipo profético del Mesías. Eso no significa que el Mesías deba ser lanzado a un pozo y encarcelado en una mazmorra egipcia. El hecho de que el cordero de la Pascua sea una sombra o prototipo del sacrificio del Mesías tampoco significa que el Mesías tendrá lana. Por tanto, cuanto hablamos de símbolos, tipos, esquemas y paradigmas proféticos, estamos abordando su correspondencia. El esquema, o paradigma, no puede ser nunca exactamente igual a la realidad o el acontecimiento que anuncia o con el que se corresponde. Tampoco cada elemento, detalle o característica de un símbolo o tipo profético encaja con cada elemento y detalle de la realidad que anuncia o representa.

Así sucede también con el paradigma. Nunca podría darse que cada elemento, detalle o característica del caso antiguo pudiera ser manifestado o ser repetido en el caso moderno. Si así fuera, *sería* el caso antiguo. Más bien es que algunos elementos, algunos detalles y algunas características del caso antiguo se manifestarán en el moderno.

Para entender el paradigma, debemos entender el ámbito de las señales y el simbolismo profético. En el ámbito de las señales, dos acontecimientos correspondientes pueden no tener ninguna relación natural entre ellos. Los elementos que en el caso antiguo están unidos intrínsecamente y naturalmente el uno con el otro pueden reaparecer en el caso moderno sin tener ninguna relación natural entre ellos. Y como las señales operan en el ámbito de lo que se ve, un acontecimiento en el caso moderno puede corresponderse con un acontecimiento en el caso antiguo no porque comparta la misma naturaleza sino porque comparte la misma forma o aspecto externo, o están unidos en el ámbito de la percepción. Además, un acontecimiento del caso antiguo, un único elemento del paradigma, puede relacionarse con más de un acontecimiento o elemento en el caso moderno. Por el contrario, varios acontecimientos o elementos del caso antiguo puede que estén conectados o relacionados con un solo acontecimiento o elemento en la repetición moderna.

———————

Desde luego, existen diferencias fundamentales entre el mundo antiguo y el moderno. El mundo antiguo estaba gobernado por reyes, y sus reinados con frecuencia comenzaban y terminaban con la muerte y a veces el derramamiento de sangre. Pero en el mundo de las democracias modernas, los reinados de los líderes con frecuencia comienzan y terminan mediante elecciones políticas. Por tanto, los antiguos reyes del paradigma se corresponderán con líderes modernos. Y el ascenso y la caída a veces sangrientos de los reyes antiguos se corresponderán con el ascenso, la caída, la derrota y la victoria política de los líderes modernos. Los medios serán diferentes, pero los finales seguirán siendo los mismos.

Al abrir esta dimensión del paradigma, el misterio se centrará en líderes y jugadores concretos en el escenario del mundo moderno. Tras cada líder o jugador moderno descansará un misterio: un personaje de antaño, un gobernador, un lugar, un rey o reina, del paradigma. La figura antigua será el prototipo de la figura moderna. La figura moderna será el antitipo de la figura antigua. Las dos figuras, antigua y moderna, servirán como señales.

———————

Por último, los líderes modernos no deben considerarse equivalentes exactos de las figuras antiguas; tampoco podemos presumir que las figuras modernas estén operando por los motivos o la naturaleza con que lo hicieron sus predecesores. Que exista una correspondencia en papel y función no significa que deba haber una correspondencia de motivos. Sin ninguna duda, los jugadores modernos han actuado sin tener concepto alguno del esquema antiguo o de las consecuencias de sus decisiones y acciones a la luz de la Palabra y del juicio de Dios. Pero están unidos a sus predecesores en cuanto a que han desempeñado un papel y función correspondientes en relación con la apostasía moderna, en cuanto a que han entrado en el esquema de su predecesor.

Y debemos asegurarnos de no cometer nunca el error de considerar a cualquier hombre o mujer como un enemigo. Las Escrituras nos enseñan a amar sin condición o distinción y a orar e incluso bendecir a quienes nos persiguen. Mucho más debemos amar y orar por quienes se oponen a los caminos de Dios. Esta es la única respuesta piadosa; cualquier cosa fuera de ello es pecado. Debemos, por una parte, oponernos firmemente a cualquier agenda que haga guerra contra la voluntad de Dios y, aún así, por otra parte, orar por aquellos que avanzan y ejecutan tales agendas.

El paradigma es antiguo. El esquema no puede cambiar. Pero las personas pueden cambiar. Esa es la esperanza. Y por tanto el mensaje, la advertencia y el llamado del paradigma son para ellos tanto como lo son para cualquiera. Por mucho que se hayan introducido en el paradigma de su predecesor, debemos orar para que salgan de él.

Así que comenzamos ahora. Nos embarcaremos en un viaje desde ciudades del Oriente Medio hasta la capital estadounidense, desde palacios antiguos hasta la Casa Blanca, de sacerdotes y sacerdotisas misteriosos, de reyes y reinas crueles, de invasores y asesinos, de profetas y hombres santos, de señales, portentos, maravillas y presagios, y hasta el misterio de nuestros tiempos.

Abrimos ahora un ámbito que nos dará revelaciones inquietantes y a la vez asombrosas. Comenzaremos con el primero de los personajes del paradigma, una figura que en muchos aspectos pondrá en movimiento todo lo demás. El misterio implicará a un monarca antiguo y un presidente moderno. Entramos en el paradigma del rey.

Capítulo 4

EL REY

L A APOSTASÍA DE la antigua Israel había tenido lugar a lo largo de generaciones; fue una caída larga y continua, y terminó solamente en el juicio y la destrucción de la nación. Pero entre su principio y su final hubo un periodo de tiempo concreto en que se aceleró y profundizó de manera radical. Durante ese tiempo se traspasaron líneas que nunca antes habían sido traspasadas, y se derribaron vallados que anteriormente habían sido considerados sacrosantos.

Fue durante ese periodo cuando la cultura atravesó una transformación radical. Hasta ese momento, aunque muchos habían transgredido las normas de Dios, seguía habiendo la comprensión de que tales cosas eran transgresiones. En otras palabras, alguien podía quebrantar la ley, pero se entendía que tal persona era un malhechor. Pero ahora todo eso cambió. Ya no era cuestión de transgredir normas o quebrantar la ley; ahora las normas mismas serían derrocadas.

Antes de este periodo, las prácticas paganas más atroces se realizaban en secreto. Ahora serían realizadas desde los más elevados terrenos de la cultura, en templos y palacios reales públicos. La moralidad pagana se convirtió ahora en la moralidad gobernante de la nación. La inmoralidad se convirtió en el código de moralidad de la nación, y la transgresión se convirtió en su ley. Por primera vez, la moralidad del mundo pagano suplantó por completo a la moralidad bíblica sobre la cual se había fundado la nación.

Baal siempre había sido adorado en secreto en los márgenes de la sociedad, pero ahora su culto se convirtió en la religión oficial de la tierra. Por primera vez en la historia de la nación, el gobierno se alió plenamente con el dios fenicio. Por primera vez, las prácticas de su culto fueron patrocinadas por el estado; por tanto, el gobierno estableció a Baal y su adoración y separó del estado a Dios y sus caminos. Todo fue trastornado.

No sucedió de la noche a la mañana. Fue de nuevo la intensificación y aceleración de un alejamiento continuado; y no sucedió sin pelea. Implicó una guerra cultural: la nueva moralidad contra la moralidad tradicional y los caminos de Dios, entre quienes pretendían derrocar el fundamento bíblico de la nación y quienes pretendían preservarlo.

¿Quién inició esas cosas? ¿Quién fue el pionero de ellas? ¿Quién sirvió como el catalizador para esta transformación de la sociedad? ¿Quién era rey?

El rey se llamaba *Akhav*. Lo conocemos como Acab. Era el hijo del comandante militar Omri, quien había ascendido al trono por la fuerza. La crónica bíblica registra que Omri hizo lo malo ante los ojos del Señor, peor que los reyes que le habían precedido. Acab, por tanto, fue criado bajo la sombra de un padre impío, lo cual sin duda alguna influenció sus caminos y sus actos como rey.

Pero el acontecimiento más crítico de la vida de Acab fue su matrimonio con una mujer extranjera. Se casó con la princesa de Fenicia, el reino vecino de Israel. La princesa había sido criada en una cultura pagana y era hostil a la adoración de Dios. Ella servía al Dios de los fenicios: Baal.

Cuando ella llegó a Israel y después a su trono, estaba decidida a resistirse a la fe de su nueva tierra. Mucho más que eso, haría guerra contra ella e intentaría aniquilar su existencia. Acab tradujo la furia de ella en una guerra política, cultural y espiritual contra el Dios de Israel y aquellos que lo seguían.

El relato bíblico presenta a Acab como un hombre dividido. Contrariamente a su esposa, Acab provenía de una cultura que había conocido a Dios; por tanto, aceptar y defender la adoración de Baal era ir en contra de su herencia y de la fe de sus ancestros. Su esposa era pagana, pero Acab era apóstata. Quizá sucumbió debido a su educación, la influencia o falta de influencia de su padre, juntamente con la influencia pagana de su esposa.

Aunque él batalló contra el Dios cuyo nombre era *Jehová*, o *Yahvé*, puso por nombres a sus hijos *Ocozías*, que significa Jehová ha agarrado; *Joram*, que significa Jehová ha exaltado; y *Atalías*, que significa Jehová ha reducido.

Aunque les puso sus nombres antes de emprender su guerra, eso habla de un hombre que está en medio de dos mundos en conflicto. Por una parte, luchaba contra quienes defendían a Dios, incluso contra los profetas del Señor. Por otra parte, consultaba a profetas que le aconsejaban en el nombre del Señor. Él cometió una gran maldad contra los caminos de Dios; sin embargo, después expresaba públicamente tristeza y arrepentimiento por sus pecados y buscaba la misericordia del Señor. Acab era un hombre complicado, un hombre transigente, caído: un hombre dividido.

También estaba dividido en otros aspectos. Por un lado, parece haber sido apto como comandante, táctico, estratégico y calculador en su liderazgo. Por otro lado, parece un hombre de debilidad, débil en su moralidad y débil en su voluntad. Podía fluctuar desde una posición a la siguiente y de una emoción a otra en un instante. Era un hombre complicado, contradictorio, un enigma. Podía mostrar valentía en el campo de batalla en un momento y cobardía al siguiente, comenzar la construcción de una ciudad y después actuar como un niño. Un comentario bíblico resume a Acab como:

> "…moralmente débil, e interesado en los lujos de este mundo. Aunque podía mostrar verdadera valentía y a veces incluso prestar atención a la Palabra de Dios, sin embargo era básicamente alguien que transigía en cuanto a lo que la voluntad de Dios se refería. La estimación divina de su carácter se erige como un trágico epitafio…".[1]

En muchos aspectos, Acab fue la personificación de la caída de la nación. Él hacía concesiones, y también las hacía la nación. Él estaba dividido, y también lo estaba la nación. Él era un apóstata, y también lo era la nación. Él había nacido en medio de su apostasía, pero como rey la llevó hasta otro nivel; fue el catalizador para acelerar y profundizar su progresión. Él hizo lo que ningún otro rey de Israel había hecho jamás. Él dirigió una guerra espiritual, cultural y política contra la fe bíblica de la nación y sus valores tradicionales. Él supervisó el ascenso de una nueva moralidad pagana y presidió su consagración.

Él fue el primer rey de Israel en construir realmente un templo a Baal, y lo hizo en la capital. Fue una señal. Acab estaba uniendo plenamente al estado con una religión pagana y aliando a la nación con una nueva moralidad extranjera. La apostasía fue entonces patrocinada por el estado, y la inmoralidad se convirtió en la ley de la tierra. Bajo su reinado, el gobierno se convirtió en un instrumento para ser utilizado contra los caminos y el pueblo de Dios.

¿Qué significó todo eso para Israel? Significó que todo lo que representaba Baal se infiltró en la cultura; significó el debilitamiento de los valores absolutos y la alteración y redefinición de esos valores. Por tanto, el rey se convirtió en un agente de una forma de relativismo moral.

Baal era el dios cananeo de la fertilidad y la prosperidad material; su adoración era sensual y vulgar. Por tanto, bajo el reinado de Acab, la cultura de la nación se volvió progresivamente materialista, sensual, vulgar, profana y degradada. Acab se convirtió en un agente de degradación cultural.

La adoración de Baal implicaba el divorcio entre sexualidad y matrimonio y su paso desde el ámbito privado del matrimonio hasta el ámbito público del culto del templo. Así, a medida que Acab multiplicó los altares de Baal, se convirtió en un agente de inmoralidad sexual, y su reinado fue testigo del paso de la sexualidad a la plaza pública.

¿Qué más era la adoración de Baal? Lo más horrible era padres que mataban a sus hijos. Por tanto, en la defensa de Baal, Acab se convirtió en un agente para el derramamiento de sangre inocente, la muerte de los niños de la nación. Bajo su reinado, el gobierno respaldó la muerte de niños, y los frenos en contra de su asesinato fueron eliminados.

El paradigma del rey

Esta siguiente parte del paradigma tiene lugar dentro de un periodo concreto con características peculiares.

> La apostasía continuada de la nación entrará en un periodo de aceleración y profundidad. Durante este periodo se volverá predominante una moralidad antibíblica por encima de la moralidad tradicional y bíblica de la cultura.

¿Hubo tal periodo de aceleración en la apostasía de la civilización estadounidense y occidental? Lo hubo. La apostasía continuada fue notable desde la mitad hasta el final del siglo XX en adelante. La década de 1980 vio la "revolución Reagan", un movimiento que incluyó un llamado a regresar a los valores tradicionales; pero en el cuarto de siglo que comenzó a principios de la década de 1990, el alejamiento de la civilización estadounidense de su fundamento bíblico judeocristiano no solo se profundizó y se aceleró, sino que también entró en un nuevo territorio, cruzando umbrales críticos que nunca antes se habían traspasado. En ese mismo tiempo hubo un alejamiento estadísticamente masivo de la fe, concretamente de aquellos que anteriormente se habían identificado como "cristianos". Así, el paradigma:

> Durante este periodo de apostasía más profunda, la moralidad antibíblica se convertirá en la moralidad gobernante. Por tanto, valores antibíblicos o paganos suplantarán el fundamento moral bíblico sobre el cual habían sido fundadas la nación y la civilización.

Por tanto, comenzando a principios de la década de 1990 hubo una redefinición global de valores y modalidad. Aquello que en épocas anteriores habría sido identificado como ética y prácticas paganas ahora se convirtió en las prácticas generalizadas de la cultura, sus principios directivos, y su ética gobernante. Códigos morales que habían sido fundamentales para la civilización occidental durante siglos fueron derrocados en este periodo. Quienes permanecieron fieles a la Palabra y los caminos de Dios se encontraron entonces marginados, denigrados y en peligro de padecer persecución. Al final de este periodo se habló cada vez más del fin de un Estados Unidos cristiano y el fin del Occidente cristiano.

> La transformación no sucederá sin lucha. Habrá una guerra de cultura. La nueva moralidad hará guerra contra los caminos de Dios, y quienes busquen derrocar el fundamento bíblico de la cultura contra quienes velen por protegerlo: una *guerra cultural*.

Y así sucedió que en los Estados Unidos y Occidente, una frase que tuvo diversos significados en la historia se aplicó concretamente a este conflicto entre valores tradicionales o bíblicos y los valores que pretendían suplantarlos. El término fue *guerra cultural*. ¿Cuándo se aplicó el término a este conflicto concreto? Sucedió a principios de la década de 1990, el principio exacto de este periodo concreto.[2]

El periodo de apostasía más profunda contenida en el paradigma concierne a los tiempos del rey Acab y su casa. Esto conduce a la pregunta inevitable. Si estos son los tiempos de Acab, entonces ¿dónde está el Acab de los tiempos?

Ahora debemos tener en mente las claves y los principios dados en el capítulo anterior. También debemos tener en mente que contrariamente al caso antiguo, los líderes modernos son elegidos por el pueblo, no tienen autoridad absoluta, y no reinan indefinidamente. Por tanto, no podemos culpar a un solo líder de la apostasía de una nación. En última instancia, el pueblo mismo es quien debe soportar la responsabilidad de su propio rumbo.

Sin embargo, los líderes son responsables de liderar, y sus acciones tienen un gran peso para bien o para mal. Teniendo todo eso en mente, ahora debemos preguntarnos: "¿Tienen el Acab del paradigma o el paradigma de Acab un paralelismo en el mundo moderno? ¿Hay un rey Acab de los Estados Unidos y la civilización occidental, un antitipo del rey antiguo? Si es así, ¿quién es?". Nos referiremos a esta parte del paradigma como "el rey".

> El rey reinará sobre una cultura en medio de una apostasía continuada; pero presidirá el principio de una era concreta en la cual la apostasía será mucho más profunda y acelerada.

Fue la cultura estadounidense y occidental la que estuvo en medio de una larga apostasía. ¿Quién presidía sobre ella? Durante la mayor parte del siglo XX en adelante solo puede haber una respuesta: el presidente de los Estados Unidos, el equivalente actual al rey de la antigua Israel. El periodo de apostasía acelerada comienza a principios de la década de 1990. ¿Quién llegó al poder en esa época? Hay un solo candidato: Bill Clinton. Él presidirá como "rey", o gobernante, sobre el principio de este periodo, la era de la apostasía cada vez más profunda.

> El rey estará al frente de una guerra cultural que marcará los años de su reinado.

No es solamente el momento de su presidencia lo que encaja en el esquema, sino también su naturaleza. La carrera presidencial de Bill Clinton estuvo unida a la guerra cultural desde su comienzo. El término *guerra cultural* en su aplicación moderna fue acuñado en 1991.[3] La campaña de Clinton a la presidencia fue anunciada ese mismo año. De hecho, los dos acontecimientos, el principio de la aplicación moderna del término y el principio de la campaña presidencial de Clinton, tuvieron lugar a dos meses de distancia el uno del otro.

En el paradigma, Acab no solo se sitúa al frente de la guerra cultural que divide a su nación, sino que está claramente a un lado de ella: el lado de la nueva moralidad, el lado que actúa contra la moralidad tradicional y bíblica. Así también, no había cuestión alguna sobre en qué lado de la guerra cultural se situó Clinton. Él se situó en el lado del cambio, y concretamente el derrocamiento de la moralidad tradicional y bíblica.

Al igual que Acab, Clinton estaría unido a una guerra cultural a lo largo de sus días en el poder. De hecho, en el discurso más famoso dado jamás con respecto a la guerra cultural, el enfoque estuvo concretamente en Bill Clinton y la agenda que él quería ejecutar en los Estados Unidos.[4]

¿Revela el paradigma algo sobre el hombre mismo?

> El rey será un hombre dividido. Por un lado, provendrá de una cultura fundada sobre la fe en Dios; por otro lado, aceptará y defenderá una cultura y una ética que están en guerra contra el Dios de su herencia. Se opondrá a quienes están del lado de Dios y en contra de sus planes; sin embargo, a veces buscará consejo piadoso. Hará guerra y pecará contra los caminos de Dios, y sin embargo, expresará públicamente tristeza y arrepentimiento. Será un hombre en conflicto, transigente, complicado y dividido.

Así también, la imagen que tenemos de Bill Clinton es la de un hombre complicado y un hombre dividido. Fue educado como Bautista del Sur y cuando era pequeño asistía regularmente a la iglesia y la escuela dominical.[5] Aunque Clinton fue educado con un fundamento bíblico, aceptó una ética y moralidad que hacían guerra contra la moralidad bíblica. Como lo fue su prototipo, el rey Acab, Clinton fue un hombre dividido. Con respecto a quienes se oponían a su agenda según términos bíblicos, arremetió contra ellos; y sin embargo, a veces buscaba consejo piadoso, al igual que hacía su prototipo antiguo. Pecó contra los caminos de Dios y después expresó arrepentimiento y tristeza, igual que hizo Acab.

El paradigma de Acab revela también otras divisiones:

> Él será un líder táctico, calculador y estratega. Al mismo tiempo, parecerá ser un hombre de debilidad: debilidad moral y debilidad de la voluntad. Será un hombre de profundas contradicciones: un enigma.

Así también, Bill Clinton fue un hombre no solo de una sino de muchas divisiones. Por un lado, era un talentoso político, un líder táctico, estratégico y calculador. Por otro lado, era un hombre de debilidad moral y debilidad de la voluntad. Fueron esas debilidades las que lo persiguieron a lo largo de su carrera. Siguió siendo un hombre de profundas contradicciones a lo largo de su periodo en el poder, como lo fue el rey Acab.

> El rey personificará en muchos aspectos la apostasía de su nación.

Igual que Acab personificó la apostasía de Israel, Bill Clinton personificó la apostasía estadounidense. Su naturaleza dividida con respecto a Dios y la moralidad fue una personificación de la espiritualidad estadounidense dividida y su condición moralmente transigente.

> El rey defenderá la alteración de la moralidad. Se convertirá en un agente de relativismo moral, la debilitación de los valores absolutos y la redefinición de esos valores.

Igual que la época de Acab, la presidencia y la época de Bill Clinton igualmente estuvieron caracterizadas por la alteración de las normas, desde ambigüedad moral y gobernanza mediante votaciones hasta la redefinición de moralidad y verdad y del significado de las palabras. El presidente sirvió como agente para el relativismo moral, el debilitamiento de los valores absolutos y la redefinición de esos valores.

> Bajo el rey, la cultura de la nación será progresivamente más profana, vulgar y degradada.

Como en los días de Acab, así también en los días de Bill Clinton la cultura estadounidense fue cada vez más profana y degradada. Lo más destacado en esa degradación fueron los escándalos que tuvieron lugar dentro de la Casa Blanca. Los ojos y oídos de la nación estuvieron fijos continuamente en lo profano. El reinado del rey avanzó la vulgarización de la cultura de la nación.

> Él se convertirá en un agente para el divorcio entre sexualidad y matrimonio, y su paso desde el ámbito privado del matrimonio hasta el ámbito público de la cultura nacional. Así, se convertirá en un agente de inmoralidad sexual.

Bill Clinton llegó a ser el primer presidente en la historia estadounidense en ser expuesto mientras ocupaba su cargo por cometer adulterio en la Casa Blanca. A muchos les parecía que su presidencia tuvo un efecto corrosivo en la cultura al legitimar el pecado sexual. El escándalo sacó el pecado sexual del ámbito privado y lo situó en la plataforma más pública concebible. El presidente se convirtió en un agente de inmoralidad sexual.

Por encima y sobre todos los demás pecados de Acab y su complicidad en la apostasía de su nación estaba el derramamiento de sangre que marcó su agenda. Al difundir el culto de Baal, Acab estaba facilitando la muerte de niños, y así, se convirtió en un agente de asesinato.

> El rey y el gobierno del rey apoyarán y defenderán la práctica de la muerte de niños.

Como fue con el rey Acab, el presidente Clinton estuvo especialmente relacionado con la sangre de los inocentes. Fue esto por encima de todo lo demás lo que sacó a la luz la oscuridad de sus planes. Bajo su presidencia, el gobierno apoyó y defendió la muerte de los no nacidos aún. Como sucedió en el reinado del rey Acab, fue en el periodo de Clinton en la presidencia cuando el estado se convirtió en un agente activo en la apostasía de la nación.

> El rey hará que los frenos contra la práctica de la muerte de niños sean eliminados.

Por tanto, en los primeros días de su presidencia, en una ceremonia de celebración en el Despacho Oval, Clinton firmó una serie de órdenes ejecutivas que eliminaban las protecciones que se habían establecido por parte de líderes anteriores en un intento por proteger a los no nacidos aún. Las primeras órdenes ejecutivas de Clinton como presidente permitían la práctica del aborto en los Estados Unidos y en todo el mundo. Que esas cosas estuvieran en el centro de la agenda del nuevo presidente quedó evidenciado por la velocidad con que se lograron:

> "Y Acab hijo de Omri hizo lo malo ante los ojos de Jehová, más que todos los que reinaron antes de él".[6]

El relato bíblico presenta a Acab como un pionero en el sentido más oscuro de la palabra. Abre nuevo terreno, y hace lo que ningún rey de Israel había hecho antes.

Por tanto, Clinton se convirtió en el primer presidente de la historia estadounidense en defender públicamente la muerte de los no nacidos aún. A pesar de lo que dijo públicamente sobre hacer que el aborto se produjera en raras ocasiones, sus actos con respecto a la práctica fueron claros y marcadamente coherentes. No fue tan solo el primer presidente estadounidense que eliminó las protecciones que se habían establecido con respecto a los no nacidos aún, sino que también fue el primero en buscar ampliar la práctica a otras naciones. Fue el primero también en utilizar dinero de los impuestos estadounidenses para presionar a otras naciones a que participaran en la práctica, y el primero en abrir los Estados Unidos a medicamentos que mediante medios químicos matarían al niño no nacido aún. Al igual que Acab, el presidente parecía casi obsesionado con defender el acto que había quitado la vida a millones de los niños de la nación.

Tanto Acab como Clinton fueron catalizadores de la apostasía nacional. Los dos operaron como agentes de cambio en la sociedad; los dos fueron pioneros, y ambos fueron donde ninguno de sus predecesores había ido anteriormente. Cada uno de ellos alejó a su nación de la moralidad bíblica. El reinado de cada uno aceleró la degradación y vulgarización de la cultura, el debilitamiento de los valores absolutos, el divorcio entre sexualidad y matrimonio, el paso de la sexualidad a la plaza pública, y el fomento de la inmoralidad. Cada uno de ellos estuvo implicado en una campaña que consideraba sacrosanta la muerte de niños. Cada uno de ellos hizo que la moralidad antibíblica se convirtiera por primera vez en la historia en la ética gobernante de la nación. Hasta donde fueron capaces de utilizarlo, el gobierno se convirtió durante su reinado en un instrumento para avanzar esa moralidad y para debilitar o derrocar los valores bíblicos. La maquinaria del estado fue empleada para avanzar la apostasía.

Aunque hubo revocación de sus acciones en años posteriores, ellos habían abierto el camino y habían roto parámetros morales que nunca antes habían sido quebrantados. Y debido a esas roturas, las repercusiones fueron muy amplias, no solo en el futuro sino también en otras tierras.

Cada uno había abierto la puerta.

———————————

Pero ninguno de los dos actuó a solas. En cada caso hubo otro. Y ese otro es el siguiente misterio del paradigma: la reina.

Capítulo 5

LA REINA

ELLA ERA AJENA a la tierra y la fe de Israel. Era una mujer cananea, nacida de Ithobaal Primero, o *Etbal* en el relato bíblico, sumo sacerdote de la diosa cananea Astarot. La historia antigua registra que Ithobaal asesinó al rey fenicio Feles y se convirtió en rey en su lugar, de modo que su hija se convirtió en la princesa fenicia. Le puso el nombre de Izevel. Nosotros la conocemos como Jezabel.

Jezabel sabía muy poco sobre el Dios de Israel. Como la hija del sumo sacerdote de Astarot y después el rey fenicio, fue educada en el centro de la cultura pagana, empapada en sus doctrinas, su adoración, sus prácticas y su moralidad. Ante sus ojos, la fe de Israel con su enfoque en un Dios invisible que no tenía relación alguna con ningún ídolo, habría resultado totalmente ajena.

Sin embargo, Jezabel fue dada en matrimonio al rey de Israel, o al príncipe que llegaría a ser el rey de Israel: Acab. Sin ninguna duda, fue un matrimonio político. El padre de Acab, Omri, quería fortalecer la seguridad de Israel formando alianzas estratégicas con los reinos circundantes, y uno de esos reinos era Fenicia. El matrimonio de su hijo Acab con la hija del rey Ithobaal de

Fenicia pareció un golpe maestro de política exterior y diplomacia. Cimentó la alianza política, militar y económica entre las dos naciones.

Pero en lugar de fortalecer a Israel, la corrompió, la dividió, y la envió a un violento levantamiento cultural que amenazó su propia existencia. Jezabel dejó su tierra natal de Fenicia para ir a vivir a un reino que le había resultado totalmente ajeno. Como princesa, había estado acostumbrada desde temprana edad al boato de la realeza. Sin duda alguna, poseía un fuerte sentimiento de sentirse con derechos al privilegio y el poder. Eso lo encontraría en su nueva tierra, pero lo que no encontraría era la cultura y la religión que había conocido en su tierra natal.

Fenicia era uno de los mayores imperios comerciales de tiempos antiguos. Su cultura se centraba en las costas y los puertos; por tanto, estaba en contacto con una amplia variedad de pueblos y reinados. Así, Jezabel se crio en una cultura cosmopolita, y sin duda habría sostenido una perspectiva decididamente cosmopolita. Además de eso, ella representaba la élite de esa cultura; sin embargo, dejó atrás todo aquello para ir a la tierra de Israel para casarse con Acab.

La cultura de Israel, por otra parte, estaba fundada sobre la santidad, y así, sobre la separación de los caminos que seguían otras naciones. Para Jezabel, habría parecido insoportablemente conservador, atrasado e insular. Sin duda, ella lo menospreciaba, y despreciaba a sus nuevos súbditos.

Pero su conflicto con su nueva tierra sería mucho más concreto que eso. El empuje de su menosprecio estaba reservado para la fe de Israel. Los fenicios adoraban a un panteón de dioses y multitud de ídolos. La fe de Israel declaraba que había solamente un Dios verdadero y que los dioses del mundo pagano eran falsos. Los dioses de Fenicia podían verse y tocarse; su adoración era sensual, pero el Dios de Israel no podía verse ni tocarse, y su adoración no estaba basada en lo sensual o lo sensorial sino en la fe. La religión fenicia implicaba prostitución en el templo y el sacrificio de niños. Las Escrituras de Israel declaraban que tales cosas eran inmorales, las abominaciones del mundo pagano. Y Jezabel sin duda juzgaba la fe de Israel como restrictiva, estrecha de mente, religiosamente conservadora, parroquial, exclusiva e intolerante.

Para empeorar más aún las cosas, los monarcas fenicios tenían un poder casi absoluto, y podían hacer lo que desearan; pero en Israel, incluso en su estado caído, nadie excepto Dios tenía el poder absoluto y ningún rey estaba por encima de su autoridad. Para Jezabel, tal situación habría presentado un conflicto insoportable. En Fenicia, la línea entre el trono y el templo, la monarquía y el sacerdocio, era ambigua, si no inexistente. El rey y la reina podían servir, y con frecuencia lo hacían, como sacerdote y sacerdotisa. La familia real probablemente sería la familia sacerdotal, los guardianes del culto de los dioses. Y como Jezabel era la hija de un sumo sacerdote pagano, habría estado profundamente atrincherada en el culto y la adoración de los dioses fenicios. Por tanto, Jezabel llegó al trono de Israel no solo como reina sino también como sacerdotisa, la representante de dioses paganos.

Era una explosión a la espera de producirse. Jezabel se negó a adaptarse a los caminos de su nueva nación. Mantenía plenamente su vieja identidad pagana; en lugar de querer cambiar sus caminos y adaptarlos a los de su nuevo reino, pretendió cambiar el reino para que se adaptase a los de ella. Por tanto, el reino de Israel tenía como reina a una sacerdotisa pagana, y ella llegó con una agenda, con una misión. Sería una reina activista, una agente para el cambio cultural y de la sociedad.

Para aquellos de Israel que eran fieles al Señor y a sus caminos y para aquellos que sencillamente estaban a favor de los "valores tradicionales" que habían guiado por tanto tiempo sus vidas, Jezabel planteaba una peligrosa amenaza. Desde el principio hubo sospechas en cuanto a sus intenciones y sus planes. Aunque ella se sentaba en el trono como reina de Israel, era una extranjera. No era debido tanto a sus orígenes, pues había habido otros que habían llegado a Israel desde tierras paganas, pero se habían unido a la nación y habían aceptado su fe y su llamado. Pero Jezabel no lo hizo nunca. Ella representaba valores que estaban en guerra contra los valores tradicionales y bíblicos que ocupaban el centro de la nación. Su defensa de la "nueva moralidad" del paganismo dividió a la cultura. No sabemos cuándo Acab y Jezabel pusieron en práctica por primera vez sus planes de eliminar la fe y los valores bíblicos, pero a la vista del trasfondo de la reina y su naturaleza, no habría sido difícil tener que suponer tales planes desde el principio.

Ella intentaría cambiar a Israel a la imagen de Fenicia; importaría desde su tierra natal cientos de sacerdotes paganos para comenzar la transformación. Su meta era erradicar la fe de Israel y sustituirla por el culto y la adoración de los dioses fenicios.

Y ¿cuáles eran esos dioses fenicios? Ya hemos conocido al principal entre ellos: Baal, señor del panteón fenicio. Jezabel se convirtió en su emisaria en su nueva tierra; así, llegó a ser el apóstol de la nueva moralidad que llegó con él.

No podemos suponer que ella no fuera sincera, pues sin duda alguna creía que era un agente de iluminación, que llevaba a Israel una forma de liberalismo, la amplitud de mente cosmopolita de la nueva moralidad. Habría muchos dioses, no solo uno, y no tan solo una verdad sino muchas. Cada uno podía hacerse sus propios ídolos, forjar su versión propia de los dioses, y crear su propia verdad. Más bien, lo que le resultaba aborrecible era la idea de que la verdad fuera absoluta o que pudiera estar contenida en la revelación de una única fe.

Pero a medida que pasaba el tiempo, la tolerancia y amplitud de mente de la nueva moralidad se fue revelando como más intolerante que cualquier otra cosa a lo que se oponía. Quienes se mantuvieron fieles a Dios se encontraron en la parte receptora de su furia. En el centro de esa furia estaba el monarca fenicio. Ella era su fuego arrasador. Ella declaró una guerra abierta contra las normas y prácticas conservadoras de la fe bíblica. Prometió derrocar las creencias religiosas profundamente asentadas que seguían existiendo entre muchas de sus gentes.

Las perspectivas que ella tenía con respecto a hombres y mujeres y sus ambiciones de poder político también las consideraron radicales la mayoría de sus nuevos súbditos. En Fenicia era costumbre que una mujer de la realeza oficiara como sacerdotisa de las diosas. No es improbable que Jezabel misma, como princesa e hija del sumo sacerdote, hubiera sido declarada oficialmente como sacerdotisa. En la adoración cananea, como hemos visto, con frecuencia se confundían las divisiones de género y se anulaban. En la sociedad fenicia, una mujer de la realeza o de la clase sacerdotal podía adoptar papeles que en otras sociedades eran ocupados por hombres. En esas posiciones podían tener mucho poder. Jezabel aplicó todo eso al trono de Israel.

No solo hacía maniobras y batallaba en nombre de la autoridad de su esposo; hacía maniobras y batallaba para obtener su propia autoridad. Israel nunca había visto nada parecido a eso: una reina con hambre de poder político. Jezabel no solo influía a su esposo, sino que a veces también parecía dominarlo. Ella hacía lo que el pueblo de Israel podría haber esperado de un rey tirano, pero no de su esposa. Hacía guerra contra quienes la habían ofendido o contra aquellos a quienes ella consideraba una amenaza para su autoridad, como los profetas de Dios que estaban en contra de sus planes.

Como emisaria de Baal, habría sido una defensora celosa del rito más emocionante y distintivo de su adoración: el sacrificio de niños sobre sus altares. Por tanto, Jezabel habría sido la principal defensora y embajadora de Israel del sacrificio de niños. Para aquellos que se mantuvieron fieles a los caminos de Dios, la influencia de Jezabel en este ámbito de la cultura de Israel tuvo que haber sido lo más horrible. El efecto final de su gobierno y su defensa fue que multitudes de los niños de Israel fueron asesinados. Como miembro de la familia sacerdotal, ella defendía la práctica como un derecho y un sacramento sagrado.

Jezabel nunca tuvo la confianza plena de sus súbditos; sus motivos y sus ambiciones estaban siempre bajo sospecha. Para los fieles y quienes estaban atentos a las señales de los tiempos, el ascenso de Acab y Jezabel presagiaba un desastre. Situó a la cultura en guerra contra sí misma y, mucho más sombrío, contra Dios.

El paradigma de la reina

Debemos abrir ahora el paradigma de Jezabel. El nombre Jezabel ha llegado a estar tan cargado de asociaciones, connotaciones, bagaje y emociones, que se convierte en un reto tratarlo con objetividad. Pero con respecto al esquema, no estamos presuponiendo ningún motivo o carácter malvado de ningún personaje actual. Estamos hablando de algo mucho más profundo: el papel de Jezabel en el alejamiento de Dios de la nación, sus planes y su guerra contra los valores bíblicos y tradicionales, y su defensa de un acto de lo más horrible, aquel que finalmente condujo a la destrucción de la nación.

Aquí debemos hacer la pregunta inevitable: si existe un paralelismo moderno del antiguo rey de Israel, un Acab de la apostasía moderna, entonces ¿quién es su homólogo? ¿Quién en nuestra época ha desempeñado un papel paralelo en la apostasía moderna? ¿Quién ha seguido los pasos de su paradigma?

No hay ninguna opción en el asunto. Si el equivalente moderno del rey es el presidente, entonces el equivalente moderno de la reina debe ser la esposa del presidente. Si Bill Clinton es el Acab de la apostasía moderna, entonces Hillary Clinton debe ser la Jezabel del mismo esquema. Nos referiremos a esta parte del paradigma como "la reina" o "la primera dama", ambos papeles ocupados por Jezabel.

> La princesa y futura reina llegará al trono desde la élite de una cultura cosmopolita. Dejará esa cultura cosmopolita para casarse con el futuro rey. Viajará a una tierra cuya cultura le parecerá conservadora, si no atrasada e insular. Ella personificará para esa tierra valores cosmopolitas y una nueva moralidad.

Jezabel dejó el mundo cosmopolita de su tierra natal para unirse a su esposo en una cultura decididamente anticosmopolita. Contrariamente a Bill Clinton, Hillary Rodham nació en una ciudad cosmopolita: Chicago. Cuando pensó en casarse con Bill Clinton trabajaba en la costa este, y se consideraba que tenía un futuro brillante en el Partido Demócrata. Ella dejó una cultura cosmopolita y se mudó a Arkansas, donde se casó con Bill Clinton.

Como fue la princesa fenicia en la Israel de Acab, así lo fue Hillary en la Arkansas de Bill Clinton. Hillary Clinton era ahora la primera dama del estado. Como hizo Jezabel, ella representaba valores cosmopolitas en una tierra conservadora. Sabemos que Jezabel menospreciaba la cultura de su tierra de adopción. Cualesquiera que fueran sus perspectivas personales con respecto a su tierra de adopción, muchos en el estado desconfiaban de ella y la veían sosteniendo valores que eran ajenos a su cultura y ocultando su propia agenda personal. Tales percepciones fueron parte de la razón por la cual Bill Clinton fue derrotado después de un periodo de mandato como gobernador de Arkansas.[1]

Por supuesto, los Estados Unidos es mayor que Arkansas, pero esas percepciones han seguido a Hillary Clinton a lo largo de su carrera y hasta el escenario nacional, desde ser la esposa del gobernador hasta ser primera dama, senadora, y candidata presidencial.

> La nueva primera dama se mantendrá totalmente fiel a su identidad anterior y sus caminos a pesar de su matrimonio con el rey.

En el paradigma, la princesa fenicia trasplantada se aferra tenazmente a su identidad antes de llegar a Israel. Así, después de casarse con Bill Clinton, Hillary Rodham, como primera dama de Arkansas, se negó a no utilizar su apellido; incluso se negó a hacerlo durante el primer periodo de su esposo como gobernador de Arkansas. Solamente cuando él fue derrotado en su carrera para la reelección como gobernador, ella adoptó como propio el apellido *Clinton*. Pero el asunto persistió y volvió a surgir en lo que más adelante pareció ser la aversión de Hillary Clinton a aceptar las funciones estándar de primera dama y lo que muchos creen que fue su menosprecio del papel de esposa.[2]

> La unión del rey y la reina será un matrimonio político, que funcione como un instrumento para propósitos políticos.

Los historiadores están de acuerdo en que la unión de Acab y Jezabel fue un matrimonio político, sin duda alguna organizado por sus padres para fortalecer la alianza de Israel y Fenicia. Ciertamente, la unión de Bill y Hillary Clinton no fue un matrimonio político organizado, ni tampoco hemos de suponer que carecía de las emociones que esperaríamos que estuvieran presentes en cualquier matrimonio sano. Pero siempre pareció haber factores políticos en la mezcla. A principios de la década de 1970, antes de su matrimonio, Hillary Clinton estaba diciendo a otros que algún día Bill Clinton llegaría a ser presidente de los Estados Unidos.[3] Las consideraciones y los propósitos políticos nunca parecieron estar lejos de la relación. Su unión finalmente se convirtió en el matrimonio político más destacado de su época. Más que cualquier otra unión en el mundo moderno, el matrimonio de Bill y Hillary Clinton fue considerado, tal como lo fue la unión de Acab y Jezabel, un canal para una agenda política.

> El conflicto o menosprecio de la reina estará enfocado en los valores conservadores de su tierra, y particularmente en los valores conservadores religiosos que se interponen en el camino de sus planes. Los considerará restrictivos y antagonistas.

Así, la historia de Hillary Clinton ha seguido el paradigma de la reina antigua. Ella ha entrado continuamente en conflicto con los conservadores, y en particular con los valores conservadores religiosos sostenidos en todos los Estados Unidos, los cuales se han interpuesto continuamente en el camino de sus planes. Sus perspectivas sobre tales valores tal como se expresan en sus acciones han indicado menosprecio.

> La primera dama y reina buscará cambiar la nación para que se adapte a sus caminos y valores. Llegará a su posición con una agenda, con una misión. Será una activista, un agente para el cambio cultural y de la sociedad.

Como ocurrió con Jezabel, Hillary Clinton no fue nunca tan solo una primera dama o una política. Fue una activista; tenía una misión y una agenda. Quería cambiar la sociedad y la cultura estadounidenses, y cuando pudiera, la sociedad y la cultura en todo el mundo.

> La reina se considerará una agente de iluminación, que lleva el liberalismo de una nueva moralidad a su nación. Hará guerra contra los valores tradicionales y bíblicos y buscará derrocar las creencias religiosas profundamente asentadas que siguen existiendo entre muchas de sus gentes.

Como hizo Jezabel, Hillary Clinton emprendió una guerra que ella consideraba que era de iluminación. Se situó en el frente de las guerras culturales, fomentando la nueva moralidad en contra de la moralidad tradicional y los valores bíblicos a los cuales se aferraba gran parte de los Estados Unidos. Ella quería derrocarlos.

> La perspectiva de la reina con respecto a hombres y mujeres y sus propias ambiciones de poder político les resultarán radicales a muchos. Ella constituirá un nuevo fenómeno. Parecerá ser una reina con hambre de su propio poder político. A veces parecerá dominar a su esposo y a los demás, y rebosará de ambición de poder. En sus perspectivas y sus acciones servirá como una agente cultural que trabaja en última instancia en contra de las distinciones de género tradicionales o naturales.

En tiempos modernos, Jezabel ha sido adoptada por algunos como un icono del feminismo. Así también, el feminismo ha sido siempre una parte importante de la ética y la agenda de Hillary Clinton. Igual que Jezabel, ella fue un fenómeno sin precedentes: una primera dama vista con ganas de tener poder político. En sus perspectivas y ambiciones sería una agente cultural trabajando en contra de las distinciones de género tradicionales.

El rey Acab haría campaña por el cambio de la sociedad, pero esa campaña era primero y sobre todo la causa de Jezabel. Acab convirtió esa agenda en política nacional, pero fue primero y sobre todo la agenda *de ella*. Acab hizo campaña por el cambio de sociedad, pero Jezabel lo encarnó. Acab avanzó la nueva moralidad, pero Jezabel la personificó.

> Aunque el rey la llevará a cabo, la agenda pertenecerá primero y sobre todo a la reina. El rey llamará al cambio de la sociedad, pero la reina lo encarnará y personificará.

El cumplimiento de esta parte del paradigma se ha revelado en las propias palabras de Hillary Clinton:

"Mientras Bill hablaba sobre cambio social, yo lo personificaba".[4]

En el paradigma de Jezabel, la reina está especialmente ligada a la muerte de niños sobre los altares de Baal.

> La reina se convertirá en la principal defensora y embajadora de la nación de la práctica en la cual los padres ofrecen a sus hijos. Ella sostendrá y defenderá el acto como un derecho y un sacramento sagrados.

Según el paradigma de Jezabel, Hillary Clinton de igual manera ha estado especialmente ligada al acto de matar niños mediante el aborto. Si hay una cosa que ella ha defendido regularmente y ha batallado por ello, es este acto concreto. En el paradigma de Jezabel es sobre todo la reina quien en la apostasía de la nación opera como la principal defensora de matar a niños. De igual manera, en la apostasía estadounidense es su antitipo, Hillary Clinton, quien ha operado como la principal defensora de la nación de la muerte de los no nacidos aún. Como en el caso de la antigua adoración de Baal, ella ha defendido la práctica como un derecho sagrado, con el estatus inmutable de un sacramento.

> La reina nunca tendrá la confianza plena de la mayoría de sus súbditos. Sus motivos y ambiciones estarán siempre bajo sospecha. Y para quienes se mantienen fieles a los caminos de Dios, la influencia de la reina sobre la nación será considerada peligrosa, no solo para intensificar la guerra que divide a su cultura sino también para poner en guerra a la nación contra Dios.

Un comentario bíblico caracteriza a Jezabel como una mezcla de:

"autoridad política sospechosa y antipatía religiosa".[5]

Como le sucedió a su homóloga antigua, Hillary Clinton nunca tuvo la confianza plena incluso de muchos de quienes estaban de acuerdo con sus planes. Ante los ojos de muchos estadounidenses, si no la mayoría, sus motivos y ambiciones siempre estaban bajo sospecha. Al igual que Jezabel, fue considerada una figura polarizadora.

En su guerra cultural, Jezabel no tenía ni idea o nunca se tomó en serio el peligro de su empresa hasta que fue demasiado tarde. En definitiva, estaba haciendo guerra contra el Dios vivo. Por tanto, en el caso moderno, quienes han librado esa guerra o bien no tenían ni idea o nunca se han tomado en serio el peligro de hacerlo. Pero para quienes conocían los caminos de Dios, las implicaciones eran ominosas.

El misterio antiguo ha revelado a los dos primeros jugadores. ¿Qué sucede ahora cuando los dos se juntan en el trono de la nación? La siguiente faceta del paradigma lo revelará.

Capítulo 6

EL REY Y LA REINA

E L REINADO DE Acab fue distinto a cualquier otro que lo había precedido. No solo estuvo impulsado por una agenda radical para transformar la cultura de la nación, sino que por primera vez implicaba a dos regentes.

Jezabel quebrantó las normas y estándares concernientes a una reina israelita. No se contentó con ser conocida como la esposa del rey o con desempeñar un papel de apoyo o de complemento. Quería ser corregente por derecho propio. De modo que ahora Israel tenía dos monarcas, cada uno de ellos comprometido a librar una guerra contra los caminos de Dios.

> "Envía, pues, ahora y congrégame a todo Israel en el monte Carmelo, y
> los cuatrocientos cincuenta profetas de Baal, y los cuatrocientos pro-
> fetas de Asera, que comen de la mesa de Jezabel".[1]

Acab y Jezabel mantenían en las nóminas reales a cientos de sacerdotes paganos. ¿De dónde provenían? Sin duda alguna, Jezabel los había importado de su tierra natal. Ellos eran agentes clave en su programa de transformación cultural.

Pero el pasaje revela algo más. Ellos "comen de la mesa de Jezabel". Jezabel había establecido su propia corte; tenía sus propios asistentes, su propio equipo de trabajo, y su propia base de poder. La magnitud de las cifras podría explicar cómo pudo Jezabel tener tal poder e influencia sobre Acab. Ella se había establecido a sí misma como un monarca por derecho propio en el palacio de su esposo.

En cuanto a las dinámicas de ambos, contrariamente a Acab, quien parece con frecuencia en conflicto y cambiante, Jezabel parecía tener voluntad de hierro, ser dura, implacable, tenaz, dada al enojo, y especialmente consumida con la ambición: la más dura de los dos.

> "A la verdad ninguno fue como Acab, que se vendió para hacer lo malo ante los ojos de Jehová; porque Jezabel su mujer lo incitaba".[2]

El pasaje deja claro que fue Jezabel quien influenció a Acab para que se apartara del Señor y condujera a la nación a hacer lo mismo. La palabra hebrea traducida como "lo incitaba" también puede significar seducir, persuadir, mover, alentar, instigar. Y la imagen que tenemos de Jezabel a lo largo del relato es exactamente esa, la de una mujer influenciando continuamente, instigando, persuadiendo, seduciendo, incitando, y moviendo a su esposo hacia sus planes, a la adoración y la defensa de dioses extranjeros. Fue Jezabel quien hizo que Acab construyera un templo a Baal en la capital. Fue Jezabel quien influenció a Acab para que hiciera guerra contra la fe y la moralidad bíblicas. Y fue Jezabel quien prevaleció sobre Acab para que fuera el primer rey de Israel en defender un sistema religioso que incluía la práctica del sacrificio de niños.

Jezabel llegó a ser el poder que estaba detrás del trono. Utilizó la posición de su esposo para realizar su programa de cambio de la sociedad; ella gobernó por medio de él y a veces aparte de él. Solamente la incitación de Jezabel podría explicar cómo Acab cruzó los límites que ningún rey de Israel había traspasado nunca y defendió las prácticas paganas que a su propio pueblo le parecían, al menos al principio, asombrosas y aborrecibles.

El paradigma del rey y la reina

Abrimos ahora el paradigma de los dos corregentes:

> El reinado del rey y la reina será distinto al que cualquier otra nación haya visto antes. La reina no se contentará con ser conocida como la esposa del rey o con desempeñar un papel tradicional de apoyo. Ella será lo más próximo a una corregente. Su reinado constituirá la primera vez que un rey y una reina representan una corregencia.

Igual que el reinado de Acab y Jezabel, la época de los Clinton fue distinta a cualquier otra que los Estados Unidos hubiera visto nunca. Hillary Clinton no se contentó con ser conocida como la esposa de Bill Clinton o con desempeñar un papel tradicional de apoyo. Ella codirigió el país con su esposo. Sin duda, mientras hacía campaña por la presidencia, Bill Clinton les dijo a los votantes que obtendrían dos por el precio de uno.[3]

Hillary Clinton rompió todos los precedentes. Se le daría la posición oficial más poderosa dada jamás a ninguna primera dama en ninguna administración. Trabajaba desde una oficina en el Ala Oeste de la Casa Blanca y ejerció una autoridad sin precedente en asuntos importantes de política nacional. Como hizo Jezabel en el palacio de Acab, Hillary Clinton mantuvo a su propia gente, su propio equipo y su propia base de poder. La zona en la cual trabajaba su equipo recibió un nombre propio: "Hillaryland".[4] Desde allí, ella trabajaba en su agenda para los Estados Unidos. Así como el reinado de Acab y Jezabel era una corregencia, así también el reinado de Bill y Hillary Clinton fue una copresidencia, y fue catalogado como tal en aquel momento.

¿Cuánta influencia tuvo ella sobre el presidente? El paradigma de Acab y Jezabel dice lo siguiente:

> La primera dama influenciará, incitará, empujará, persuadirá y guiará al rey hacia sus planes, unos planes que se opondrán a los caminos de Dios.

Al igual que Jezabel guiaba las decisiones de Acab, así también la misma dinámica se había observado en la presidencia de Bill Clinton. Ella había sido denominada "el poder tras el trono".[5] Los más cercanos a los dos decían que nunca hubo una decisión importante que se tomara sin ella, y en raras ocasiones, si es que alguna, fueron testigos de que el Presidente la desautorizara. Y cuando había una diferencia entre ellos, en raras ocasiones, si es que alguna, vieron que él prevaleciera.[6] Al igual que Acab y Jezabel, no puede subrayarse en exceso el impacto de esta dinámica con respecto a los Estados Unidos.

> La reina influenciará al rey para que defienda la práctica del sacrificio de niños.

En el paradigma, Jezabel mueve a Acab hacia la adoración de Baal y, así, a defender el sacrificio de niños. Cuando Bill Clinton estaba pensando en firmar órdenes ejecutivas que eliminaran las salvaguardas que evitaban el avance del aborto en todo el mundo, le aconsejaron en contra de hacer eso. Pero Hillary Clinton le había incitado a seguir adelante con ello de todos modos.[7] Era el plan de ella para enviar una señal a los Estados Unidos y al mundo que decía que la era Clinton había comenzado.

> La reina buscará impulsar al pueblo de la tierra a apoyar la nueva moralidad y participar en la práctica de matar a niños.

El primero y principal proyecto de Hillary Clinton como primera dama fue el de nacionalizar el sistema de salud estadounidense. El plan, conocido como "Hillarycare", finalmente no salió adelante.[8] La mayoría de las personas no tenía ni idea de lo que verdaderamente implicaba, es decir, el establecimiento del aborto como derecho que en última instancia sería financiado por los contribuyentes estadounidenses. Representaría la persuasión al pueblo estadounidense para que participara en el sacrificio de niños.

En el culto de Baal, eran sacrificados niños para obtener aumento y prosperidad por parte de la deidad.

> El rey y la reina estarán vinculados al sacrificio de niños con el propósito de obtener beneficios materiales de sus muertes.

El día 10 de junio de 1993, Bill Clinton derribó la prohibición contra la utilización de tejido de cuerpos de niños no nacidos para propósitos de experimentación.[9] También en esto Clinton, al igual que Acab, fue un pionero. Fue el primer presidente en la historia estadounidense en autorizar tales prácticas. Como en la adoración de Baal, la cultura buscaba obtener bendición y beneficios de la muerte de niños.

> El rey y la reina defenderán las formas más horribles de muerte infantil.

Es difícil imaginar cómo Acab y Jezabel, y de hecho cualquiera, podría defender la muerte de niños de la más horrible de las maneras sobre los altares de Baal. Y sin embargo, en tiempos modernos hemos perfeccionado maneras igualmente horribles de matar a niños. Una de ellas fue denominada "aborto en nacimiento parcial". Implicaba sacar parcialmente al bebé, cuando gran parte del cuerpo del bebé está fuera del vientre de la madre. El abortista mata entonces al bebé utilizando un procedimiento que por lo general implica la succión de su cerebro y el aplastamiento de su cráneo.[10]

A mitad de la década de 1990, ambas cámaras del Congreso prohibieron ese aborrecible procedimiento. Pero cuando el Congreso aprobó la prohibición, Clinton la echó abajo con su veto. El Congreso aprobó otra prohibición, y Clinton también vetó esa prohibición. Clinton volvió a ser el primer presidente de la historia estadounidense en vetar la prohibición de un acto tan aborrecible. También en esto siguió el paradigma de su antiguo predecesor: Acab.

Cuando Acab y Jezabel defendieron el culto de Baal, estaban respaldando la inmoralidad sexual ejemplificada mediante las prácticas de varones y hembras prostitutas de la adoración cananea.

> El rey y la reina respaldarán un nuevo sistema de valores que aceptará la inmoralidad sexual y la confusión de género.

Bill Clinton fue un pionero en otro ámbito. Sería el primer presidente de la historia estadounidense en normalizar y respaldar la práctica de la homosexualidad. Así, fue el líder que abrió la puerta para el derrocamiento completo de los valores que habían afianzado la civilización occidental desde tiempos antiguos. Finalmente allanaría el camino para el derrocamiento de la moralidad bíblica.

Para transformar la cultura de Israel, Acab y Jezabel tuvieron que librar una guerra contra los preceptos eternos y los ideales inmutables que habían guiado a la nación desde su principio. Lo hicieron redefiniendo lo que anteriormente se había conocido como pecado, y que ahora sería considerado sagrado. Esa también fue la guerra librada en el tiempo de los Clinton. En caso de que hubiera cualquier duda, Bill Clinton lo dejó muy claro cuando llegó a ser el primer presidente en hablar en un evento dedicado al activismo gay. Él anunció:

"Estamos redefiniendo en términos prácticos los ideales inmutables que nos han guiado desde el principio".[11]

Clinton hablaba nada menos que del derrocamiento de miles de años de civilización judeocristiana.

Pero Acab y Jezabel llegaron más lejos. No se contentaron con normalizar los ritos de Baal y lo que la Palabra de Dios había considerado inmoralidad sexual. Le dieron aprobación oficial y buscaron alentar al pueblo a celebrarlo:

> El rey y la reina darán aprobación oficial a aquello que la Palabra de Dios consideraba inmoral. Buscarán alentar al pueblo a participar en su celebración.

Bill Clinton se convirtió así en el primer presidente en la historia estadounidense en dedicar un mes completo a la celebración de la homosexualidad. Emitió una proclamación que llamaba a todos los estadounidenses a honrar el orgullo gay con ceremonias y actividades de celebración.[12]

El esquema antiguo revela los actos públicos y los planes de la corregencia, pero también contiene una revelación más personal, una revelación concerniente a las dos personalidades y las disposiciones de los dos regentes. El caso de Acab y Jezabel produce este esquema:

> La personalidad de la reina parecerá ser mucho más dura que la de su esposo. A muchos les parecerá que tiene voluntad de hierro, es intransigente y está resentida. Ella será la más apta para reaccionar a sus oponentes con furia. Y a muchos les parecerá que está consumida con la ambición de poder.

El contraste entre Acab y Jezabel proporciona el paradigma para Bill y Hillary Clinton. De los dos, fue ella quien se veía como la más dura, con voluntad de hierro, la más intransigente y la más dada al enojo. Para muchos en su país, ella parecía estar especialmente consumida con la ambición de poder.

Desde hace mucho tiempo ha habido una asociación en la mente pública entre los Clinton y la tragedia de Shakespeare *Macbeth*. La obra, una historia de advertencia sobre la cegadora ambición de poder, traza el ascenso y la caída de Macbeth y su esposa, Lady Macbeth. Ha sido la asociación de Hillary Clinton con Lady Macbeth la que ha demostrado ser especialmente potente en la percepción del público.[13] Lo que hace que esa asociación sea más asombrosa es el hecho de que Lady Macbeth haya sido asociada por mucho tiempo con otro personaje, la reina del paradigma: Jezabel.

Jezabel misma ha sido denominada "la Lady Macbeth de la historia hebrea".[14] Un comentarista escribe: "Lady Macbeth está ligada inequívocamente a Jezabel, y sus respectivas historias ilustran una advertencia combinada para aquellos que abusan del poder otorgado por Dios".[15] La conexión entre Jezabel y Lady Macbeth es tan fuerte que incluso aparece en comentarios de la Biblia:

> "El matrimonio de Acab y Jezabel fue evidentemente el punto de inflexión fatal en la vida de un hombre físicamente valiente, y posiblemente capaz como gobernante pero moralmente débil, impresionable a su vez tanto por el bien como por el mal. La historia muestra una y otra vez el contraste de carácter (el cual es obvio comparar con el contraste entre Macbeth y Lady Macbeth de Shakespeare), y la supremacía casi completa de la naturaleza fuertemente implacable de Jezabel".[16]

Esto no es juzgar la asociación de la primera dama estadounidense y el personaje de Shakespeare como precisa, pero el mero hecho de que ante la mente del público la primera dama fuera asociada con una versión actualizada de una reina antigua en particular, Jezabel, la reina del paradigma, es asombroso. Que se haya establecido tal asociación sin tener conciencia alguna del paradigma o de ninguna de las otras conexiones es incluso más asombroso.

Lo que ahora estamos a punto de ver es un misterio antiguo detrás de un acontecimiento que se produjo en el más alto de los lugares. La historia apareció durante un momento en los medios; pero detrás de la historia yacían conexiones antiguas y un misterio antiguo. Esas conexiones y el misterio son revelados por el paradigma. Ahora los descubriremos cuando abramos el misterio de la diosa.

Capítulo 7

LA DIOSA

¿**A** QUIÉN ADORABA JEZABEL? Ella adoraba a Baal. Baal era el rey de los dioses fenicios; por tanto, en la religión fenicia había otros dioses a los que se adoraba. Principalmente entre todos ellos estaba la diosa Astarte, o Astart, esposa de Baal. Los hebreos la llamaban Astarot, un nombre que comunicaba vergüenza. Si Baal era el dios masculino supremo en el panteón fenicio, Astarte, o Astarot, era la diosa suprema.

Jezabel tenía una conexión especial con esta deidad en particular. Astarot era la diosa de la que el padre de Jezabel era sumo sacerdote; por tanto, Jezabel se habría criado especialmente atrincherada en la adoración de esta deidad en particular. Además de llevar a Baal a Israel, Jezabel sin ninguna duda también habría llevado a Astarot.

¿Quién era Astarot? Como Baal era el dios fenicio de la fertilidad, Astarot era su diosa de la fertilidad. Por una parte, ella era seductora, la diosa de la sexualidad y la pasión erótica, pero por otro lado era la feroz diosa de la guerra y la destrucción. En árabe era conocida como *Athtar*. En Babilonia y Asiria la llamaban *Istar*. Más adelante los griegos la adoptaron como *Afrodita*, y los romanos como *Venus*.

Jezabel, en virtud de su pasado, no solo estaba especialmente vinculada con Astarot, sino que también incluso tenía cierto parecido con la deidad. Astarot era reina, y también lo era Jezabel. Astarot era feroz, y también lo era Jezabel. Astarot libraba guerras, y también lo hacía Jezabel. Astarot producía destrucción, y también lo hacía Jezabel. La conexión nos da revelación en cuanto a Jezabel. Jezabel se había criado adorando el principio femenino y el poder femenino, y esta deidad femenina en particular adoptaba funciones tradicionalmente masculinas. Por tanto, Jezabel se crio adorando el poder femenino aplicado a papeles y funciones tradicionalmente masculinos. La vida de Jezabel era una manifestación de la deidad a la que adoraba. Ella luchaba por obtener poder y se esforzaba por adoptar papeles tradicionalmente masculinos. Y al igual que su diosa, ella era una destructora.

El relato en 1 Reyes 18 habla de cuatrocientos profetas de Asera a quienes Jezabel mantenía en su nómina real. La palabra *Asera* puede referirse a una diosa fenicia vinculada de cerca con Astarot. Las dos eran diosas hermanas; y las dos eran con frecuencia intercambiables. Además, la palabra *asera* puede referirse a las grutas donde ambas diosas eran adoradas. *Asera* también puede referirse a los ídolos que representaban a Astarot. Y en la Septuaginta, la antigua traducción griega de la Biblia hebrea, la palabra *asera* se traduce dos veces como Astarot.

Cuando Jezabel llevó a la corte real a los sacerdotes de Fenicia, estaba continuando lo que había conocido y había hecho desde su niñez. Estaba venerando el principio femenino; estaba adorando a la diosa.

¿Qué sabemos de esa adoración? Sabemos que implicaba promiscuidad sexual. Parece que Astarot también era conocida con el nombre *Kedashah*, la misma palabra que se refiere a una prostituta del templo.

¿Qué otra cosa habría sido asociada con el culto de la diosa? La muerte de niños. Astarot era la esposa de Baal, y su adoración era el lado femenino de la adoración de Baal. Así, a lo largo de la Escritura los dos son mencionados en conjunto.

Más adelante en el relato que hace la Biblia de Jezabel se nos da otra vislumbre de la religión de la reina. La palabra hebrea *keshaf* se utiliza para describirla. *Keshaf* puede traducirse como susurrar un encanto, hechizar, practicar la adivinación, brujería. Al leer lo que dice la Escritura del rey Manasés de Judá, quien siguió las prácticas religiosas de Acab, se nos da aún más perspectiva de la religión de Jezabel. El siguiente pasaje nos proporciona más detalles:

"Y pasó sus hijos por fuego en el valle del hijo de Hinom; y observaba los tiempos, miraba en agüeros, era dado a adivinaciones, y consultaba a adivinos y encantadores".[1]

Tras la palabra *adivinaciones* en el pasaje anterior está de nuevo la palabra hebrea *keshaf*, la misma palabra utilizada de las prácticas religiosas de Jezabel. Tras la palabra *adivinos* está la palabra hebrea *ode*, que puede traducirse como espíritu familiar, el espíritu de los muertos, como uno que evoca a espíritus que han partido. Y tras la palabra *encantadores* está la palabra hebrea *yiddeoni*, que significa un conocedor, un hechicero, o alguien que tiene el espíritu. Por tanto, podemos imaginar lo que tenía lugar en Israel y dentro del palacio real cuando Jezabel llevó a los sacerdotes de los dioses fenicios: adivinación, hechizos, encantamientos, conversar con los muertos, y evocar espíritus.

El paradigma de la diosa

Ahora abriremos el esquema de la diosa. La idea de que tales prácticas cercanas de paganismo antiguo pudieran tener alguna correspondencia en el mundo actual, sin mencionar en las vidas de líderes modernos y en sus cortes, parecería absurda. Quienes aspiran a dirigir los Estados Unidos han buscado por lo general aparecer como cristianos o como quienes respaldan la moralidad judeocristiana. Eso parecería descartar cualquier manifestación de prácticas religiosas paganas; y sin embargo, el paradigma sigue señalando a ello. Jezabel adoraba a Astarot, el principio femenino:

> La reina venerará el principio femenino. Pasará su vida sirviendo a la ética del poder femenino. Personificará el ideal de una feminidad feroz y guerrera, que busca adoptar papeles y funciones tradicionalmente masculinos.

Al igual que Jezabel veneraba el principio femenino, también lo hacía Hillary Clinton. Ella pasó la mayor parte de su vida adulta sirviendo a la ética del poder femenino, el feminismo. Eso la impulsó a hacer proclamaciones como: "El futuro es femenino".[2] Su feminidad, al igual que la de Jezabel, era feroz y combativa. La gran meta de su vida era asumir el que había sido un papel tradicionalmente masculino: la presidencia de los Estados Unidos.

> La reina llevará a los recintos reales y a la cámara más
> elevada de la tierra a líderes espirituales no bíblicos como
> ministros y consejeros.

Jezabel había llevado a los sacerdotes de los dioses y diosas a los recintos reales. Sería difícil imaginar que cualquier cosa así sucediera en tiempos modernos, y concretamente en los años de Clinton que se corresponderían con tales actos; pero así sucedió. A finales de 1994 tras una serie de grandes derrotas, Bill y Hillary Clinton invitaron a un grupo de líderes a Camp David para que les dieran consejo. No fue invitado nadie que pudiera haberles dado consejos bíblicos. Hillary invitó personalmente a dos de esas personas a reunirse con ella de nuevo, esta vez en la Casa Blanca, en la habitación superior llamada el solárium. Les hacía regresar a la Casa Blanca una y otra vez.[3] Eran consejeros espirituales de un tipo diferente.

Los sacerdotes y ministros que Jezabel llevó al trono no solo no eran bíblicos; eran antibíblicos:

> La reina llevará al palacio a ministros que representan la
> nueva moralidad y una espiritualidad que será ajena a la
> fe bíblica de la cultura. Ellos personificarán la espiritua-
> lidad pagana.

No era tan solo que ninguno de los consejeros invitados por los Clinton a Camp David podría ser considerado bíblico. Varios de ellos podrían ser considerados, y lo fueron, consejeros de la "nueva era". De los dos que Hillary Clinton llevó entonces a la Casa Blanca, Jean Houston era una de las líderes más destacadas de la nueva era en el mundo. Había sido denominada la "Svengali de la nueva era".[4]

Houston ministró una versión renovada de panteísmo que decía que todo era Dios y Dios era todo. Así, todo era divino y todo había de ser adorado. El panteísmo había estado ahí de una forma u otra desde tiempos antiguos. Era una forma de espiritualidad pagana.

Al igual que Jezabel había llevado a ministros paganos al palacio, así también Hillary Clinton había llevado a ministros de la nueva era a la Casa Blanca para ministrar una forma de paganismo. No suponemos que la primera dama tuviera idea de todo lo que estaba implicado o relacionado con lo que estaba a punto de tener lugar; pero estaba claro que buscaba consejo que no era bíblico. Y terminó recibiendo consejo de la nueva era y pagano.

Una de las prácticas asociadas a la religión pagana y sin duda alguna a la fe de Jezabel era el evocar espíritus familiares, el ministerio de los adivinos:

> La reina llevará al palacio a aquellos que practican hablar
> con espíritus familiares, los espíritus de los muertos.

Las reuniones de Hillary Clinton con ministros de la nueva era en la
Casa Blanca no eran tan solo reuniones; eran sesiones. Durante esas sesiones, la primera dama entraba en cierto tipo de estado de conciencia alterada. Entonces hablaba como quienes han partido. Uno de los fallecidos a
quienes la primera dama daba voz era Eleanor Roosevelt.[5]

Cuando se filtró a la prensa la historia de que Hillary Clinton estaba realizando sesiones en la Casa Blanca, hubo una campaña inmediata de control de daños. Se afirmó que lo que tenía lugar durante esas sesiones era
sencillamente una forma de lluvia de ideas;[6] pero no lo era.

Lluvia de ideas se define como realizar discusiones de grupo espontáneas
para producir nuevas ideas o respuestas. Pero Houston misma describe la
práctica que ella promulgaba regularmente en un libro que se lanzó durante
ese mismo periodo cuando ella dirigía sesiones con Hillary Clinton en la
Casa Blanca. Ella habla de canalizar a los muertos. Por una parte, men-
cionaba que los muertos vivían en el subconsciente de los vivos. Por otro
lado, escribía de los muertos como teniendo una realidad objetiva. Según
Houston, aquel que contacta con los muertos:

> "…alimenta sus espíritus…A su vez, ellos dotan a nuestros sueños de
> un poder numinoso".[7]

La práctica de hablar con los muertos fue una característica común de la
religión pagana, como en la de Jezabel. Las Escrituras consideran tales prácticas como ocultismo y maldad.

> La religión de la reina implicará sacerdotisas y adivinos.

Ninguna cantidad de control de daños pudo cambiar el hecho de que lo
que tuvo lugar en la Casa Blanca era una forma de canalización. En este
caso, la primera dama misma se convertía, en efecto, en una *canalizadora*,
una espiritista, mediante la cual hablaba el espíritu.

Houston, quien guio a la primera dama, operaba como una encantadora.
También tenía otro papel. En la portada de uno de sus libros publicados en
aquella época aparecía un título revelador:

> "Jean Houston es una *sumo sacerdotisa*".[8]

La declaración la hizo otra gurú de la nueva era: Marianne Williamson.

Resultó que Williamson era una de los otros líderes que el presidente y la primera dama convocaron a la reunión inicial en Camp David para que les dieran consejo.[9]

> Lo que tiene lugar en el palacio estará relacionado con tener comunión con los dioses.

Jezabel llevó a los sacerdotes de su religión a la corte real con el propósito de adorar y tener comunión con los dioses. En cuanto a las sesiones que tuvieron lugar en la Casa Blanca, ¿de qué se trataban realmente?

En el mismo libro publicado en aquel mismo periodo, Houston responde a la pregunta. Ella titula una sección "Dialogar con los neter".[10] ¿Qué son exactamente "los neter"? La palabra proviene del antiguo Egipto, de la palabra *neteru*. Se define de la siguiente manera:

> "La palabra común dada por los egipcios a Dios, y los dioses y espíritus de todo tipo, y seres de toda clase y forma, que se suponía que poseían algún poder sobrehumano y sobrenatural era *neter*".[11]

Por tanto, detrás incluso del espíritu fallecido del subconsciente de una persona está el neter, y el neter es un ser, como un dios. Houston da instrucciones concretas para tratar con los neter:

> "Haga las preguntas y el neter u otro yo proporciona la respuesta. O puede decidir hacer participar a dos o más neter al mismo tiempo y dejarles hablar el uno con el otro".[12]

Houston da incluso más detalles:

> "Dialogue activamente con *los dioses y las diosas...*".[13]

Y así, incluso los dioses y las diosas del caso antiguo han reaparecido en la repetición actual del paradigma. Y han reaparecido en relación con la cámara más elevada de la tierra y conectados con el antitipo moderno de la reina antigua.

Y sin embargo, el cumplimiento del paradigma llegará a ser más claramente concreto:

> La reina llevará a su círculo y a los palacios reales a los sacerdotes de las diosas paganas.

Anteriormente en este capítulo destaqué la gran probabilidad de que hubiera un equivalente moderno entre los niveles más elevados de la vida política estadounidense y los dioses paganos antiguos. Pero esto es parte del paradigma. ¿Podría haber también un equivalente específico de la diosa?

Cuando Houston llegaba a la Casa Blanca para sus sesiones con la primera dama, llevaba un objeto alrededor de su cuello. Era un medallón. Era la figura de una diosa pagana antigua.[14]

Y había otra conexión. El libro que Houston publicó en la época de sus sesiones en la Casa Blanca se enfocaba concretamente en una diosa pagana. La diosa era Isis. Houston no escribió el libro como mera historia, sino como un endoso a la adoración de la diosa. Lo siguiente es lo que ella escribe:

> "Y sin embargo, al tener conciencia de ella, Isis puede cambiar para usted en forma, rostro y vestido, porque es una diosa para todos los tiempos, para todas las personas... Con su otra mano se acerca hasta usted y usted acerca la suya para recibir la de ella.
>
> "Quizá sienta en este momento o puede imaginar que siente una sutil corriente, una pincelada de textura, o incluso la sensación de que hay una verdadera mano en la de usted. Permítase sentir la mano de ella en la de usted como algo tangible, real, y su presencia como lo más plenamente viva que pueda para usted. Ella es la reina Isis, su guía y amiga, Amiga del Universo, Gran Madre... Y ella existe en usted y usted en ella.
>
> "Sentir su presencia se hace cada vez más real para usted... Deje que ella le guíe hacia su abrazo. Ella le abraza como una madre, y usted siente que al fin ha llegado a casa entre sus brazos... Y ahora ha entrado en el corazón de Isis...".[15]

Esto no es otra cosa que el llamado a adorar a una diosa pagana. Al igual que en el paradigma, la reina lleva a la corte real a los ministros de la diosa.

Y sin embargo, hay una pieza más en el misterio. En su libro sobre Isis, Houston repite la historia de la diosa antigua. Isis vaga por la tierra buscando el cuerpo de su esposo: Osiris. Finalmente, llega a las costas de una tierra extranjera. ¿Qué tierra? Fenicia: *la tierra de Jezabel*. Allí, la reina de Fenicia envía a buscar a la diosa egipcia y la lleva al palacio fenicio. ¿Quién es exactamente la reina? La reina es *Astarot*: la reina es *la diosa de Jezabel*.[16]

Por tanto, el misterio cierra el círculo. La persona que ministra a la primera dama en la Casa Blanca no solo defiende la adoración de las diosas sino que también lleva concretamente a la diosa de Fenicia, la diosa de la apostasía de Israel y la diosa de la reina Jezabel: Astarot.

El misterio llega aún más profundo. En tiempos antiguos, Isis era conocida como "la Reina del cielo". Astarot también era conocida como "la Reina del cielo". Y en Egipto, las dos diosas realmente se fundieron en una; *Isis se convirtió en Astarot.*

Contra todo pronóstico, pero en perfecto acuerdo con el paradigma de la antigua reina de la apostasía de Israel, la primera dama había llevado a las cámaras más elevadas de la nación a sacerdotisas: las sacerdotisas de la diosa.

———

Un nuevo personaje está a punto de entrar en el escenario del paradigma. Pero antes de conocerlo, una pregunta: ¿es posible que incluso los años de una presidencia actual, el periodo que se le otorgue en el escenario nacional, podría haber estado determinado y revelado en el misterio forjado hace más de dos mil quinientos años antes de su nacimiento?

Capítulo 8

LOS DÍAS DEL REY

¿**P**ODRÍA REVELAR EL paradigma no solo los acontecimientos del mundo moderno sino también el momento de esos acontecimientos? ¿Podría contener la duración exacta de tiempo dada a un líder moderno: el número de años que ocuparía en el escenario nacional?

Claramente, existe una importante diferencia entre los reinados de los reyes antiguos y los periodos en el gobierno de los líderes modernos. Los reyes del mundo antiguo podían reinar durante cualquier periodo; no había límites establecidos, tan solo el factor de la muerte o el derrocamiento. Pero en el caso de los estados democráticos modernos, el tiempo en el poder que está el líder queda establecido por los límites de tiempo fijados para su mandato. En el caso de la presidencia estadounidense, el límite de tiempo es de cuatro años con la posibilidad de dos mandatos, y así un límite máximo de ocho años.

Por tanto, parecería que los diversos e ilimitados periodos de los líderes antiguos no podrían tener correspondencia con los mandatos establecidos, limitados y uniformes de los líderes modernos. Por otro lado, en las democracias modernas la mayoría de los presidentes permanecen en la escena nacional y en el poder durante periodos mucho más largos que el de sus mandatos presidenciales. Contrariamente al caso antiguo en el que un rey asume su mandato repentinamente tras la muerte del rey anterior, el ascenso de los líderes actuales es, en la mayoría de los casos, un proceso gradual que tiene lugar, de nuevo, a lo largo de varios años. Así, quien ocupe la presidencia probablemente habrá estado en el gobierno y en la escena nacional durante varios o muchos años antes del comienzo de su mandato presidencial.

Entonces, ¿podrían las dos duraciones, la del monarca bíblico y la del presidente moderno, estar relacionadas? ¿O podrían los años del rey antiguo determinar realmente los años del correspondiente presidente moderno?

El paradigma de los días del rey

El primer rey en el paradigma es Acab. El Acab de la repetición moderna es Bill Clinton. ¿Y cuándo surgió exactamente Bill Clinton en la escena nacional? ¿Cuándo comenzó su tiempo en la escena nacional? ¿Y existe un acontecimiento claro que marcó el principio de su ascenso a la presidencia?

Sí que existe. El claro acontecimiento definido que marcó el principio del tiempo que estuvo Clinton en la escena nacional y su ascenso a la presidencia fue su elección como gobernador de Arkansas. A los treinta y dos años de edad, fue el gobernador más joven de los Estados Unidos. El puesto de gobernador fue la plataforma desde la cual aumentó en prominencia en la escena nacional y desde la cual lanzaría su campaña a la presidencia. Pasó directamente de la mansión del gobernador en Little Rock a la Casa Blanca en Washington, DC.

Al principio de su carrera sufrió un importante revés cuando fue derrotado en las elecciones tras su primer mandato como gobernador. Ya que en aquella época las elecciones a gobernador se realizaban cada dos años, comenzó a planear su regreso casi de inmediato. En el mismo año de su derrota ya estaba trabajando para recuperar su mandato. Las siguientes elecciones lo llevaron de nuevo al puesto de gobernador. Seguiría siendo gobernador de Arkansas durante la década de 1980, y en ese mismo periodo siguió aumentando en prominencia en la escena nacional.

En 1985 fue elegido para dar la respuesta demócrata al discurso sobre el Estado de la Unión del Presidente Reagan. En 1986 pasó a ser el presidente de la Asociación Nacional de Gobernadores. Aunque pensó en presentarse a la presidencia en 1987, declinó, decidiendo que el momento no era el adecuado.

El 3 de octubre de 1991 anunció su candidatura a la presidencia. Aunque en aquel momento se le consideró un candidato poco probable y estaba perseguido por el escándalo, obtuvo una amarga victoria para convertirse en el presidente número cuarenta y dos de los Estados Unidos. En 1996 ganó un segundo mandato, que duró hasta el comienzo del año 2001. Por tanto, 2001 fue el año que marcó no solo el final de su presidencia sino también el final de su tiempo en el gobierno, en un cargo público, y en el poder.

Entonces, ¿cuánto tiempo estuvo Bill Clinton en la escena nacional estadounidense? ¿Cuántos años pasaron desde el principio de su ascenso a la presidencia hasta el final de su último mandato como presidente, desde su primera elección como gobernador de Arkansas hasta el día en que se fue de la Casa Blanca? Clinton juró el cargo de gobernador de Arkansas por primera vez en enero de 1979. Su carrera política llegó a su fin en enero de 2001 con la toma de posesión de su sucesor. Desde enero de 1979 hasta enero de 2001 el periodo fue de *veintidós años*.

Si Bill Clinton es el Acab del paradigma, entonces ¿es posible que los años de su prototipo albergaran el misterio de sus propios años? El tiempo que Clinton estuvo en el poder fue determinado por los ciclos electorales del gobierno de Arkansas y la presidencia estadounidense. El tiempo que Acab estuvo en el poder sin duda no tuvo ningún ciclo que determinara su duración. Tampoco fue un ascenso gradual. Cuando murió el rey Omri, Acab fue catapultado al trono, y permaneció en ese trono hasta su muerte en el campo de batalla.

Entonces, ¿cuál fue la duración del reinado del rey Acab, los años entre la muerte de su padre y su propia muerte? La respuesta se encuentra en el libro de 1 Reyes, capítulo 16. Se nos da la primera vez que aparece su nombre:

"Y reinó Acab hijo de Omri sobre Israel en Samaria *veintidós años*".[1]

Encaja perfectamente. El periodo de tiempo de Bill Clinton es el mismo periodo de tiempo exacto que se revela en el paradigma antiguo de su precursor: el rey Acab. Los años del prototipo y los años del antitipo encajan exactamente. Los años de Acab son los mismos que los años de Bill Clinton.

> El rey que preside la profundización de la apostasía de la
> nación, quien está en primera línea de una guerra cul-
> tural para derrocar las normas bíblicas, y quien gobierna
> con su esposa, sus días en el poder, su tiempo sobre el es-
> cenario nacional, serán de *veintidós años*.

¿Qué sucede si miramos una medida diferente, la del mandato público?
Aunque no constituyó su entrada a la escena nacional, ni tampoco fue la
plataforma para su ascenso a la presidencia, Clinton había trabajado un
breve periodo en un cargo público antes de convertirse en gobernador. Se
había presentado sin oposición para abogado general del estado de Arkansas. Asumió el mandato en 1977. Fue la primera vez que tenía un cargo
público. De ahí pasaría a ser gobernador.

Fueron las elecciones de 1980 las que le vieron perder el puesto de gobernador, y fueron las elecciones de 1982 las que lo vieron recuperarlo. Por
tanto, estuvo fuera del cargo público desde enero de 1981 hasta enero de
1983, y entonces continuó en un cargo público como gobernador y después
como presidente hasta enero de 2001, cuando sus días en un cargo público
llegaron a su fin. Por tanto, ¿cuánto tiempo estuvo Bill Clinton realmente
en un cargo público?

Desde que llegó a ser abogado general hasta su derrota como gobernador,
de enero de 1977 a enero de 1981, sirvió por cuatro años. Entonces, desde
enero de 1983 hasta enero de 1993, el tiempo que estuvo posteriormente en
el gobierno, sirvió otros diez años más en un cargo público. Y finalmente,
desde enero de 1993 hasta enero de 2001, sus años en la presidencia, fueron
otros ocho años más en un cargo público. Cuatro más diez más ocho suma
veintidós años, de nuevo la misma cifra que en el paradigma de Acab.

Dos personajes, el gobernador antiguo del paradigma y el gobernador
moderno de su repetición, prototipo y antitipo, el rey Acab y el presidente
Clinton. Sus mundos no podrían haber sido más diferentes. Uno de ellos
presidió sobre una monarquía antigua del Oriente Medio, y el otro sobre
una democracia y potencia moderna de Occidente. Uno llegó a su cargo
mediante la herencia real; el otro, mediante la victoria en unas elecciones.

El reinado de uno fue determinado por la muerte de su padre y después
por su propia muerte en el campo de batalla. El reinado del otro fue determinado por la ambición, campañas, pérdidas, reveses, intereses y estrategias

políticas, demoras, el electorado estadounidense, asuntos exteriores, y los límites particulares de tiempo de la presidencia estadounidense.

Y sin embargo, con todos estos factores y variables incontables, los días del personaje moderno siguieron los días del antiguo. Los parámetros de tiempo del reinado del rey Acab se convirtieron en los parámetros de tiempo que limitaron y enmarcaron los años de Bill Clinton: los veintiún años del rey.

Ahora revelaremos el paradigma de un personaje muy diferente, un extranjero, de más allá de las fronteras de la antigua Israel: un enemigo. Él terminó desempeñando un papel fundamental dentro del paradigma. Y él revelará el misterio que hay detrás de uno de los personajes más cruciales de la era moderna.

Capítulo 9

LA NÉMESIS

E L MATRIMONIO DE Acab y Jezabel cimentó la alianza de Israel con su vecino del norte, Fenicia, y por tanto produjo cierta medida de paz entre las dos naciones. Pero al oriente se relataba una historia muy distinta. Al este del río Jordán y extendiéndose tan lejos como hasta el norte de las fronteras del Imperio Asirio estaba el rey de Aram-Damasco. Reinando sobre Aram-Damasco estaba Ben-Adad.

Ben-Adad se erigía como la némesis o archienemigo de Acab y una amenaza siempre presente para la seguridad de Israel. Él planteó una creciente amenaza y peligro para la seguridad nacional en la última parte del reinado de Acab. Él maquinó ataques, invasiones e incursiones en la tierra; lanzó amenazas contra Acab y el reino. Ante sus amenazas, Acab vacilaba entre la debilidad y muestras repentinas de fortaleza. En medio de todo ello, la Escritura registra que Dios mostró gracia a Israel y a su rey salvándolos de la plena medida de destrucción que Ben-Adad era capaz de producir.

Durante uno de los intentos de Ben-Adad de llevar devastación a la tierra, Dios lo entregó en manos de Acab. A la vista del peligro que Ben-Adad planteaba para Israel, se habría esperado que Acab hubiera dado muerte a su enemigo o al menos lo hubiera encarcelado permanentemente. Pero Acab hizo algo totalmente inesperado. Lo puso en libertad. Permitió que el hombre que planteaba el peligro más claro y más presente para la seguridad de Israel quedara libre.

No fue un acontecimiento de poca importancia. La decisión demostró ser el punto de inflexión con respecto al reinado de Acab. Fue lo suficientemente importante para que el Señor enviara al rey una palabra al respecto. Cuando Acab liberó a Ben-Adad, un profeta se situó al lado de un camino, esperando a que el rey pasara por allí para darle una palabra profética:

> "Y el profeta se fue, y se puso delante del rey en el camino, y se disfrazó, poniéndose una venda sobre los ojos. Y cuando el rey pasaba, él dio voces al rey, y dijo: Tu siervo salió en medio de la batalla; y he aquí que se me acercó un soldado y me trajo un hombre, diciéndome: Guarda a este hombre, y si llegare a huir, tu vida será por la suya, o pagarás un talento de plata. Y mientras tu siervo estaba ocupado en una y en otra cosa, el hombre desapareció.
>
> Entonces el rey de Israel le dijo: Esa será tu sentencia; tú la has pronunciado. Pero él se quitó de pronto la venda de sobre sus ojos, y el rey de Israel conoció que era de los profetas.
>
> Y él le dijo: Así ha dicho Jehová: Por cuanto soltaste de la mano el hombre de mi anatema, tu vida será por la suya, y tu pueblo por el suyo".[1]

La decisión de Acab de dejar libre a Ben-Adad después de que Dios lo hubiera entregado en sus manos sería fatal. Conduciría al juicio de Acab. Por primera vez, el fin de su reinado y de su vida quedó decretado y profetizado. La decisión de dejar libre al archienemigo de Israel significaría desastre, no solo para Acab sino también para la nación misma. Ben-Adad siguió amenazando y poniendo en peligro la seguridad de la nación. Y posteriormente invadió la tierra y produjo calamidad.

El paradigma de la némesis

¿Es posible que incluso esta faceta del paradigma tenga un paralelismo en el mundo moderno? ¿Podría haber un personaje en el mundo moderno que se corresponda con el paradigma de la némesis, el invasor? En otras palabras, ¿se ha manifestado el paradigma de Ben-Adad en nuestros tiempos?

Ben-Adad II comenzó su reinado varios años antes que el de Acab, pero parece que solamente en el tiempo del reinado de Acab se convirtió en una amenaza activa y un peligro para la nación de Israel. Si el presidente Clinton es el antitipo de Acab, entonces el paradigma hablaría de otro ascenso durante su presidencia que amenazara a la nación: el antitipo de Ben-Adad. ¿Se manifestó en nuestra época el paradigma de Ben-Adad? Nos referiremos a esta faceta del paradigma como "la némesis".

> En paralelo con el reinado del rey, surgirá un hombre que planteará una amenaza y un peligro activo para la nación; él será la némesis del rey y de la nación.

Bill Clinton hizo el juramento como presidente de los Estados Unidos en enero de 1993. Si el paradigma de Ben-Adad ha de manifestarse en el mundo moderno, entonces su antitipo surgiría durante la presidencia de Clinton. ¿Aparece una persona así?

Sí que aparece. De hecho, se manifestó como un peligro activo para la paz mundial menos de treinta días antes de que Clinton jurase su cargo como el presidente número 42 de los Estados Unidos. Sucedió el día 29 de diciembre de 1992. Fue un ataque terrorista. El hombre que estuvo tras el ataque se llamaba Osama Bin Laden.

Soldados estadounidenses estaban alojados en el hotel Gold Mohur en Aden (Yemen), de camino a participar en la Operación Restauración de la Esperanza en Somalia. Agentes del grupo terrorista Al Qaeda detonaron una bomba en el hotel pensada para matar a los soldados. La explosión resultó fallida, pues los soldados ya habían abandonado las instalaciones antes de la explosión, pero se cree que este evento fue el primer ataque de terrorismo en el que participó Osama Bin Laden.[2]

Por tanto los dos, el Ben-Adad del paradigma y el Acab del paradigma, ocuparon sus papeles con menos de un mes de diferencia, uno como el líder del mundo occidental y el otro como su archienemigo.

> Él se convertirá en el archienemigo de la nación.

En los años de Clinton, el odio de Bin Laden por los Estados Unidos y todo lo que representaba se intensificó progresivamente. En mitad de los años de Clinton, Bin Laden emitió una declaración pública de guerra contra los Estados Unidos.[3] El país llegó tarde para ver la amenaza que Bin Laden planteaba, pero finalmente llegó a verlo como su principal enemigo y amenaza: la némesis de la nación.

Ben-Adad llegó de Aram-Damasco en el este de Israel y desde el este libró guerra contra ella. Provenía de un pueblo semita y por tanto, estaba relacionado con el pueblo judío. Hablaría cierta forma de arameo, una lengua semita. Y por tanto, en una lengua semita proclamó sus amenazas. De ahí el paradigma:

> La némesis provendrá de una tierra al oriente de la nación con la que hará guerra, desde una tierra semita. Él será semita y proclamará sus amenazas contra la tierra del rey en la lengua semita.

Igual que Ben-Adad, así Bin Laden provenía del oriente, y desde el oriente libró su guerra contra la nación a la que odiaba. Bin Laden era un árabe. Los árabes son un pueblo semita; por tanto, al igual que Ben-Adad, Bin Laden era semita. El árabe es una lengua semita; por tanto, al igual que Ben-Adad, Bin Laden proclamó sus amenazas y declaraciones de guerra en la lengua semita.

> La némesis seguirá tramando, maquinando y amenazando verbalmente con destrucción contra la tierra del rey.

Como en los años de Acab, Ben-Adad lanzó amenazas de destrucción contra Israel, a lo largo de los años de Clinton, Bin Laden lanzó amenazas y diseñó planes contra los Estados Unidos, incluso hasta el punto de declarar la guerra y amenazar con producir destrucción en su territorio.

> La némesis no solo amenazará sino que también actuará. Llevará a cabo varios ataques contra la nación del rey y producirá muerte y destrucción.

Bin Laden no solo lanzó amenazas contra los Estados Unidos durante los años de Clinton, sino que también ejecutó ataques contra los Estados Unidos y ciudadanos estadounidenses en todo el mundo.

> La némesis se convertirá en una amenaza cada vez mayor y un peligro presente y activo concretamente en los años posteriores del reinado del rey.

Al igual que el peligro de Ben-Adad se intensificó en los años posteriores de los últimos años de Acab, así sucedió con el peligro de Osama Bin Laden. Fue en 1996, en medio de la presidencia de Clinton, cuando Bin Laden lanzó su declaración de guerra contra los Estados Unidos. En 1997 firmó un fatwa, un documento legal islámico, que autorizaba y llamaba a la matanza de norteamericanos y sus aliados, y lo declaraba una obligación islámica.[4] En 1998 fue el cerebro de los bombardeos de dos embajadas estadounidenses en África oriental, que causaron la muerte de cientos de personas y miles de heridos.[5] Fue este ataque el que puso el nombre de Bin Laden en los labios del público estadounidense y en la lista de los más buscados del FBI. Ahora se le consideraba una seria amenaza para la seguridad de la nación, y con un buen motivo. Poco después comenzaría a planear un ataque aún mayor y más mortal contra la nación a la que aborrecía.

> El nombre del archienemigo estará formado por la unión de dos palabras del Oriente Medio. En hebreo, la palabra estará compuesta por la letra *bet*, o *b*, seguida de la letra *nun*, o *n*. Esto formará el sonido y el nombre *Bn*.

El nombre de la antigua némesis de Israel, Ben-Adad, estaba formado por la unión de dos palabras del Oriente Medio. Así también el nombre *Bin Laden* está formado por la unión de dos palabras del Oriente Medio. En inglés (y en español), el nombre *Ben-Hadad* está compuesto por ocho letras divididas en dos palabras. Así también el nombre *Bin Laden* en inglés (y en español) está formado por ocho letras divididas en dos palabras. La primera palabra en el nombre antiguo está compuesta por tres letras; la segunda se compone de cinco. Así también, la primera palabra en el nombre *Bin Laden* está formada por tres letras, y la segunda se compone de cinco. Los dos hombres también comparten el mismo patrón de vocal-consonante.

La primera palabra en el nombre de cada hombre parece ser prácticamente idéntica: Ben y Bin. De hecho, en el norte de África el nombre conocido como Bin Laden con frecuencia se representa como Ben Laden. Y en los idiomas del Oriente Medio de los cuales proviene el nombre, no hay ninguna diferencia real. *Bin* es simplemente la versión árabe de la palabra hebrea *Ben*. En las Escrituras originales hebreas, en las cuales no se escriben las vocales, la palabra es simplemente la letra hebrea *bet*, o *b*, seguida por la letra hebrea *nun*, o *n*. Así, se representa como *Bn*. En el árabe escrito es lo mismo; con frecuencia se omiten las vocales. Por tanto, se representa del mismo modo: *Bn*.

Es difícil pensar en cualquier persona en la época moderna conocida en todo el mundo por un nombre que comparte las mismas propiedades con el antiguo archienemigo de Israel, Ben-Adad, aparte de Osama Bin Laden.

> La primera palabra del nombre en dos partes de la némesis en su idioma materno tendrá el significado de hijo.

En el hebreo del antiguo relato y en arameo, la lengua materna de Ben-Adad, la palabra *Ben* significa hijo. En árabe, la lengua materna de Bin Laden, la palabra *Bin* significa lo mismo: hijo.

En el paradigma, el Señor entrega al enemigo de la nación en manos del rey Acab. Acab tiene ahora la oportunidad de poner fin a la maldad de Ben-Adad y prevenir la calamidad que él causó sobre Israel en días posteriores. Pero lo deja libre.

> El rey tendrá en sus manos al archienemigo y la oportunidad de detenerlo. Pero en cambio, le dejará libre.

Para que esta parte del paradigma se haga realidad, Bin Laden tendría que haber sido entregado en manos de Clinton, y éste tener la oportunidad de eliminarlo pero en cambio dejarlo libre. ¿Cómo podría haber sucedido todo eso?

El 27 de noviembre de 2002 quedó establecido el comité del 11 de septiembre para investigar los acontecimientos que condujeron al ataque del 11 de septiembre. Se descubrió que el presidente Clinton había tenido la oportunidad de apresar o matar a Bin Laden pero había decidido dejar pasar la oportunidad. El comité descubrió que Clinton o la administración Clinton tuvo esa oportunidad no solo una vez, sino nueve veces. Cada vez, Clinton o alguien bajo su autoridad dejó pasar la oportunidad, o de un modo u otro se perdió esa oportunidad. Cada vez, el resultado fue que Bin Laden se les escapó de las manos.[6]

No es para juzgar los razonamientos que estuvieron detrás para soltar a Bin Laden, pero cualquiera que fuera la razón o las razones, incluyó la repetición del antiguo paradigma de Acab y Ben-Adad: la puesta en libertad del archienemigo.

> La decisión del rey de dejar en libertad a la némesis producirá en los años posteriores calamidad a la tierra en forma de un golpe de destrucción.

La decisión de Acab de soltar a Ben-Adad produjo calamidad a la nación. Una de esas calamidades implicó un ataque a la tierra del rey. El golpe implicó a la ciudad principal del rey.

Así también, la decisión de Clinton de dejar pasar la oportunidad de poner fin a la amenaza de Osama Bin Laden terminó produciendo calamidad a las costas estadounidenses. En días posteriores, Bin Laden orquestó un golpe sobre territorio estadounidense: el peor ataque terrorista en la historia de los Estados Unidos. El ataque se enfocó en las principales ciudades estadounidenses.

Añadido a la tragedia, Clinton había sido advertido por el director del Centro contra el Terrorismo de la CIA de que la organización terrorista de Bin Laden, Al Qaeda, estaba haciendo preparativos para atacar los Estados Unidos, y que esos preparativos conllevaban la formación de sus agentes para secuestrar aviones. La advertencia llegó al mismo tiempo que se presentó una de las oportunidades clave para matar a Bin Laden. Reportes de inteligencia revelaban que Bin Laden se alojaba en la residencia del gobernador en Kandahar, en Afganistán. Clinton decidió dejar pasar la oportunidad.

Más adelante, tras el final de su presidencia, Clinton habló sobre su decisión de no matar a Bin Laden a fin de no poner en riesgo la muerte de personas inocentes. Sin embargo, su decisión fue desconcertante a la vista de su anterior orden de bombardear una fábrica farmacéutica que también implicaba el riesgo de matar a personas inocentes. "Casi lo atrapé", dijo Clinton, "y podría haberlo matado".[7]

El momento de su declaración fue asombroso. La hizo el día 10 de septiembre de 2001. Horas después de aquellas palabras, los Estados Unidos fue golpeado por agentes de Al Qaeda en el ataque que mató a casi tres mil personas bajo la dirección de Osama Bin Laden. La convergencia del reconocimiento de Clinton de que había decidido dejar libre a Bin Laden con la calamidad real que cayó sobre territorio estadounidense es especialmente inquietante a la luz del paradigma de Acab y Ben-Adad. Y se vuelve mucho más inquietante a la luz de las palabras declaradas por el profeta a Acab después de que dejó en libertad a Ben-Adad:

> "Y él le dijo: Así ha dicho Jehová: Por cuanto soltaste de la mano el hombre de mi anatema, tu vida será por la suya, *y tu pueblo por el suyo*".[8]

La decisión de dejar libre a Ben-Adad dio como resultado calamidad futura y muerte para el pueblo de Israel. Así también la decisión de dejar libre a Bin Laden dio como resultado calamidad y muerte en territorio estadounidense en un cálido día de septiembre presagiado por el paradigma.

Hemos visto el papel de Acab y Jezabel en la caída y el alejamiento de Dios de una nación, pero ahora pasaremos a otro ámbito, el ámbito de un escándalo, un pecado oculto, un relato de avaricia, engaño y asesinato, todo lo cual concierne a una viña y un acto que determinaría no solo el futuro de Acab sino también el de su esposa, y el de la nación.

Capítulo 10

LA VIÑA

LA MAYORÍA DE las personas no han escuchado nunca el nombre *Nabot*. Sin embargo, este nombre determinaría el futuro de Acab, Jezabel, su dinastía, y su nación.

El gran pecado de Acab y Jezabel fue su guerra declarada contra Dios y sus caminos, su papel en facilitar el descenso espiritual de su nación. Pero el caso de Nabot fue un asunto totalmente diferente. Tenía que ver con un tipo de pecado distinto, no nacional ni cultural sino personal. Nabot tuvo que ver con su gran avaricia, codicia y deseos de beneficio, engaño, manipulación, falso testimonio, robo y asesinato. Nabot fue el escándalo de sus vidas.

¿Quién era Nabot? Nabot era un hombre que vivía a la sombra del palacio de Acab y Jezabel en Jezreel. Era dueño de una viña:

> "Pasadas estas cosas, aconteció que Nabot de Jezreel tenía allí una viña junto al palacio de Acab rey de Samaria. Y Acab habló a Nabot, diciendo: Dame tu viña para un huerto de legumbres, porque está cercana a mi casa, y yo te daré por ella otra viña mejor que esta; o si mejor te pareciere, te pagaré su valor en dinero".[1]

Aunque era el hombre más rico en Israel, Acab quería más. Vio una viña que pertenecía a otro hombre y la quiso para sí, de modo que ofreció a Nabot otra viña o una suma de dinero comparable. Pero iba contra la ley de Dios vender la posesión de un ancestro de la persona. Nabot parece que era un hombre piadoso. Su respuesta al rey se hace eco de la ley de Dios:

> "Y Nabot respondió a Acab: Guárdeme Jehová de que yo te dé a ti la heredad de mis padres. Y vino Acab a su casa triste y enojado, por la palabra que Nabot de Jezreel le había respondido...".[2]

De nuevo, la naturaleza tempestuosa de Acab pasa a un primer lugar, y su conducta aquí es más apta de un niño pequeño que de un rey. Se tumba sobre su cama y se niega a comer. Cuando Jezabel le pregunta cuál es el problema, él le habla de la negativa de Nabot a vender la viña.

> "Y su mujer Jezabel le dijo: ¿Eres tú ahora rey sobre Israel?".[3]

Las palabras de la reina también podrían haberse traducido como: "¡Ejerce tu autoridad sobre Israel!". Para Jezabel, todo el asunto estaba por debajo de la dignidad de Acab. Los monarcas fenicios estaban, en efecto, por encima de la ley y podían hacer lo que desearan. Los monarcas de Israel, por otra parte, estaban tan sujetos a la ley de Dios como sus súbditos. Pero Jezabel no reconocía tal ley ni tal soberanía.

> "Yo te daré la viña de Nabot de Jezreel".[4]

La naturaleza de la reina queda al descubierto por sus palabras. Se puede ver su desdén, su impaciencia, su impetuosidad, su dominio del rey, y su negativa a aceptar ninguna obstrucción en lo que quería, incluso si esa obstrucción llegaba de la Palabra de Dios. Para Jezabel, Acab es demasiado débil para hacer lo que un rey debería hacer, así que ella misma se hará cargo ahora.

> "Entonces ella escribió cartas en nombre de Acab, y las selló con su anillo, y las envió a los ancianos y a los principales que moraban en la ciudad con Nabot".[5]

Aquí vemos la tendencia de la reina a utilizar la autoridad de su esposo para avanzar sus propios planes. En este caso, su plan implicaba asesinato. Ella organiza las cosas para que tenga lugar una reunión en la cual Nabot ha de ser tratado como un invitado de honor. Allí, dos hombres deben dar falso testimonio contra él. Nabot entonces ha de ser sacado de allí y apedreado.

"Después enviaron a decir a Jezabel: Nabot ha sido apedreado y ha muerto".[6]

Con la muerte de Nabot, Jezabel no ve nada que impida que Acab tome posesión de la viña del hombre muerto.

"Cuando Jezabel oyó que Nabot había sido apedreado y muerto, dijo a Acab: Levántate y toma la viña de Nabot de Jezreel, que no te la quiso dar por dinero; porque Nabot no vive, sino que ha muerto".[7]

Por tanto, Acab se dirige a la viña de Nabot para tomar posesión de ella. No hay nada que se interponga en su camino, excepto Dios, y un profeta llamado Elías.

"Entonces vino palabra de Jehová a Elías tisbita, diciendo: Levántate, desciende a encontrarte con Acab rey de Israel, que está en Samaria; he aquí él está en la viña de Nabot, a la cual ha descendido para tomar posesión de ella".[8]

Allí en la viña, Elías le dio una profecía a Acab, una palabra que sellaría su final, el final de Jezabel, y el final de su dinastía.

El paradigma de la viña

Si el paradigma de Acab y Jezabel se ha manifestado en el mundo actual, entonces ¿podría haber también una manifestación de Nabot? Y si es así, ¿qué forma adoptaría?

La respuesta a la primera pregunta es sí. La respuesta a la segunda es que tiene más de una manifestación. Nabot será un ejemplo en el cual un único acontecimiento en el mundo antiguo tendrá más de una manifestación en el mundo moderno, donde diferentes facetas y atributos de ese mismo acontecimiento antiguo se corresponderán o producirán diferentes manifestaciones en el moderno.

El paradigma de Nabot producirá más manifestaciones de las que pueden revelarse en un solo capítulo. Comenzaremos con la primera.

> El reinado del rey y la reina no solo será conocido por la apostasía nacional sino también por sus propios escándalos personales.

Lo que le sucedió a Nabot haría que el reinado de Acab y Jezabel estuviera marcado no solo por la apostasía nacional y el alejamiento de los estándares bíblicos, sino también por el escándalo. Así, el reinado de Bill y Hillary Clinton sería conocido no solo por su activismo contra valores tradicionales o bíblicos sino también por el escándalo. A lo largo de los años de Clinton hubo escándalos, uno tras otro, y a veces más de uno al mismo tiempo. Esto no es para juzgar el asunto de la verdad o la ofensa implicados en cualquiera de esos escándalos, sino que el mero hecho de que los años de Clinton fueran conocidos por el escándalo y que el presidente y la primera dama estuvieran implicados en uno o más de ellos es otra coincidencia con el paradigma de Acab y Jezabel.

> El rey y la reina estarán perseguidos por el escándalo durante años y hasta el final de su reinado.

El escándalo de Nabot tal como fue sacado a la luz por el profeta persiguió a Acab y Jezabel durante el resto de sus vidas. El presidente y la primera dama fueron igualmente perseguidos por el escándalo hasta el final de los años de Clinton. El escándalo los siguió desde los tiempos de Clinton como gobernador hasta su entrada en la Casa Blanca y su salida. Incluso hasta el último día antes del final de su presidencia, Clinton seguía enfrentando el escándalo.

> El escándalo del rey y la reina se centrará en unas propiedades de bienes raíces.

El escándalo de Acab y Jezabel implicó una parcela del terreno, bienes raíces, tomar posesión de la viña de Nabot. Y así también en la presidencia Clinton, un escándalo los persiguió durante el periodo de tiempo más largo. Se denominó "Whitewater". ¿En qué se centró? Unas propiedades de bienes raíces. En la historia bíblica es difícil pensar en alguna pareja de la realeza vinculada con un escándalo tan centrado en una única parcela de bienes raíces aparte de Acab y Jezabel. Y en la historia estadounidense es difícil pensar en un presidente y una primera dama relacionados con un escándalo relacionado con una parcela de bienes raíces aparte de Bill y Hillary Clinton.

> El escándalo implicará la adquisición de terrenos ejecutada por el rey y la reina.

A finales de la década de 1970, al principio de su carrera política, Bill

Clinton, junto con su esposa Hillary, entró en una sociedad para adquirir terrenos con la esperanza de obtener un beneficio personal. La sociedad se llamó Whitewater Development Corp.[9] Así, el escándalo estuvo centrado en su adquisición de bienes raíces: los mismos elementos fundamentales implicados en el escándalo antiguo de Acab, Jezabel y Nabot.

> El escándalo se referirá al asunto de actividad ilegal que rodea el terreno y a quienes lo adquirieron.

La adquisición de la viña de Nabot por parte de Acab y Jezabel fue ilegal. La adquisición de tierras Whitewater por parte de los Clinton estuvo rodeada casi desde el principio por actividad financiera cuestionable. Su socio principal fue encarcelado, junto con su esposa, quien fue encarcelada por negarse a responder preguntas con respecto a si el presidente Clinton mintió en el tribunal con respecto a este asunto. Al final, quince personas relacionadas con el escándalo habían sido acusadas de delitos federales.[10] Aunque los Clinton no fueron nunca acusados, sus acciones levantaron continuas sospechas y desencadenaron una investigación continuada. Las palabras no parecían corresponderse con la realidad, se perdieron documentos, y actividad sospechosa siguió rodeando el asunto durante años. Esto no es para asignar culpabilidad a los Clinton. No se trata de su culpabilidad o inocencia; se trata de un esquema antiguo. Acab y Jezabel estuvieron perseguidos continuamente por un escándalo centrado en terrenos, su adquisición, y la naturaleza ilegal de su adquisición. Así también los antitipos actuales de Acab y Jezabel se encontraron en medio de un escándalo y una investigación que se centraba en una parcela de bienes raíces, la adquisición de terrenos, y la cuestión de la actividad ilegal que rodeaba este terreno.

Pero había también otro elemento en el escándalo: Nabot mismo y desde luego su muerte.

> El escándalo del rey y la reina estará relacionado con la muerte de un hombre.

En julio de 1993 Vince Foster, consejero de Bill Clinton en la Casa Blanca, fue hallado muerto en Fort Marcy Park, Virginia. Su asociación con los Clinton se remontaba a mitad de la década de 1970. Se mudó con ellos desde Arkansas a Washington, DC, y trabajó como su abogado. Su muerte se convirtió en un tema de controversia, rumores y sospechas a lo largo de la presidencia de Clinton aunque en el momento se consideró suicidio.[11] La muerte de Vince Foster se convirtió en un elemento más en la nube de sospecha y escándalo que estaba sobre la Casa Blanca de los Clinton. Hubo muchos que creían que fue asesinato. La muerte de Foster llegó a ser incluso el enfoque de una importante investigación del gobierno.[12] De nuevo, esto no es para decir que los rumores estaban basados en verdades, sino que en el ámbito de las apariencias existe otra vez una correspondencia con el escándalo antiguo. Como fue con Acab y Jezabel, los escándalos relacionados con Bill y Hillary Clinton implicaron la muerte de un hombre y el asunto o la cuestión del asesinato.

> El hombre cuya muerte está relacionada con el rey y la reina también estará conectado con la trama de bienes raíces adquiridos por la pareja real y con el escándalo que le rodea.

Más que ninguna otra cosa, Nabot es conocido por la tierra a causa de la cual fue asesinado en el escándalo de Acab y Jezabel. Por tanto, ¿podría haber algún vínculo entre Vince Foster y Whitewater, la tierra del escándalo? La respuesta es afirmativa.

Vince Foster y Hillary Clinton trabajaron juntos en Arkansas en el bufete Rose Law. El bufete estaba involucrado en transacciones de bienes raíces que más adelante se convertiría en el enfoque de la investigación Whitewater. De hecho, fue Foster quien en 1992 representó a los Clinton en su último trato sobre Whitewater. Él firmó los documentos que enviaban a James McDougal, su exsocio en Whitewater, el interés que seguían teniendo los Clinton en Whitewater Development Corp. Y Foster fue el guardián de los documentos Whitewater hasta el momento de su muerte.[13]

La muerte de Foster añadió una capa más de controversia al escándalo. Horas después de su fallecimiento, asistentes de la Casa Blanca entraron en su despacho y se llevaron registros legales con respecto al asunto Whitewater. Tras esa retirada estuvo Bernard Nussbaum, el consejero principal de la Casa Blanca. Nussbaum entregó los registros a Maggie Williams, jefa del equipo de Hillary Clinton.[14] Más adelante, la muerte de Foster se convertiría en el enfoque de una investigación federal, junto con la investigación de Whitewater. Como en el caso de Nabot, así también en la investigación federal el escándalo de los bienes raíces estuvo relacionado con la muerte de un hombre.

Investigaciones posteriores revelaron que los escándalos que rodearon a la administración Clinton desempeñaron un papel clave en la muerte de Foster. Él se encontró abrumado por la presión y lo que consideraba un daño hecho a su reputación.[15] Al igual que Nabot, se encontró siendo el centro de la acusación pública y la difamación de su reputación.

El terreno que Acab quería para sí mismo era una viña. Una viña es, desde luego, un lugar de frutos. El nombre del hombre que tenía la viña era Nabot. ¿Qué significa Nabot? Nabot significa frutos. Ya sea por coincidencia o por diseño de Dios, el nombre de la víctima, Nabot, estaba relacionado con el terreno en el centro del escándalo: una viña, un lugar de frutos.

> El nombre de la víctima estará relacionado con el terreno que el rey y la reina han tomado, la propiedad que forma el enfoque del escándalo.

¿Cuál era el terreno que adquirieron los Clinton, el centro del escándalo? Era tierra de bosque. Mediante Whitewater Development Corp., los Clinton adquirieron doscientos acres de bosque a lo largo del río White en Ozarks.[16] Por tanto, la "viña" del escándalo Whitewater era un bosque.

Si el nombre de Nabot estaba relacionado con la tierra del escándalo antiguo, ¿es posible que el nombre del Nabot del tiempo actual pudiera de igual manera estar relacionado con la tierra del escándalo Whitewater?

¿Qué significa el nombre *Foster*? Puede considerarse como:

"un oficial al cargo de un bosque".[17]

Por tanto, un hombre llamado Foster era el guardián del bosque. Y eso es lo que Vince Foster llegó a ser: el guardián legal de las tierras boscosas de Whitewater. Él estaba relacionado con la tierra mediante sus tratos legales, mediante la venta de la tierra, y mediante las investigaciones federales que ahondaron en la conexión entre ambos. Y sin embargo, precisamente su nombre lo relacionaba desde el principio. Así como el nombre de Nabot estaba en el caso antiguo relacionado con la viña, así también el nombre de Foster en el caso moderno estaba relacionado con el bosque. En tiempos medievales, el Foster o "guardián del bosque", servía como el representante de los intereses del gobernador de la tierra, o el personaje regio que fuera dueño del bosque. Así, Foster era el cuidador legal de Whitewater por el presidente y la primera dama.

La conexión entre la viña de Nabot y Whitewater va más allá. Sabemos por registros antiguos y las referencias bíblicas que las viñas eran lugares no solamente para vides sino también para árboles. Los árboles proporcionaban un uso más eficaz y variado del terreno de la viña al igual que un marco para cultivar las vides. Por tanto, el guardador de una viña cuidaría árboles, al igual que el guardador de un bosque. Una viña era un lugar de frutos y árboles; frutos, como en el nombre *Nabot* en el caso antiguo, y árboles, como en el nombre *Foster* en su repetición actual.

Y aún hay más en esta parte del paradigma. De igual manera habría más cosas en la historia moderna: más secretos, más escándalos y más repercusiones, todo lo cual estaría unido a la viña antigua.

El paradigma revelará ahora un escándalo que sacudió a los Estados Unidos y cautivó a gran parte del mundo, pero no solo el escándalo y su exposición, sino también el momento real de su exposición: el año exacto en que iba a tener lugar.

Capítulo 11

LA PROFECÍA

E L ESCÁNDALO DE Nabot fue tan horrible que provocó a Dios a sellar el juicio de Acab, Jezabel, y su dinastía. Al arrebatar el terreno ancestral a Nabot, ellos habían quebrantado la ley de Dios; pero no fue la única ley que habían quebrantado. Habían transgredido los Diez Mandamientos. Como estaba escrito:

> "No codiciarás la casa de tu prójimo, no codiciarás la mujer de tu prójimo, ni su siervo, ni su criada, ni su buey, ni su asno, ni cosa alguna de tu prójimo".[1]

El relato comienza con la codicia. Acab codició la posesión de su prójimo. Con la entrada de Jezabel en la historia, las cosas avanzan rápidamente. Lo que comenzó con codicia terminó con asesinato.

Estas fueron las instrucciones concretas de Jezabel a los ancianos de la aldea de Nabot:

> "Proclamad ayuno, y poned a Nabot delante del pueblo; y poned a dos hombres perversos delante de él, que atestigüen contra él y digan: Tú

has blasfemado a Dios y al rey. Y entonces sacadlo, y apedreadlo para que muera".[2]

El plan requería que dos hombres dieran falso testimonio contra Nabot para acusarlo de blasfemia. Eso constituyó otro quebrantamiento más de los Diez Mandamientos:

"No hablarás contra tu prójimo falso testimonio".[3]

Por tanto, la pareja real había quebrantado otro de los Diez Mandamientos. Ellos hicieron que se diera falso testimonio contra Nabot, su prójimo.

La trama de Jezabel requería que un hombre fuera apedreado. Irónicamente, ella utilizará la acusación de blasfemia como la excusa para lograr eso:

"Y lo llevaron fuera de la ciudad y lo apedrearon, y murió".[4]

Y así, la pareja real quebrantó otro de los Diez Mandamientos:

"No matarás".[5]

En esta única trama, Acab y Jezabel habían quebrantado cuatro de los Diez Mandamientos. Y como rey y reina, parecía que se iban a salir con la suya. Pero en el acto de tomar posesión, Acab se encontró con el profeta Elías, quien llegó hasta él para darle una palabra de parte de Dios:

"Así ha dicho Jehová: ¿No mataste, y también has despojado?...En el mismo lugar donde lamieron los perros la sangre de Nabot, los perros lamerán también tu sangre, tu misma sangre".[6]

La libertad que Acab le dio a Ben-Adad había estado seguida por la primera profecía de su muerte. Pero el asesinato de Nabot no solo selló su juicio sino que también determinó su naturaleza. Lo que se le había hecho a Nabot se le haría también a Acab. Pero la profecía y su juicio llegarían aún más lejos:

"Te he encontrado, porque te has vendido a hacer lo malo delante de Jehová. He aquí yo traigo mal sobre ti, y barreré tu posteridad y destruiré hasta el último varón de la casa de Acab, tanto el siervo como el libre en Israel. Y pondré tu casa como la casa de Jeroboam hijo de Nabat, y como la casa de Baasa hijo de Ahías, por la rebelión con que me provocaste a ira, y con que has hecho pecar a Israel".[7]

El juicio sería doble. Dios pondría fin al reinado de Acab. Acab moriría. Pero Él también pondría fin a su dinastía y sus maldades.

Está claro por las palabras de Elías que los juicios que llegarían serían una respuesta no solo al asesinato de Nabot sino también la respuesta a todas las maldades que Acab y Jezabel habían causado sobre Israel por conducir a la nación a alejarse de Dios:

"...por la rebelión con que me provocaste a ira, y con que has hecho pecar a Israel".[8]

El asesinato de Nabot fue la gota que colmó el vaso. Pero como los pecados de la casa de Acab habían tocado e implicado a toda la nación, el juicio también sacudiría a la nación. Y caería también sobre el que lo comenzó todo. Fue igualmente en la viña de Nabot donde se anunció el fin de la reina:

"De Jezabel también ha hablado Jehová, diciendo: Los perros comerán a Jezabel en el muro de Jezreel. El que de Acab fuere muerto en la ciudad, los perros lo comerán, y el que fuere muerto en el campo, lo comerán las aves del cielo".[9]

Dios pondría fin a los días de Acab y también a los días de Jezabel. Es notable que los juicios de ambos son pronunciados por separado; también es notable que el enfoque de la represión y el juicio es el rey. Aunque Acab fue incitado por Jezabel, es él quien en última instancia fue considerado el más responsable.

Cuando Acab oye las palabras de Elías, hace algo sorprendente:

"Y sucedió que cuando Acab oyó estas palabras, rasgó sus vestidos y puso cilicio sobre su carne, ayunó, y durmió en cilicio, y anduvo humillado".[10]

Rasgarse los vestidos, ponerse ceniza y cilicio, y no comer son actos de tristeza, remordimiento y arrepentimiento. Fue otra muestra de la naturaleza dividida de Acab. El Señor toma nota y muestra una medida de misericordia:

"Entonces vino palabra de Jehová a Elías tisbita, diciendo: ¿No has visto cómo Acab se ha humillado delante de mí? Pues por cuanto se ha humillado delante de mí, no traeré el mal en sus días; en los días de su hijo traeré el mal sobre su casa".[11]

Por tanto, se retendrá el juicio, habrá una demora de repercusiones; al menos en parte. El juicio no caerá todo a la misma vez. Las calamidades llegarán en diversos momentos. El fin del propio Acab llegará primero y después el de su casa y el de Jezabel.

Así que lo que tuvo lugar en la viña de Nabot demostró ser crucial y fundamental. Sacó a la luz la maldad de Acab y Jezabel, definió su reinado, y permanece como un indicador para anunciar su fin.

En Whitewater vimos la primera manifestación en el escenario mundial moderno del escándalo que persiguió a la casa de Acab. Ahora veremos el resto. Y en ello descubriremos otra de las dimensiones del paradigma, una que revela no solo los acontecimientos del mundo moderno sino también el momento en que han de producirse.

El paradigma de la profecía

El esquema de Nabot, como dijimos en el capítulo anterior, proporciona un ejemplo de un solo acontecimiento del paradigma con más de una manifestación en la escena mundial moderna, donde distintas facetas de ese solo acontecimiento se manifiestan por separado. Vimos una de esas manifestaciones en el capítulo previo, el escándalo por unos terrenos y su adquisición. Pero ahora vemos otra.

El escándalo de Nabot implicó avaricia, codicia, ocultación, apoderarse de lo que no les pertenecía, robo, falso testimonio, engaño y asesinato: el quebrantamiento de las leyes más fundamentales de Dios. Fue seguido por la exposición de sus pecados; definió su reinado y selló su reinado. Tuvo lugar en la segunda parte del reinado del rey Acab.

¿Hubo algún acontecimiento así, algo que salió a la luz, un escándalo de tales proporciones en el reinado del presidente Clinton?

> En el reinado del rey y la reina saldrá claramente a la luz el pecado personal. La exposición tendrá lugar en la última parte del reinado del rey.

En 1998 surgió un escándalo que marcó de manera indeleble los años de Clinton. Conllevó la exposición a la luz de los pecados personales del presidente. Sería conocido como el escándalo Mónica Lewinsky. La revelación del escándalo tuvo lugar en la segunda parte de su presidencia. Representó la convergencia de los anteriores escándalos, cuando la investigación del asunto Whitewater, la muerte de Vince Foster, y otros escándalos convergieron en el asunto Lewinsky. Todos los Nabot de los años anteriores se unieron en uno.

Fue el principal escándalo de los años de Clinton. Corrompió y manchó el resto de sus años, y marcó y definió su presidencia.

> El escándalo sacará a la luz pecado, lujuria y codicia en los niveles más altos del gobierno, con el rey codiciando y tomando lo que no le pertenecía.

Igual que el escándalo de Nabot conllevó la codicia del rey y su deseo de tener lo que no le pertenecía, así también lo hizo el escándalo Lewinsky con respecto a Bill Clinton. El escándalo se centró en la aventura adúltera del presidente con una becaria de la Casa Blanca: Mónica Lewinsky. Conllevó pecado, codicia, y deseo. Fue realizado en el más alto de los lugares: la Casa Blanca.

> El escándalo implicará engaño y falso testimonio.

El escándalo de Nabot implicó engaño y falso testimonio. El escándalo Lewinsky implicó que el Presidente dio falso testimonio cuando mintió sobre el asunto delante de toda la nación.[12] También dio falso testimonio en tribunales cuando dio respuestas confusas y engañosas.[13]

> El escándalo implicará el quebrantamiento de las leyes más fundamentales de Dios, la transgresión de los Diez Mandamientos.

En el escándalo de Nabot, Acab y Jezabel habían codiciado las posesiones de su prójimo, maquinaron que testigos dieran falso testimonio, cometieron asesinato, y robaron lo que no les pertenecía: la transgresión de los Diez Mandamientos. En el escándalo Lewinsky, el presidente codició y tomó lo que no le pertenecía, cometió adulterio, y dio falso testimonio, lo cual implicó igualmente la transgresión específica de los Diez Mandamientos.

> Él será confrontado por sus pecados. Serán expuestos públicamente.

Acab fue confrontado ante sus pecados por el profeta Elías. Sus actos sin ninguna duda llegaron a conocerse por todo Israel, y fueron relatados en las Escrituras como asunto de registro público. El Presidente fue confrontado ante sus pecados por los medios de comunicación, por las investigaciones federales, por el sistema judicial, por las dos Cámaras del Congreso, y por el pueblo estadounidense. Sus pecados fueron expuestos públicamente en todos esos ámbitos incluso aunque sus detalles causaron una degradación de la cultura popular.

> En la exposición de sus pecados y ante la sombra del juicio, el rey expresará tristeza, remordimiento y arrepentimiento.

Aunque Acab había endurecido su corazón y libró una larga guerra contra los caminos de Dios, cuando fueron expuestos sus propios pecados personales respondió con una muestra sorprendente de tristeza y arrepentimiento. Así también el antitipo de Acab, el presidente Clinton, después de ver expuestos a la luz sus pecados y el fracaso de su negación, respondió con una muestra de tristeza y arrepentimiento.

Debido al arrepentimiento de Acab, Dios otorgó una demora en los juicios decretados sobre su vida, su casa y su nación. Llegarían, pero serían demorados; y no caerían todos a la vez sino a lo largo de un periodo. El peso de los juicios se produciría tras la muerte del rey; por tanto, muchas de las consecuencias del reinado de Acab caerían sobre la nación en los días de sus sucesores.

> Se otorgará una demora en el juicio decretado. Las consecuencias y repercusiones de los actos del rey, los de sus pecados personales y haber apartado a la nación de Dios, serán demorados hasta un tiempo posterior. Los juicios, consecuencias y repercusiones no caerán al mismo tiempo sino a lo largo de un periodo extenso. La mayoría caerán tras el final del reinado del rey, en el reinado de un rey posterior.

¿Es posible que esta dinámica pudiera verse en los años de Clinton: una demora de repercusiones y consecuencias durante esos años pasando a una época posterior?

¿Qué le sucedió a los Estados Unidos tras el fin de la presidencia de Clinton? La nación fue sacudida por dos acontecimientos épicos. Uno de ellos fue la implosión económica global de 2008. ¿Podría haber sido eso una de las repercusiones y consecuencias de lo que realmente se sembró en los días de los Clinton y que después cayó en los días de un presidente posterior?

Según el *Columbia Journalism Review*, Clinton apoyó y firmó más legislación que desregulaba el ámbito financiero que ningún otro presidente. Presionó a la Cámara de Representantes, controlada por los demócratas, para que aprobaran la ley Gramm-Leach-Bliley. La ley eliminaba límites clave a la ley Glass-Steagall, que había vetado a bancos de inversión para que participaran en actividades de banca comercial, y que había estado en vigor desde la Gran Depresión.[14]

Además, mediante la Ley de Modernización de Futuros, desreguló los derivados financieros. Esta ley hizo que el mercado de derivados, muy arriesgado, se convirtiera en lo que un escritor describió como un "salvaje Oeste del dejar hacer".[15] Además, aprobó la ley Riegle-Neal Interstate Banking and Branching Efficiency. Eso condujo a una oleada de fusiones bancarias, y aniquiló la regulación estatal de la industria bancaria.[16]

Más allá de eso, Clinton cambió las leyes concernientes a empresas patrocinadas por el gobierno, rebajando las normas y los controles, y dirigió a Fannie Mae y Freddie Mac a invertir masivamente en hipotecas de riesgo o *sub-prime*.[17]

Sin duda alguna, Clinton creía que estaba haciendo lo correcto en todas esas cosas y no pensó en las consecuencias que tendrían sus decisiones. Sin embargo, el efecto de cualquiera de esas cosas sobre la venidera implosión económica global fue trascendental; su efecto combinado fue devastador. Por tanto, el *Columbia Journalism Review* concluía:

> "Lo fundamental es: Bill Clinton fue responsable de más desregulación
> financiera dañina, y así de la crisis financiera de 2008, que ningún otro
> presidente".[18]

Por tanto, la dinámica general de consecuencias demoradas y repercusiones pospuestas que marcó el reinado de Acab con respecto a la historia de Israel puede verse igualmente en la presidencia de Bill Clinton y los años que siguieron. El colapso financiero global que golpeó a los Estados Unidos y al mundo en 2008 fue una consecuencia demorada de los días de la administración Clinton.

Pero hubo otro acontecimiento y crisis global épica que tuvo lugar justamente después del fin de los años de Clinton. Fue el 11 de septiembre. ¿Podría la misma dinámica del paradigma de Acab aplicarse también al peor ataque terrorista en la historia estadounidense? Lo que sucedió en la ciudad de Nueva York y en Washington, DC, ¿podría haber sido otra consecuencia demorada de los años de Clinton?

Ya hemos sido testigos de la respuesta. Fue durante los años de Clinton cuando Osama Bin Laden surgió como un peligro para los Estados Unidos y el mundo. Clinton dejó pasar la oportunidad de matar a Bin Laden al igual que Acab dejó pasar la oportunidad de matar al invasor y archienemigo de Israel: Ben-Adad. Y como hemos visto, Clinton incluso admitió eso tan solo diez horas antes de que los aviones hicieran blanco en sus dianas.

> Al mismo tiempo que el rey es reprobado por sus pecados, se le dará una palabra concerniente a la calamidad venidera.

Fue en la viña de Nabot donde Elías le dio al rey Acab una palabra reprobándolo por su pecado y profetizando sobre calamidad futura. En diciembre de 1998 el presidente Clinton fue reprobado en el Congreso de los Estados Unidos, sometido a juicio político bajo las acusaciones de perjurio y obstrucción a la justicia con respecto al escándalo Mónica Lewinsky.[19] ¿Podría ser que él también recibió una palabra ese mismo mes sobre una calamidad futura?

Fue ese mismo mes, en diciembre de 1998, cuando la CIA entregó a Clinton un informe secreto. Se titulaba "Bin Laden se prepara para secuestrar avión estadounidense y otros ataques".[20] Fue la advertencia más definida dada hasta entonces de la calamidad que llegaría a las costas estadounidenses. Igual que con Acab en la viña de Nabot, el rey había recibido una reprensión por sus pecados y también el anuncio de la futura calamidad.

La caída del rey Acab tenía una relación subyacente con la tribu de Leví, desde el día del escándalo hasta el día de su juicio. Leví era el tercer hijo del patriarca Jacob de Israel. Sus descendientes eran conocidos como los levitas y constituían una de las doce tribus más destacada e importante de la nación. Leví era la tribu sacerdotal, la tribu de los ministros. Los levitas estaban a cargo del Templo, los sacrificios, los días santos, los utensilios santos, y la adoración de Dios. Los levitas eran los guardianes de la ley de Dios; ministraban sus mandamientos y enseñaban a la nación en sus preceptos. Por tanto, la ley de Moisés del antiguo testamento se conoce como la "ley levítica".

Pero cuando el reino del Norte se separó del Sur, rechazó la ley levítica y el sacerdocio levítico. Su primer rey, Jeroboam, sustituyó a los levitas por sacerdotes que él mismo escogió. Pero Acab, como en muchos otros aspectos, llevó la apostasía a nuevas profundidades. Él, junto con Jezabel, nombró un nuevo sacerdocio para Israel: el sacerdocio de Baal.

La caída de Acab comenzó cuando quiso arrebatarle la viña a Nabot. Nabot se negó a los deseos del rey afirmando que no podía entregar la posesión de su padre. Se refería a la ley que declaraba ilegal arrebatar tierras a sus dueños originales. La tierra tenía que mantenerse en posesión de sus dueños originales o serles devuelta en un tiempo establecido. Era uno de los mandamientos de la ley levítica. Así, un comentarista observa:

> "Deseando añadir a sus terrenos de placer en Jezreel la viña de su vecino Nabot, propuso comprarla o darle tierras a cambio de ella. Y cuando Nabot se negó de acuerdo con la *ley levítica* (Levítico 25:23), se presentó contra él una acusación falsa de blasfemia y fue asesinado, y Acab tomó posesión de los campos que codiciaba".[21]

El principio apareció por primera vez en Levítico, el libro que deriva su nombre de la tribu de Leví. La caída de Acab, como observa un comentarista, puede que se originara en su ignorancia de la ley levítica causada por el rechazo a los levitas del reino del norte:

> Además, la ley en Israel tenía intención de mantener la posesión de tierras dentro de una familia…Acab puede que ignorara esta ley, ya que los sacerdotes levíticos habían perdido sus posiciones en Israel.[22]

Así, el fin de Acab fue puesto en movimiento en el momento en que él transgredió la ley levítica. Pero la conexión levítica no terminó ahí. El día de su juicio volvió a aparecer. Ese juicio tuvo lugar en la batalla de Ramot de Galaad. Ramot de Galaad era una ciudad que Israel había perdido contra el reino de Aram. Acab murió en su intento por recuperarla; por tanto, la ciudad fue a la vez la causa que condujo al juicio de Acab y el terreno sobre el cual cayó.

Pero Ramot de Galaad no era solamente cualquier ciudad en Israel; era una ciudad *levítica*. Fue entregada a la tribu de Leví, y ellos habían de habitarla. Por tanto, en su intento por tomar una tierra que no le pertenecía, Acab había transgredido la ley de los levitas. Y en su intento de tomar la ciudad de los levitas, se encontró con su propio fin. O en otras palabras, su caída comenzó cuando quebrantó la ley levítica y terminó con su juicio en la ciudad de los levitas. Así, su transgresión, su escándalo, su caída y su juicio estuvieron todos ellos vinculados con la tribu de Leví. Y por tanto, el paradigma:

> El escándalo del rey comenzará con su transgresión de la ley de los levitas. Así también el juicio de sus pecados estará relacionado con la tribu sacerdotal de Israel. Por tanto, la caída del rey, desde su pecado hasta el juicio de su pecado, estará intrínsecamente vinculada a la tribu de Leví.

¿Podría incluso esta parte del paradigma ser manifestado en la repetición moderna? ¿Podría existir de algún modo un vínculo entre el antitipo de Acab, el presidente Clinton, y la tribu de Leví? ¿Podría haber una relación entre el escándalo que sacudió y manchó su presidencia y el antiguo sacerdocio de Israel?

La primera conexión es la naturaleza del escándalo mismo. No fue tan solo que el escándalo de Clinton implicó el quebrantamiento de la ética universal; concretamente implicó la transgresión de la ley levítica: los Diez Mandamientos que resumen el comienzo de la ley. Pero hubo más cosas en el escándalo que se remontaban a tiempos antiguos.

En los años y siglos que pasaron desde tiempos bíblicos, los descendientes de Leví, los levitas, adoptaron apellidos para preservar su identidad. Esos nombres provenían del antiguo nombre hebreo *Leví*. De *Leví* provenía el apellido judío *Levin*. De *Levin* venía el apellido *Levinsky*. Y de *Levinsky* provenía otro apellido: *Lewinsky*. En otras palabras, el escándalo que produjo el juicio sobre la presidencia de Bill Clinton estuvo vinculado con la tribu de Leví. El apellido Lewinsky, como en Mónica Lewinsky, significa nada más y nada menos que la tribu de Leví. Por tanto, el escándalo del presidente, el escándalo Lewinsky, llevaba el nombre de la tribu de Leví. Y así, estaba vinculado con la tierra sobre la que Acab fue juzgado por el escándalo de su reinado, Ramot de Galaad, la ciudad de los levitas.

Y no era solamente un nombre. Mónica Lewinsky no solo llevaba el nombre de los levitas, sino que también *era uno de ellos*. Cuando uno nace con ese apellido, significa que es un descendiente de la tribu de Leví. Mónica Lewinsky era una levita, del mismo pueblo que en tiempos antiguos sostuvo y llevó a cabo la ley que el rey Acab había quebrantado, la ley que había conducido a su caída. Ella era de la misma tribu que poseía la ciudad en la cual había caído el juicio de Acab.

Lo que el rey Acab había hecho constituyó el quebrantamiento y la profanación de la ley levítica. Lo que el presidente Clinton había hecho no solo constituyó el quebrantamiento de la ley levítica al codiciar, dar falso testimonio y adulterar; implicó la profanación de un levita. Como sucedió con Acab en tiempos antiguos, así también sucedió con su antitipo en tiempos modernos. En esto, el rey Acab y el presidente Clinton estuvieron una vez más unidos. El escándalo y la caída de cada uno de ellos estuvieron marcados por la tribu de Leví y vinculados a ella.

¿Cuándo en el reinado de Acab fue él expuesto por su pecado? Sabemos que tuvo lugar en la segunda parte de su reinado, y sabemos algo más que eso. La Biblia nos da los datos necesarios para identificar el año exacto. La exposición del pecado de Acab tuvo lugar en el año decimonoveno de su reinado. Por tanto, el paradigma:

> La exposición pública del rey tendrá lugar diecinueve años después de su ascenso.

¿Qué sucede si tomamos diecinueve años del paradigma, desde el momento en que él comenzó a reinar hasta el momento de su escándalo, y lo aplicamos al Acab de la era moderna, Bill Clinton? ¿Qué sucederá?

Tendríamos que comenzar con el ascenso de Clinton cuando ocupa el puesto de gobernador en 1979. Si sumamos los diecinueve años de Acab, eso nos lleva al año 1998. ¿Hay algo significativo en ese año? Sí que lo hay. Es precisamente el año en que surgió el escándalo Mónica Lewinsky, el Nabot de Clinton.

Pero ¿y si seguimos el paradigma hasta otro nivel de detalle? Los días de Clinton en el poder comenzaron cuando hizo el juramento de su cargo como gobernador. ¿Cuándo sucedió eso exactamente? Tuvo lugar en el mes de enero de 1979. Añadamos los diecinueve años de Acab, y ¿dónde nos lleva eso? Nos lleva a enero de 1998. ¿Sucedió algún acontecimiento significativo en ese mes en particular? Enero de 1998 es el mes exacto en que surgió el mayor escándalo de la presidencia Clinton, cuando sus pecados salieron a la luz.

Dos gobernantes, uno gobierna un reino antiguo; el otro, una nación moderna. El escándalo del primero es en torno a una viña fuera del palacio real; el escándalo del segundo es en torno a la Casa Blanca. Y sin embargo, los dos gobernantes están unidos una vez más, incluso en sus escándalos. El escándalo del rey antiguo comienza en el año decimonoveno tras su ascenso al poder. El escándalo del presidente moderno, mediante todas las incontables acciones, acontecimientos, detalles y variables de la política, los medios de comunicación y el estado, comienza en el mismo punto, en el año decimonoveno tras su ascenso al poder.

Y sin embargo, hay incluso más en el misterio. Hemos observado que el paradigma revela el momento de acontecimientos que suceden en el mundo moderno. Ahora entraremos en otro ámbito donde la revelación del paradigma se volverá incluso más inquietantemente exacta.

Capítulo 12

EL FIN

L A PALABRA DADA en la viña de Nabot al rey Acab hablaba de cosas que aún estaban por venir. La primera implicaba el fin de su reinado y de su vida. ¿Cuándo tendrían lugar esas cosas?

Debido a la muestra de tristeza de Acab, el juicio profetizado es demorado, al menos en parte, concretamente en lo tocante al juicio de su dinastía. El juicio del rey llegaría primero y más adelante el de su casa. El relato de ese juicio comenzó en el primer versículo que sigue a la otorgación de la demora. Comenzaron a converger acontecimientos para cumplir la profecía del fin del rey, y fue Acab mismo quien los puso en movimiento:

> "Y el rey de Israel dijo a sus siervos: ¿No sabéis que Ramot de Galaad es nuestra, y nosotros no hemos hecho nada para tomarla de mano del rey de Siria? Y dijo a Josafat: ¿Quieres venir conmigo a pelear contra Ramot de Galaad?".[1]

Tras dejar libre a Ben-Adad tres años antes, Acab decide hacer guerra contra él para recuperar la ciudad israelita de Ramot de Galaad. Consigue la ayuda de Josafat, rey de Judá:

"Subió, pues, el rey de Israel con Josafat rey de Judá a Ramot de Galaad. Y el rey de Israel dijo a Josafat: Yo me disfrazaré, y entraré en la batalla; y tú ponte tus vestidos. Y el rey de Israel se disfrazó, y entró en la batalla".[2]

Acab se disfraza por un buen motivo:

"Mas el rey de Siria había mandado a sus treinta y dos capitanes de los carros, diciendo: No peleéis ni con grande ni con chico, sino sólo contra el rey de Israel".[3]

Por tanto, Ben-Adad indica a sus comandantes que enfoquen la batalla contra una sola persona: Acab. Parece que el disfraz funcionó. El relato no contiene registro alguno de que Acab fuera descubierto. Sin embargo, el juicio de Dios había sido decretado, y por eso incluso con un disfraz que nadie pudo reconocer, se cumplió la profecía:

"Y un hombre disparó su arco a la ventura e hirió al rey de Israel por entre las junturas de la armadura, por lo que dijo él a su cochero: Da la vuelta, y sácame del campo, pues estoy herido. Pero la batalla había arreciado aquel día, y el rey estuvo en su carro delante de los sirios, y a la tarde murió".[4]

Así, en el campo de batalla de Ramot de Galaad, el reinado del rey Acab llega finalmente a su fin. Fue muerto en una batalla contra el hombre al que había dejado libre: Ben-Adad. Y el Señor le había advertido precisamente de eso, que su propia vida se daría a cambio de la vida a quien él había perdonado.

Lo que ocurrió en el campo de batalla de Ramot de Galaad había sido anunciado por Elías en la viña de Nabot; incluso el disparo aleatorio de la flecha fue una parte implícita de su cumplimiento:

"Así ha dicho Jehová: En el mismo lugar donde lamieron los perros la sangre de Nabot, los perros lamerán también tu sangre, tu misma sangre".[5]

Lo que parecía ser una serie de acontecimientos aleatorios hizo que la profecía se cumpliera:

"Pero la batalla había arreciado aquel día, y el rey estuvo en su carro delante de los sirios, y a la tarde murió; y la sangre de la herida corría por el fondo del carro. Y a la puesta del sol salió un pregón por el campamento, diciendo: ¡Cada uno a su ciudad, y cada cual a su tierra!

Murió, pues, el rey, y fue traído a Samaria; y sepultaron al rey en Samaria. Y lavaron el carro en el estanque de Samaria; y los perros lamieron su sangre (y también las rameras se lavaban allí), conforme a la palabra que Jehová había hablado".[6]

Todo sucedió según lo que la palabra del Señor había hablado. El relato hace hincapié en la relación entre el fin del rey y la exposición de sus pecados en la viña años atrás. La flecha de la batalla responde a la profecía de la viña, y la sangre del rey responde a la sangre de Nabot, su víctima.

Por tanto, el reinado del rey Acab, el hombre que con Jezabel hizo lo malo ante los ojos del Señor, más de todos los que le habían precedido, llega a un final adecuado y escandaloso con perros lamiendo su sangre al lado de un estanque donde iban prostitutas.

El paradigma del fin

¿A qué apunta el paradigma de Ramot de Galaad? Ahora abriremos el misterio del fin del rey y la relación precisa que tenía con el escándalo del rey.

Debemos comenzar donde lo dejamos, pero centrándonos ahora en el paradigma de Ramot de Galaad:

> El escándalo del rey seguirá persiguiéndole y tendrá consecuencias hasta el fin de su reinado. El fin de su reinado estará marcado por el escándalo.

Es obvio que Acab creyó la profecía de Elías hasta el punto de hacer que lo lamentara profundamente. Tuvo que haberlo perseguido. Y la profecía enmarcaría cada acontecimiento posterior de su vida hasta que todos ellos convergieron en el fin de su reinado.

En el caso moderno, el escándalo igualmente siguió persiguiendo al presidente y tuvo consecuencias a lo largo de su presidencia. Le siguió hasta el final de su mandato. Precisamente en el último día de su presidencia, tras haber sido declarado en desacato al tribunal por dar falso testimonio intencionadamente, Clinton entregó su licencia de abogado de Arkansas y admitió haber dado falso testimonio bajo juramento con respecto al escándalo Lewinsky como parte de un trato para evitar ser inhabilitado y acusado de perjurio.[7] Él era culpable. Igual que el reinado del rey Acab había terminado en escándalo, así también lo hizo la presidencia de Bill Clinton. El fin estuvo marcado por el escándalo y aún enredado en el escándalo Lewinsky: su Nabot.

El escándalo de Nabot conllevó la exposición del pecado del rey. En el escándalo moderno, ¿cómo llegó esa exposición?

Era el invierno de 1998. El consejero independiente Ken Starr estaba investigando el escándalo que rodeaba las tierras adquiridas por los Clinton: el asunto Whitewater. Starr fue contactado por una empleada del Pentágono, Linda Tripp. Tripp informó a Starr del asunto Lewinsky. Al día siguiente, Tripp, que trabajaba con el FBI, grabó una conversación con Lewinsky en un bar en Pentagon City.

Tres días después, el viernes de esa semana, Starr recibió permiso del fiscal general para ampliar su investigación hacia la posibilidad de delitos en la Casa Blanca, incluido el de obstrucción a la justicia. Aquel mismo día, agentes del FBI y abogados estadounidenses interrogaron a Lewinsky en la habitación de un hotel. Esa misma noche, abogados de Tripp se dirigieron a las oficinas en Washington de la revista *Newsweek* para entregar dos grabaciones hechas de las conversaciones de Tripp con Lewinsky. Los editores de *Newsweek* decidieron dejar en espera la historia.

Aquel sábado, el presidente Clinton negó bajo juramento haber tenido relaciones sexuales con Lewinsky. Además, afirmó que no podía recordar si estuvo alguna vez a solas con ella. Aquella noche en el sitio de internet, el Drudge Report subió una historia a la red que revelaba que *Newsweek* había eliminado un artículo acerca de una exbecaria de la Casa Blanca que tuvo sexo con el presidente. El periodismo en la internet era un fenómeno relativamente novedoso, y aunque comenzó a difundirse conciencia de la historia entre los suscriptores del sitio, fue necesario algún tiempo hasta que fuera aceptada por los principales medios de comunicación. Despachos en Washington de las principales organizaciones de medios de comunicación fueron conscientes de la historia al lunes siguiente.[8]

Pero fue al día siguiente, martes, cuando la historia que marcaría para siempre la presidencia de Clinton llegó hasta la nación y hasta el mundo entero. Aquella noche, un asombrado secretario de prensa de la Casa Blanca, Mike McCurry, informó al presidente de que el *Washington Post* iba a sacar la historia en su edición matutina. Aquella misma noche, multitud de autos y camiones de satélites, cámaras de televisión y reporteros que llevaban lentes de visión nocturna coincidieron en la casa de Linda Tripp con la esperanza de conseguir una historia.

El *Washington Post*, junto con la oficina en Washington de *Los Angeles Times*, se estaba preparando para publicar la historia en primera página de la edición matutina. Y entonces sucedió. A las 10:30 de la noche lanzaron la historia en la internet. Al mismo tiempo, Jackie Judd de ABC News se preparaba para informar de la historia en la emisión de aquella noche de *Nightline*, pero el anfitrión del programa, Ted Koppel, se opuso. Judd decidió contar la historia en ABC radio y también en el sitio web de noticias de la ABC. Así sucedió. Había salido la noticia. La historia se convirtió en titulares en primera página por todo el país y por todo el mundo. Ahora estaba por todas partes.[9]

Los pecados y el escándalo de Acab fueron sacados a la luz por un profeta en una viña. Desde aquel momento, el destino del rey quedó, en efecto, sellado. Desde la salida a la luz de su pecado, el fin de su reino era tan solo cuestión de tiempo, pero ¿cuánto tiempo? ¿Cuánto tiempo pasó desde la exposición del escándalo hasta el fin del reinado de Acab? La respuesta se encuentra en el primer versículo después del relato de la viña:

> "*Tres años* pasaron sin guerra entre los sirios e Israel. Y aconteció al tercer año, que Josafat rey de Judá descendió al rey de Israel".[10]

Habría tres años entre la salida a la luz del escándalo y el fin del reinado de Acab, tres años entre la profecía y su cumplimiento. Y aquí el paradigma:

> Desde el momento de la exposición del pecado y el escándalo del rey hasta el fin de su reinado *habrá tres años*.

Por tanto, según el esquema, si tomamos el momento de la exposición del escándalo del rey y le añadimos tres años, llegamos al momento del fin del rey, el final de su reinado. Por el contrario, si tomamos el fin del reinado del rey y le restamos tres años, llegaremos al momento del escándalo del rey.

¿Qué sucede si ahora aplicamos el esquema al caso moderno? El gobierno del antitipo de Acab, Bill Clinton, llegó a su fin en el año 2001. Si ahora tomamos ese año y le restamos los tres años del rey Acab, ¿dónde nos lleva eso? Nos lleva al año 1998. Es exactamente como en el paradigma. El año 1998 es el año del escándalo. El año 1998 es el año en que salieron a la luz los pecados del Presidente. Desde el escándalo del Presidente hasta el fin del Presidente hay un periodo de tres años, los tres años de Acab.

Pero ¿podría llegar incluso más lejos el misterio del paradigma?

En el caso antiguo no conocemos la fecha exacta del fin de Acab, pero en el caso del Acab moderno sí la sabemos. Los veintidós años de Clinton en el poder llegaron a su fin en el invierno de 2001 con la toma de posesión de su sucesor. El día fue el 20 de enero.

Por tanto, el 20 de enero de 2001 es la fecha concreta que se correspondería en el paradigma con el fin del reinado de Acab. ¿Y qué sucede si restamos tres años a esa fecha que marca el fin de los años de Clinton? ¿Dónde nos llevará?

Nos lleva al 20 de enero de 1988. ¿Hay algo significativo en cuanto a esa fecha? El 20 de enero de 1998 fue un martes. El 20 de enero fue el día en que el escándalo presidencial salió al mundo. El de 20 enero fue el día en que los medios de comunicación rodearon la casa de Linda Tripp. El 20 de enero fue el día en que el presidente fue informado de que el *Washington Post* publicaría el artículo. El de 20 enero fue el día en que la noticia del escándalo fue publicada en la internet. El 20 de enero fue el día de la exposición: el día de Nabot. Sucedió exactamente como en el esquema. En esto, el paradigma está revelando el momento de acontecimientos modernos hasta sus fechas exactas.

Por el contrario, si en ese momento hubiéramos tomado nota del día en que el escándalo Clinton salió a la luz y añadiéramos los tres años de Acab, el paradigma nos habría llevado hasta el 20 de enero de 2001, el día exacto en que la presidencia Clinton llegó a su fin, el día exacto que concluyó los veintidós años del Acab moderno.

Desde el día del escándalo del rey Acab, cuando Elías lo expuso en la viña de Nabot, hasta el día en que fue derribado en el campo de batalla de Ramot de Galaad, el día que puso fin a su reinado como rey, hubo un periodo de tres años. Desde el día del escándalo del presidente Clinton, cuando salió al mundo la aventura con Mónica Lewinsky, hasta el día de la toma de posesión que puso fin a los años de Clinton hubo un periodo de tres años: hasta el año, el mes, la semana y el día exactos.

Que un esquema de tres mil años de antigüedad pudiera estar detrás o determinar los acontecimientos del mundo moderno es una proposición radical. Y sin embargo, como hemos visto, el paradigma del antiguo Israel no solo se corresponde con acontecimientos que sucedieron miles de años después de que fuera formado el paradigma, sino que también revela esos acontecimientos hasta los días exactos en que sucedieron.

Ahora estamos a punto de ver cómo anunció el misterio uno de los acontecimientos más fundamentales de la historia moderna y que fue tan exacto que si alguien hubiera conocido el paradigma, podría haber marcado en un calendario el día exacto en que tendría lugar, años antes de que sucediera.

Capítulo 13

EL DÍA

A HORA ABRIREMOS UNA de las facetas del paradigma que implica un acontecimiento que ha cambiado el curso de la historia moderna. Veremos que el esquema antiguo hizo lo que ningún experto, ningún sistema y ninguna tecnología del mundo moderno fue capaz de hacer: anunció este acontecimiento crítico hasta su momento exacto, un fenómeno con ramificaciones impresionantes.

Para descubrir lo que sucedió, debemos regresar a la viña. Es ahí donde otra revelación está a la espera. Pero la revelación no estará en las palabras de Elías sino en las acciones de Acab. Cuando Acab oyó la profecía de juicio de Elías:

> "…rasgó sus vestidos y puso cilicio sobre su carne, ayunó, y durmió en cilicio, y anduvo humillado".[1]

El rey estaba manifestando todas las señales de arrepentimiento. En cuanto a lo que había en su corazón, es difícil estar seguros. Parece que estaba experimentando un remordimiento genuino a la luz del juicio que estaba siendo decretado por sus pecados. Y sin embargo, a juzgar por lo que sucedió después, parece que su arrepentimiento no fue lo bastante profundo o real para producir cualquier cambio duradero.

Sin embargo, fue algo. Y como hemos visto, el Señor tomó nota y mostró misericordia:

> "Pues por cuanto se ha humillado delante de mí, no traeré el mal en sus días; en los días de su hijo traeré el mal sobre su casa".[2]

Por tanto, Dios mostró misericordia. Los juicios llegarían, pero no durante la vida de Acab, o más bien ninguno excepto el primero, el de su propio fin, llegaría durante su vida. Los otros caerían después del fin de su reinado, en el reinado de otro. Es crucial aquí que tengamos en mente la otra profecía dada a Acab después de que liberó a Ben-Adad:

> "Por cuanto soltaste de la mano el hombre de mi anatema, tu vida será por la suya, y tu pueblo por el suyo".[3]

Hay más de una calamidad contenida también en esta profecía, la del fin del rey y la de una destrucción que llega sobre su pueblo. La implicación es que la destrucción que había de llegar sobre Ben-Adad llegaría ahora sobre Acab y su pueblo. Se puede deducir también que la destrucción involucraría a Ben-Adad. Acab había permitido a Ben-Adad quedar en libertad; por tanto, estaría libre para infligir calamidad a la nación en días posteriores.

Habría una calamidad futura. ¿Tenemos alguna otra indicación en cuanto a qué involucraría? La profecía de Elías en la viña contenía la palabra hebrea *ra*, que puede traducirse como maldad, pero también como adversidad, problema, calamidad, daño, angustia, dolor, tristeza, desgracia y herida. Todas esas cosas llegarían sobre la tierra y a la casa de Acab.

Uniendo las dos profecías, esto es lo que tenemos: el juicio de Acab y su casa tendría más de una manifestación y tendría lugar durante un largo periodo. Comenzaría con el fin de Acab, pero después de eso involucraría a otros. Llegaría como respuesta a los pecados personales del rey y la reina pero también como respuesta al papel que tuvieron en la apostasía de la nación.

Ya que tenemos el beneficio de saber lo que sucedió después, podemos identificar otro elemento más de la profecía y así del paradigma. La calamidad en cierto momento involucró a extranjeros, a quienes estaban más allá de las fronteras de la nación: los enemigos de la nación. Involucró al archienemigo de la nación: Ben-Adad.

En el último misterio, fuimos testigos de dos acontecimientos de la historia moderna detallados por el paradigma antiguo hasta los días exactos en que habían de tener lugar. El punto de partida para esa precisión, o cuenta atrás, fue el día de la salida a la luz, el día en que fueron revelados los pecados del rey. Los acontecimientos modernos siguieron el esquema de la exposición de Acab en la viña de Nabot; pero lo que sucedió en aquella viña conllevó más de una exposición. También conllevó la respuesta del rey a esa exposición: su arrepentimiento. Cada una de esas cosas desempeñó un papel igualitario para determinar el momento en que caerían las futuras calamidades.

Así, serán estas dos facetas del paradigma, la exposición del pecado del rey y el arrepentimiento del rey por sus pecados tras esa exposición, lo que abrirá un misterio concerniente a uno de los acontecimientos más críticos de la historia moderna.

El paradigma del día

Ahora descubrimos el otro misterio del paradigma: el arrepentimiento del rey. ¿Podría esta faceta del relato antiguo haberse manifestado también en el escenario moderno? Y si es así, ¿cómo? Solamente podría encontrarse en la respuesta del presidente a la exposición de sus pecados, a la revelación del escándalo. Por tanto, ¿cuál fue su respuesta?

En los días posteriores a la noticia del escándalo, Clinton negó públicamente y en repetidas ocasiones haber tenido una relación sexual con Lewinsky. Fue durante esos días cuando pronunció una de las declaraciones más famosas de su presidencia: "No tuve relaciones sexuales con esa mujer…".[4] La primera dama también fue parte de la negación cuando pronunció una de las declaraciones más famosas de su carrera pública, acusando de que todo era una falsedad fabricada por "una vasta conspiración del ala izquierda".[5] El presidente se aferró a su negación durante siete meses.

Pero entonces, el 17 de agosto, tras dar testimonio delante de un gran jurado donde bajo juramento fue forzado a admitir su relación con Lewinsky, Clinton apareció en televisión para admitir ante el pueblo estadounidense que todo lo que había dicho sobre el asunto hasta ese momento era falso. Era cierto que había tenido una aventura sexual con Lewinsky, y que lo había hecho en la Casa Blanca. Dijo lo siguiente:

> "Esta tarde y en esta sala, desde esta silla, testifiqué ante la Oficina del Consejo Independiente y el gran jurado. Respondí sus preguntas con veracidad, incluidas preguntas sobre mi vida privada, preguntas que ningún ciudadano estadounidense querría jamás responder. Aun

así, debo aceptar la responsabilidad completa por mis acciones, tanto públicas como privadas."[6]

Por tanto, ¿fue eso el arrepentimiento del rey? Fue una admisión, pero no fue arrepentimiento. Lo hizo por necesidad. Después de que Clinton confesara la aventura delante del gran jurado, no tenía ninguna otra opción. Fue más una defensa política. El presidente mencionó entonces su destitución en enero:

"Aunque mis respuestas fueron legalmente precisas...".[7]

Solo que no lo fueron. Fue otra declaración falsa. Más adelante, en un trato para evitar cargos por perjurio, reconoció que, de hecho, había dado falso testimonio bajo juramento. Entonces, en una muestra de enojo, comenzó a atacar la investigación que había sacado a la luz el escándalo:

"El hecho de que se hicieran esas preguntas en una demanda inspirada políticamente...Esto ha pasado durante demasiado tiempo...No es asunto de nadie excepto nosotros...Es hora de detener la búsqueda de destrucción personal y de inmiscuirse en vidas privadas...".[8]

Fue un acto de necesidad política. No fue arrepentimiento. Contrariamente a la respuesta de Acab ante la exposición de sus pecados, no hubo evidencia alguna de ninguna tristeza real o remordimiento por lo que había hecho. El discurso fue muy criticado, e incluso Clinton mismo admitió más adelante que no estaba arrepentido como debería haberlo estado. Pero en el caso antiguo, incluso si no fue duradero, el rey había dado muestras de lo que parecían ser humildad y arrepentimiento verdadero; así, el paradigma:

> Tras ser expuesto por sus pecados, el rey mostrará tristeza, remordimiento, humildad y arrepentimiento delante de Dios y los hombres.

Si este, entonces, es el paradigma, ¿sucedió alguna vez tal cosa? ¿Hubo algún acto comparable de arrepentimiento por parte del Acab de los tiempos modernos, como hubo por parte del Acab de los tiempos antiguos? El paradigma indicaría que así sería. Y lo hubo.

Se produjo en el desayuno de oración anual en la Casa Blanca en el Despacho Este, delante de una audiencia de más de cien ministros. El Presidente dijo lo siguiente:

"Estoy de acuerdo con quienes han dicho que en mi primera declaración después de testificar no estaba lo bastante contrito. No creo que haya una buena manera de decir que he pecado. Es importante para mí que todo aquel que ha sido herido sepa que la tristeza que siento es genuina...He pedido perdón a todos; pero creo que para ser perdonado se requiere algo más que tristeza, al menos dos cosas más. En primer lugar, arrepentimiento genuino, una determinación a cambiar y reparar brechas que yo mismo he abierto. Me he arrepentido...Y si mi arrepentimiento es genuino y sostenido, y si puedo mantener un espíritu quebrantado y un corazón fuerte, entonces puede salir algún bien de esto para nuestro país...Le he pedido a Dios que me dé un corazón limpio...".[9]

Ese fue el acto de arrepentimiento del Presidente. Incluso él lo identificó como tal; y aunque nadie puede llegar nunca a conocer bien el corazón de otra persona, sus palabras no podrían haber mostrado más arrepentimiento o contrición. Él expresó tristeza por sus pecados, la necesidad de perdón, y el requisito de que haya cambio duradero. Sería difícil pensar en cualquier otro presidente en la historia estadounidense que hubiera hecho tal demostración de arrepentimiento explícita, sin reservas y pública. Fue una parte central del paradigma de Acab. Y el presidente que lo cumplió resultó ser el que era el antitipo de Acab. El Acab de tiempos modernos había hecho lo mismo que el Acab de tiempos antiguos.

Ahora tenemos la pieza del rompecabezas que necesitamos: el arrepentimiento del rey.

Por tanto, debemos plantear la pregunta: "¿Cuánto tiempo pasó tras el acto de arrepentimiento de Acab hasta que llegó sobre la nación la primera calamidad de la profecía de Elías?". Tendría que ser el mismo periodo que en el último misterio. La respuesta se revela inmediatamente después del relato del arrepentimiento de Acab:

"¿No has visto cómo Acab se ha humillado delante de mí? Pues por cuanto se ha humillado delante de mí... *Tres años* pasaron sin guerra entre los sirios e Israel. Y aconteció al tercer año...".[10]

La Escritura vincula el arrepentimiento del rey con un periodo de tres años. Tres años después del arrepentimiento de Acab por el escándalo, cayó la calamidad.

> Tres años después de que el rey se arrepienta por sus pecados tras la exposición de su escándalo, caerá la calamidad.

Para seguir el paradigma, debemos marcar el día del arrepentimiento del rey, en el caso moderno el día en que el presidente Clinton se arrepintió públicamente en el desayuno de oración en la Casa Blanca. En el paradigma, el día del arrepentimiento está separado del día de la calamidad por un espacio de tres años. Así, comenzando con el día del arrepentimiento del Presidente, debemos sumar tres años y ver dónde nos lleva eso.

En consonancia con el paradigma, ¿podría ser importante el día donde nos lleva? Entonces, ¿a qué día nos lleva el paradigma antiguo?

Nos lleva al *11 de septiembre de 2001*.

El día del arrepentimiento del presidente fue el 11 de septiembre de 1998. Tres años después, cayó la calamidad. El mayor ataque terrorista en la historia estadounidense, el 11 de septiembre, cayó exactamente tres años después desde el día del arrepentimiento del rey.[11]

Y no fue solo el día; el presidente hizo su confesión la *mañana* del 11 de septiembre de 1998. Así, también la calamidad venidera caería la *mañana* del 11 de septiembre de 2001.

El evento en la Casa Blanca en el cual tuvo lugar la confesión comenzó oficialmente a las 8:30 de la mañana. El momento señalaría la hora en que comenzaría la calamidad. Todo comenzó tres años después a esa hora, cuando el primer avión impactó con la Torre Norte del World Trade Center el 11 de septiembre de 2001, a las 8:46 de la mañana.

El presidente habló entre las 9:00 y las 10:00 de la mañana. Tres años después, esa misma hora formó la cúspide de la calamidad: la hora que vio el ataque contra la Torre Sur, el ataque al Pentágono, y el derrumbe de la Torre Sur.

La calamidad terminó con el derrumbe de la Torre Norte. Sucedió a las 10:29 de la mañana, tres años después a la misma hora. El evento de la Casa Blanca terminó oficialmente a las 10:30 de la mañana. Tres años después de ese final nos lleva a las 10:30 de la mañana del día 11 de septiembre de 2001.

Día 11 de septiembre, el día que sacudió a los Estados Unidos y al mundo y alteró el rumbo de la historia moderna, sucedió según los parámetros de tiempo exactos dados en el paradigma antiguo.

En el caso antiguo, Acab parece haberse arrepentido al mismo tiempo que sus pecados fueron sacados a la luz, pero en el caso moderno el presidente no se arrepintió hasta varios meses después de que sus pecados fueron expuestos. Por tanto, en el caso moderno, la exposición del rey y el arrepentimiento del rey estuvieron separados por varios meses: 234 días. Así, cuando sumamos los tres años del paradigma a los dos eventos del caso moderno, terminamos con otras dos fechas: la primera es el 20 de enero de 2001, el día que marca el fin de los años de Clinton. La segunda es el 11 de septiembre de 2001, el día que marca la mayor calamidad estadounidense de los tiempos modernos. Estos eventos fundamentales están así ordenados y separados por los mismos 234 días que separan la exposición del rey y la confesión del rey tres años antes.

En el paradigma, estos dos eventos están relacionados con lo que tuvo lugar el día de la batalla en Ramot de Galaad tres años después de la profecía de la viña. Fue el día en que el reinado del rey llegó a su fin; pero también fue un día de calamidad para Israel en varios aspectos: un día de derrota militar, un día de derramamiento de sangre, y un día de vidas perdidas. Así, el paradigma:

> Tres años después del arrepentimiento del rey llegará un día de derramamiento de sangre y la pérdida de vida, un día de calamidad nacional.

Por tanto, tres años exactos tras el arrepentimiento del Presidente llegó el 11 de septiembre de 2001, un día de derramamiento de sangre y la pérdida de vida: un día de calamidad nacional.

¿Qué más fue Ramot de Galaad? Fue el día que marcó el regreso del archienemigo de la nación: Ben-Adad. Fue el día de su resurgimiento como un peligro claro y presente para la nación. Fue el día de su victoria, el día en que dio un golpe mortal contra la nación. Fue el día de la némesis.

> Tres años después del arrepentimiento del rey llegará el día en que el invasor y archienemigo de la nación reaparece. Será el día en que el peligro que él ha supuesto en años anteriores regresará para golpear a la nación con un golpe traumático y mortal. Tres años después del día del arrepentimiento del rey llegará el día de la némesis.

Tres años después del arrepentimiento de Clinton en el Despacho Este de la Casa Blanca llegó el día de la némesis, el día de Osama Bin Laden. Fue el día en que él dio a los Estados Unidos un golpe traumático y mortal.

Ben-Adad dirigió a su ejército en la guerra de Ramot de Galaad contra el rey Acab; pero no hay ningún registro de que Ben-Adad realmente peleara en la batalla o diera personalmente el golpe fatal. Pero él lo dirigió. Él fue el cerebro de su estrategia.

> El archienemigo no dará él mismo el golpe fatal, pero lo tendrá como meta y dirigirá lo que suceda. Él ordenará a sus hombres en la batalla. Él será el cerebro de su estrategia.

Así también, Bin Laden no llevó a cabo personalmente el ataque terrorista del 11 de septiembre, pero lo dirigió. Él pensó la trama, y la puso en movimiento; él supervisó su ejecución. Él fue su cerebro supremo.

También entraron en escena otros elementos del esquema. Ben-Adad, en los días posteriores a la profecía de Elías, no solo dio golpes contra el ejército de Israel sino que también invadió la tierra de Israel y sitió a Samaria, que era a la vez la capital de la nación y la ciudad principal.

> El archienemigo no solo atacará lo que pertenece al reino; invadirá su tierra y golpeará su capital y ciudad principal.

Así, Bin Laden no solo atacó intereses estadounidenses en todo el mundo, sino que tal como había amenazado y prometido hacer, llevó su guerra a las costas estadounidenses. En el caso de Ben-Adad, Samaria era la principal ciudad de la nación y su capital. En el caso moderno, estos atributos los tenían dos ciudades estadounidenses diferentes: la ciudad de Nueva York y Washington, DC. Por tanto, el 11 de septiembre de 2001 ambas ciudades fueron las dianas y sufrieron la ira de Bin Laden.

También hubo otros elementos. La palabra *ra* utilizada en la profecía de Elías para hablar no solo del final del reinado de Acab sino también de las calamidades que llegarían tras el fin de su reinado también se aplicó a lo que llegó sobre los Estados Unidos tras el final del reinado de Clinton. El 11 de septiembre fue un día de *ra*, de problemas, calamidad, daño, angustia, herida, tristeza y desgracia.

Las calamidades de la profecía de Elías tenían una dimensión nacional, y también personal. Aunque Acab fue el mayor responsable en desviar a Israel de los caminos de Dios, en hacer pecar a Israel, aun así la nación le había seguido hacia la apostasía. Y las calamidades que llegarían hicieron que toda la nación fuera sacudida. Así también, el 11 de septiembre hizo que los Estados Unidos fuera sacudido. Y llegó en un momento en que el alejamiento de Dios de la nación se estaba acelerando. Ciertamente, la primera respuesta de la nación tras la estela de la calamidad fue invocar el nombre de Dios, reunirse en oración, llenar las iglesias, y pedir las bendiciones de Dios. Pero el "regreso" duró poco tiempo y se produjo sin arrepentimiento o sin ninguna alteración del rumbo de la nación. Así, cuando el golpe fue aminorando, la nación regresó a su rumbo descendente de apostasía nacional.

Cuando el vallado de protección de Israel fue roto y los enemigos de la nación golpearon la tierra, fue una llamada de atención, una señal de corrección, una advertencia, una alarma, incluso las primeras señales de juicio nacional. En cuanto al 11 de septiembre, no solo fue parte del paradigma sino parte también de un misterio antiguo de advertencia y juicio. Es lo que revela *El presagio* y lo que abordaremos en un capítulo posterior.

El 11 de septiembre vio la ruptura del sistema más fuerte de defensa y seguridad nacional establecido nunca por ningún país, y la frustración del sistema más sofisticado de inteligencia nacional jamás diseñado. Cada departamento y aparato del estado fue tomado por sorpresa. En aquella serena mañana del día 11 de septiembre nadie sabía lo que iba a llegar; y sin embargo, el paradigma ya había señalado la hora en que tendría lugar. Un esquema bíblico forjado en una tierra del Oriente Medio más de dos mil quinientos años atrás había fijado el momento de la calamidad indicando el año, el mes y la semana en que tendría lugar, incluso dando su fecha exacta.

Mucho antes de que la fecha quedara grabada en la conciencia del mundo, mucho antes de que los agentes de Al Qaeda hubieran oído alguna vez de la fecha, y mucho antes incluso de que Osama Bin Laden pudiera pensar en la fecha, esa fecha ya estaba fijada por los parámetros del esquema antiguo. Si alguien hubiera conocido el paradigma y hubiera visto la primera correspondencia entre la exposición y el final de los años de Clinton, entonces podría haber marcado el 11 de septiembre como la fecha fijada para la calamidad. Incluso podría haber deducido la naturaleza de lo que tendría lugar aquel día. Porque el paradigma había fijado el día 11 de septiembre de 2001 no solo como el día de la calamidad nacional sino también como el día del regreso del archienemigo: Osama Bin Laden.

Mucho antes de la mañana que tomó por sorpresa a las mayores potencias del mundo, el paradigma lo había determinado.

Hemos llegado al fin del reinado del rey Acab y al fin de la presidencia de Clinton. Lo que llegó a continuación en la historia estadounidense fue una era muy diferente. ¿Continúa el paradigma? ¿Y seguirá dándonos revelación de los acontecimientos de nuestros tiempos?

La respuesta es un sí rotundo.

Capítulo 14

LA REINA EN LA SOMBRA

E L REY ESTABA muerto, sin vida en su carro, su cuerpo inerte fue llevado de regreso a Samaria para ser sepultado en la capital. En cuanto a lo que sucedió después, la imagen sostenida comúnmente es que el fin de Jezabel llegaría pronto; pero lo que sucedió en realidad fue bastante distinto.

La posición y el poder de Jezabel siempre habían dependido de Acab. Él era el rey nativo de la nación, y ella era la extranjera. Con la muerte del rey, la base del poder de Jezabel le fue arrebatada. Su posición anterior no podía ya sostenerse, pero Jezabel era demasiado ambiciosa para desvanecerse en el anonimato, para salir de la escena nacional, o para alejarse del centro del poder. Por lo que se revela más adelante en el relato, es evidente que Jezabel siguió desempeñando un papel importante en el gobierno de Israel.

Por tanto, aunque el reinado de Acab llega a su fin, Jezabel continúa. Ella sobrevivió al final del reinado de su esposo y continuó recorriendo los pasillos del poder como un agente activo y una de las figuras más destacadas en el gobierno de Israel. Ella vivía en la capital de la nación y dentro de sus palacios reales; ya no poseía la misma posición y autoridad que había tenido durante el reinado de su esposo. Ya no presidía como corregente, como reina gobernante, o ni siquiera como primera dama del reino, pero siguió operando y ocupando los lugares más elevados e influenciando al gobierno de la nación. Ella ya no podía ordenar desde arriba, como antes había hecho, pero podía influenciar a quienes sí lo hacían.

Ahora ella tenía que reinventarse en su nueva posición con una identidad independiente de la de su esposo. Aprovecharía la autoridad de su esposo para establecer la suya propia; construiría una nueva base de poder entre la corte y entre el pueblo. Aquellos que la apoyaban eran quienes estaban más a favor de la nueva moralidad, quienes más se oponían a la moralidad tradicional, o bíblica, y quienes más enredados estaban en la adoración de Baal. Eso significaba que quienes más la apoyaban provenían de quienes estaban más implicados o más a favor de la práctica del sacrificio de niños.

Desde luego, había habido otro tipo de reinas gobernantes anteriores que habían sobrevivido a los reinados de sus esposos. Por lo general, se les había otorgado un estatus honorífico. Pero la naturaleza y la historia de Jezabel, juntamente con sus ambiciones, no le permitía estar contenta con tal estatus honorífico o ceremonial. Más bien, ella buscaba seguir operando como una figura política destacada en el centro del poder.

La controversia que le rodeó como reina gobernante le seguiría hasta su nuevo papel como exreina. Aunque otras primeras damas anteriores de la nación habrían sido consideradas principalmente en términos no políticos ni tampoco amenazantes, Jezabel seguiría siendo una figura polarizadora, ferozmente política, aclamada por algunos y odiada por otros, una exreina con seguidores por un lado, y enemigos por el otro.

Aunque en su nueva posición tendría que actuar de una manera más refrenada o sutil, siempre sería conocida por lo que había hecho mientras estaba en el trono cuando había pocos frenos a su voluntad. Sin duda alguna, había muchos en Israel que nunca confiarían en sus intenciones. Aquellos que querían mantenerse fieles a los caminos de Dios veían en ella un peligro, una persona impulsada sobre todo por el poder y la enemistad contra Dios. Y sin importar cuánto tiempo hubiera reinado sobre el trono de Israel, y sin importar cuánto tiempo se hubiera apropiado de las riendas de su reino adoptado, seguiría siendo para muchos la zelote fenicia que menospreciaba los valores tradicionales del reino sobre el que presidía, y quien hizo guerra contra el fundamento bíblico sobre el cual había sido establecido ese reino.

Ciertamente, no tenemos ninguna evidencia de que Jezabel en su papel más limitado hubiera suavizado de ninguna manera las perspectivas radicales que había implementado mientras estaba en el trono. Tampoco parece que su celo por la adoración de Baal y todo lo que conllevaba hubiera disminuido de ninguna manera. Además, quienes estaban en contra de sus planes habrían tenido temor a lo que sucedería si Jezabel pudiera actuar sin freno alguno; es decir, que usaría el trono para lanzar una guerra abierta contra Dios y sus caminos.

Así, por ahora Jezabel seguiría recorriendo los pasillos del poder de la nación y viviendo en sus cámaras más altas como la exreina más visible en la sombra.

El paradigma de la reina en la sombra

> El reinado de rey llega a su fin. El paradigma cambia ahora su enfoque hacia la reina. Ella seguirá en solitario.

En enero de 2001 Bill Clinton llegó a su final político. La administración Clinton, el reinado Clinton y los años Clinton habían terminado. El paradigma ahora cambiará hacia su esposa: Hillary Clinton.

Aunque en el escenario moderno el hombre siguió viviendo y estaba ahí para aconsejar a su esposa, ya no actuaba como rey, como gobernador de la tierra. Acab llegó a su fin, pero Jezabel continuó. Por tanto, según el paradigma, después de que el reinado de Bill Clinton como gobernante de la tierra llegó a su fin, Hillary Clinton continuó. Ella seguiría ahora su búsqueda en solitario del poder.

> Con el fin del reinado de rey será eliminada la fuente principal de poder político de la reina; pero ella será demasiado ambiciosa para pasar a un segundo plano, para dejar el escenario nacional, o para apartarse del centro del poder.

Igual que Jezabel después del reinado de su esposo se quedó sin su principal fuente de poder, así también Hillary Clinton al final de la presidencia de su esposo se quedó sin su fuente principal de poder político. Pero igual que Jezabel, era demasiado ambiciosa para pasar a un segundo plano o alejarse de la escena nacional. Ella buscaría poder nacional, y planeó mantenerse cerca del centro de la nación, de su centro de poder. Por tanto, persiguió el cargo de senadora. En ese cargo podría a la vez quedarse en la escena nacional y mantenerse cerca del centro del gobierno estadounidense.

> Tras el fin del reinado de su esposo, la reina ya no poseerá la misma posición y autoridad que había poseído como corregente. Tampoco retendrá su estatus como reina o primera dama de la tierra. Sin embargo, seguirá quedándose en los pasillos del poder de la nación y se sentará en sus cámaras más altas.

Igual que Jezabel ya no tenía la misma posición y autoridad que había poseído durante el reinado de Acab y sin embargo siguió viviendo en los palacios, las cámaras y los pasillos de la monarquía, así también su antitipo, Hillary Clinton, despojada de la autoridad que había conocido en los tiempos del reinado de su esposo, seguiría caminando por los pasillos del poder de los Estados Unidos, en el Congreso, y sentándose en sus cámaras más altas.

> La reina seguirá adelante como un agente activo y figura destacada en el gobierno de la nación, y ejercerá influencia sobre quienes están en el poder.

Por tanto, la ex primera dama estadounidense continuaría como un agente activo en el gobierno de la nación como senadora. Su historial y su persona se combinarían para hacer de ella una de las miembros más destacados del gobierno estadounidense. Y seguiría teniendo influencia sobre los líderes de la nación.

> La reina vivirá en la capital de la nación.

Después de sus días como reina gobernante, Jezabel siguió viviendo en los palacios reales de Israel y en Samaria, la capital de la nación. Por tanto, su antitipo moderno, la exprimera dama, como senadora igualmente vivió en la capital de la nación: Washington, DC.

> La reina ahora se reinventará dentro de los parámetros de una posición y un papel nuevos, una identidad independiente de la de su esposo.

Por tanto, al final de la presidencia de Bill Clinton, Hillary Clinton se reinventó con los parámetros de una nueva posición y una nueva identidad política e independientes de los de su esposo. Ya no era Hillary Clinton, primera dama, sino Hillary Clinton, líder por derecho propio.

> La reina utilizará la autoridad de su esposo para edificar su propia base de poder. Sus partidarios más cercanos provendrán de las facciones que están más a favor de la nueva moralidad cosmopolita y que más se oponen a la moralidad tradicional y bíblica.

Así, Hillary Clinton comenzó a edificar su propia base de poder. Sus partidarios más celosos tenían una orientación liberal, una perspectiva cosmopolita, estaban más a favor de la nueva moralidad que consideraban progresista, y se oponían con más fuerza a la moralidad tradicional y bíblica. Ella decidió presentarse como candidata en Nueva York, ya que el electorado allí constituía uno de los electorados más liberales y cosmopolitas, y menos relacionados con los valores tradicionales o bíblicos. Por tanto, era probable que encontrara más éxito allí que en otros lugares.

> Los partidarios más fuertes de la reina serán quienes defienden la práctica del sacrificio de niños.

Los partidarios más fuertes de Jezabel eran los adoradores de Baal, quienes practicaban o estaban a favor del sacrificio de niños. Por tanto, los partidarios más fuertes de su antitipo moderno, Hillary Clinton, serían quienes practicaban o estaban a favor de la práctica de dar muerte a los no nacidos aún. Así, quienes estaban más radicalmente a favor del aborto fueron quienes la apoyaron.

> Ella será distinta a otras primeras exprimeras damas de la tierra no solo en su esfuerzo por adquirir su propio poder político, sino también en ser una figura polarizadora, ferozmente política, querida por algunos y odiada por otros, con seguidores por una parte y enemigos por la otra.

Nunca había habido una exreina en Israel como Jezabel. Y nunca había habido una ex primera dama en los Estados Unidos como Hillary Clinton. Nunca en la historia de la nación, una primera dama había competido por su propio poder político y su electorado. Clinton era intensamente política, y ante los ojos de muchos, planteaba una amenaza. Era una figura polarizadora con seguidores apasionados y enemigos apasionados.

> Muchos desconfiarán de sus motivos, su agenda y sus ambiciones. Y muchas personas de fe tendrán temor a lo que sucedería si ella volviera de nuevo a recuperar el poder para actuar sin frenos.

A lo largo de los años de Hillary Clinton en el Senado, la sospecha de muchos era que su posición en el Congreso fuera tan solo un trampolín en su búsqueda de la presidencia. Y muchas personas de fe tenían temor a lo que le sucedería a la libertad religiosa si esa búsqueda llegaba alguna vez a cumplirse.

> Incluso en su papel más limitado como exprimera dama de la tierra, la reina seguirá sosteniendo las mismas perspectivas radicales que tenía desde el principio, incluida su pasión por la práctica del sacrificio de niños.

La evidencia que tenemos indica que Jezabel nunca abandonó su adoración de Baal y así, su defensa del sacrificio de niños. Por tanto, también la defensa apasionada del aborto que hacía Hillary Clinton continuó tras el fin del reinado de su esposo. La naturaleza extrema de esa defensa continuada quedaría evidenciada en marzo de 2003 cuando ella subió al piso del Senado para defender la horrible práctica del aborto en nacimiento parcial, el mismo acto tan horrible que su esposo había defendido como presidente.[1] Si alguna vez había habido un asunto defendido con más regularidad y pasión a lo largo de la carrera de Hillary Clinton, fue el aborto.

Esta siguiente faceta del paradigma podría parecer ser un corolario necesario, pero vale la pena observarla:

> La reina ocupará su nueva posición de poder veintidós años después de que el rey ocupara por primera vez la suya.

El nuevo papel y posición de poder de Jezabel comenzó veintidós años después de que Acab comenzara su reinado como rey. La vida de Hillary Clinton estaba destinada a cambiar al final de la presidencia de Clinton. Pero si ella hubiera pasado a la vida privada, como había sido la norma para una ex primera dama, la correspondencia con el paradigma habría terminado ahí. Por otra parte, si ella hubiera comenzado su carrera política en solitario en un momento posterior, puede que hubiera un paralelismo en naturaleza pero no en tiempo.

Pero en cambio, ella organizó las cosas para presentarse al Senado mucho antes del fin de la administración Clinton. Por tanto, cuando la presidencia

Clinton se acercaba a sus últimos días, ella pasó inmediatamente de ser primera dama en la Casa Blanca a su carrera como personaje del gobierno destacado en las más altas esferas de poder de la nación, tal como había hecho su antecesora: Jezabel. Y todo ello tuvo lugar en la marca de los veintidós años del tiempo que su esposo pasó en el poder, igual que había sucedido en el paradigma de Jezabel. Y cuando sucedió en enero de 2001, habían pasado veintidós años exactamente.

En 2007 las expectativas de muchos se cumplieron cuando Hillary Clinton anunció su carrera hacia la presidencia. Era la primera vez que ella había anunciado públicamente sus intenciones de hacer lo que la mayoría de personas creían que había sido su intención durante todo el tiempo. La fecha fue el 20 de enero.[2]

La fecha debería resultarnos familiar. El 20 de enero fue el día que marcó el final de la presidencia Clinton, la que en el paradigma se corresponde con la muerte del rey Acab en su carro en Ramot de Galaad.

Puede que Hillary Clinton escogiera ese día con la confianza de llegar a ser la siguiente presidenta, pues marca el día de las tomas de posesión presidenciales en los Estados Unidos. Pero cualesquiera que fueran sus motivos, la fecha que escogió fue doblemente sorprendente. El día 20 de enero es también la fecha que marca el mayor escándalo de los años Clinton. Fue el día en que salió a la luz el escándalo Lewinsky, el día en que el pecado del rey quedó al descubierto. Además, el 20 de enero comenzó la cuenta atrás de tres años, los tres años de Acab, desde la exposición en la viña hasta el fin de su reinado en el campo de batalla, o desde el escándalo presidencial hasta el final de la presidencia Clinton.

Pero contrariamente a sus expectativas y las expectativas de muchos, su búsqueda del mayor asiento de poder de la nación fracasó. Pero también esto estaba ahí, contenido en el paradigma:

> En los reinados de los dos reyes siguientes a su esposo, la exreina no podrá tomar el trono para sí misma.

Por tanto, en los días siguientes al final del reinado de Bill Clinton, en los días de sus dos sucesores, Hillary Clinton no tomó la presidencia estadounidense.

¿Qué le sucederá entonces al trono? La revelación del paradigma es la siguiente:

El trono no irá a la reina sino a otra persona, a un hombre de menos edad.

————————

¿Quién era él? Aparecerá ahora en el paradigma.

Capítulo 15

EL HEREDERO

E L RELATO DE Acab y Jezabel cambia pronto su enfoque hacia un nuevo personaje.

Su nombre era *Joram*. Era el hijo de Acab y Jezabel. Durante el resto del relato será su reinado el que formará el telón de fondo.

Joram era el segundo hijo nacido de la casa de Acab. El primero, Ocozías, terminaría siendo poco más que una nota a pie de página, ya que su tiempo en el poder fue interrumpido en el espacio de dos años. La mayoría de los acontecimientos profetizados concernientes a la casa de Acab tuvieron lugar en el reinado de Joram. Igual que Acab fue confrontado por su maldad por el profeta Elías, Joram sería confrontado por su maldad por el discípulo de Elías: Eliseo.

Como hijo de Acab y Jezabel, Joram fue educado en una casa de pecado y apostasía. De Jezabel habría aprendido los caminos del paganismo. De Acab habría recibido un ejemplo de apostasía declarada. Y sin embargo, igual que Acab había mantenido una conciencia de Dios, vacilando de un lado a otro, parece que Joram mantuvo la misma conciencia, incluso al vivir desafiando los caminos de Dios.

A semejanza de su padre, ocasionalmente podría haber pronunciado el nombre de Dios e incluso haber prestado atención a una palabra de consejo piadoso. Pero en su mayor parte, y a semejanza de su padre, vivió en el mejor de los casos como alguien cuyo conocimiento de Dios no tenía raíces ni profundidad, y en el peor de los casos como alguien que participaba en una guerra activa contra Él.

Y sin embargo, parece que la naturaleza y la personalidad de Joram eran muy distintas a las de su padre. Mientras que Acab era expresivo y dado a las fluctuaciones radicales de emoción, Joram parece haber tenido un temperamento mucho más frío. Mientras que Acab podía pasar de un gran pecado a una gran tristeza y arrepentimiento, es difícil imaginar a Joram permitiéndose alguna vez mostrar remordimiento en público o mostrar cualquier arrepentimiento.

Si Acab podía actuar con audacia, Joram parece decididamente cauto. Aparentemente fue esa cautela la que causó que, tras ser testigo de la caída del juicio sobre su padre y sobre la tierra, eliminara como una salvaguarda el pilar del templo de Baal. Pero incluso esto parece haber sido el gran acto externo de intentar asegurar su posición en lugar de ser un acto de convicción sincera. No tenemos evidencia alguna de que Joram alguna vez detuviera o ni siquiera se opusiera a la adoración de Baal. Más bien continuó a lo largo de su reinado. El templo pagano de Baal siguió estando en medio de la capital a lo largo del reinado de Joram. Además, él continuó en los caminos de la idolatría, lo cual significaba que el descenso de la nación hacia el relativismo moral, la carnalidad, la inmoralidad sexual y el derrocamiento de los valores absolutos continuó sin cesar.

Él no fue el atrevido pionero que fue su padre, Acab, ni tampoco fue el feroz zelote que fue su madre, Jezabel. Sus padres habían abierto el camino, pero Joram había continuado la apostasía. Por tanto, aunque el temperamento de Joram parece más comedido que el de sus padres, en muchos aspectos él siguió avanzando lo que ellos habían comenzado. Y por tanto, la nación continuó su descenso.

El paradigma del heredero

En el esquema de Joram, la figura clave será conocida como "el heredero" para distinguirlo de Acab, a quien se seguirá haciendo referencia como "el rey".

> En el tiempo del paradigma, en los días tras el fin del
> reinado del rey, no será la reina quien reine sobre el
> trono, sino un hombre considerablemente más joven, el
> heredero.

Aunque Hillary Clinton comenzó como la abrumadora favorita para
ganar la nominación demócrata en 2008, mediante un giro de los acontecimientos que sorprendió a la mayoría de observadores, la nominación fue
hacia otra persona: Barack Obama. Él era considerablemente más joven que
Clinton, y estaba en el límite de otra generación.

> El heredero representará la continuación del legado del
> rey y la reina.

En todos los asuntos de importancia crítica para la apostasía y el paradigma, Barack Obama siguió en el rumbo que inauguraron los Clinton. Política, cultural e ideológicamente, él fue su heredero.

La carrera política de Obama comenzó con su elección al Senado por el
estado de Illinois. El año fue 1996. El año marcó el punto central de los años
de Clinton. Las mismas elecciones que llevaron a Bill Clinton otra vez a la
Casa Blanca llevaron a Barack Obama a su primer cargo público. El nacimiento político de Obama tuvo lugar en el corazón de los años de Clinton,
un momento adecuado para el nacimiento de un heredero.

> El heredero en muchos aspectos continuará donde lo
> había dejado el rey. Lo que el rey había intentado hacer,
> el heredero buscará darle fruto. Lo que el rey había ini-
> ciado, el heredero buscará terminarlo.

Obama continuó donde Bill Clinton lo había dejado. Políticas de las que
Clinton había sido pionero fueron avanzadas por Obama. Programas y legislación que Clinton intentó aprobar, Obama los volvió a introducir. Órdenes ejecutivas que Clinton había firmado pero que más adelante fueron
revocadas, Obama revocó su revocación. Él era el antitipo de Joram, el heredero del antitipo del rey Acab.

> El heredero será el tercer rey del paradigma, el segundo
> en la línea para sentarse sobre el trono después del final
> del reinado del rey.

Igual que Joram era el segundo en la línea para sentarse en el trono tras el reinado de Acab, así también Obama fue el segundo en la línea para sentarse en el asiento de la presidencia después del fin de los años Clinton.

En cuanto a Ocozías, con un reinado de menos de dos años no solo se convirtió en una nota a pie de página en el relato, sino que también se hace imposible aplicarlo aparte de una renuncia presidencial o la muerte en el cargo dos años o menos desde el momento de su toma de posesión. Pero más allá de eso, el paradigma es de apostasía. Su claro enfoque es el descenso espiritual de la nación y de los gobernantes que lideraron a la nación en ese descenso. Cualquier cosa que pensemos de la presidencia de George W. Bush, con respecto a los asuntos de apostasía la presidencia Bush fue una interrupción en la progresión que había comenzado en los años de Clinton. En lugar de defender tales asuntos, él buscó detenerlos o revertirlos. La misma dinámica se ve en los presagios. Prácticamente cada líder relacionado con los presagios bíblicos de juicio que aparecieron sobre el terreno estadounidense pertenecían al Partido Demócrata. No es un juicio de valor; es simplemente el resultado de los acontecimientos, el desarrollo del misterio. Cada líder en *El presagio* que declaró un pronunciamiento antiguo de juicio sobre los Estados Unidos era un político demócrata. Así también en el paradigma, el esquema de apostasía sigue una cadena de líderes demócratas hasta que llega a un giro dramático de los acontecimientos.

Esto no es decir que todas las posturas de un partido político son bíblicas o que todas las posturas del otro no lo son; tampoco es decir que todos los afiliados a un partido apoyan posturas no bíblicas, ni tampoco es decir que haya nada intrínseco al Partido Demócrata que necesite una relación con posturas no bíblicas o antibíblicas. En la década de 1950 incluso su candidato presidencial más liberal, Adlai Stevenson, al aceptar la nominación presidencial le dijo a la convención: "Debemos reclamar estas grandes ideas cristianas y humanas". Pero desde entonces, el Partido Demócrata ha pasado por su propia metamorfosis para convertirse en el partido que ha defendido la muerte de los no nacidos aún y ha librado una guerra contra los valores bíblicos. Así, en los asuntos clave vinculados con la caída de Israel, los asuntos centrales del paradigma, se ha aliado contra la Escritura y los caminos de Dios. Se ha convertido en el partido que ha defendido la apostasía estadounidense.

Y por tanto, como el enfoque principal del paradigma es la apostasía, su punto central estará en los líderes, instituciones y potencias que personifican o avanzan esa apostasía. Más allá de eso, el paradigma antiguo sigue específicamente a la casa de Acab, y tras el fin de Acab se enfoca en los dos principales personajes de esa casa: Jezabel y Joram. Así, en su repetición actual seguirá a la casa de Clinton y su legado, y se enfocará en dos personajes principales: Hillary Clinton y Barack Obama. Mediante estas dos figuras, la repetición actual avanzará en una progresión continua.

Y aunque no debe manifestarse cada detalle del esquema antiguo, la presidencia de George Bush en realidad hará que otros de los detalles del paradigma se sitúen en consonancia con los acontecimientos del mundo moderno. Servirá como un marcador de posición para hacer que el reinado de Obama como presidente se alinee con el orden del reinado de Joram como el tercer rey del paradigma.

> El heredero hará a veces muestras públicas de piedad y observancia, pero mediante sus acciones y su inacción conducirá a la nación a desafiar a Dios.

Joram eliminó el pilar de Baal pero permitió que el templo de Baal y su adoración continuaran desarrollándose. Así, Obama mostraría el mismo patrón. Cuando hacía campaña por la presidencia, afirmó que como cristiano y con Dios "en la mezcla", él no podía estar a favor del matrimonio homosexual sino oponerse. Mantuvo esa postura durante los primeros pocos años de su presidencia, pero más adelante uno de los consejeros más cercanos de Obama reveló que las palabras del presidente eran falsas y en realidad no se oponía al matrimonio homosexual, sino que había estado a favor de él desde el principio.[1] Así, él hizo una muestra pública de moralidad bíblica e invocó el nombre de Dios en su negativa. Reconoció por admisión propia que un cristiano no podía estar a favor del quebrantamiento de la norma bíblica del matrimonio como la unión de hombre y mujer. Entonces procedió a hacer todo lo que estuviera en su poder para quebrantar esa norma bíblica y hacer que fuera derribada.

> El heredero continuará las políticas del rey de alterar las normas y medidas de moralidad. Igualmente, será un agente para el debilitamiento de los valores absolutos y el derrocamiento de los valores bíblicos.

Por tanto, Obama continuó avanzando la política de Clinton de "redefinir...los ideales inmutables que nos han guiado desde el principio".[2] Ya sea en cuestiones de matrimonio, la santidad de la vida, sexualidad, fe, cristianismo, la naturaleza de varón y hembra, o libertad religiosa, Obama se opuso continuamente a las normas y los valores bíblicos y a las presuposiciones morales subyacentes de la civilización occidental que habían estado ahí durante milenios.

> El heredero continuará en las políticas del rey con respecto a la moralidad sexual y la confusión de género.

Igual que la adoración de Baal y otras formas de idolatría continuaron bajo el reinado de Joram, así también lo hicieron las consiguientes muestras de inmoralidad sexual, incluyendo los ritos de los kadeshim y la confusión de género. Por tanto, Obama continuó en las políticas iniciadas por los Clinton concernientes a moralidad sexual, homosexualidad y género. Operó como un incansable agente de la moralidad nueva y antibíblica que los Clinton habían comenzado a normalizar. En los días de Obama quedarían establecidas.

> Bajo el heredero, la práctica del sacrificio de niños continuará por toda la tierra.

Tal como la adoración a Baal siguió siendo practicaba bajo Joram, así también lo fue la práctica de sacrificar a niños. Por tanto, también Obama llegó a la presidencia sosteniendo las mismas creencias con respecto al aborto que tenían los Clinton. En el Senado de Illinois, incluso luchó contra una ley que buscaba proteger al bebé *nacido con vida* de ser dejado por muerto. Muchos lo consideraron infanticidio. Incluso legisladores radicales a favor del aborto habían votado apoyando tales protecciones. Esto le situó en el extremo más radical del espectro en el tema del aborto. Llevó esas perspectivas a la Casa Blanca y utilizó la presidencia para defender la práctica.

> El heredero servirá como otro eslabón en la cadena de la apostasía de Dios de la nación. Bajo su reinado estará más alejado del fundamento bíblico sobre el cual fue fundada.

Obama hizo campaña para la presidencia con un lema de "Cambio". Y sin duda, él actuó como un agente de cambio; pero los cambios de más amplio alcance que produjo estarían en los ámbitos social, moral, e incluso espiritual. Y todos ellos irían en dirección a apartar a los Estados Unidos de su fundamento bíblico.

En un discurso dado durante su primera campaña presidencial, Obama mencionó el tema de la fe. Se situó en contra de los religiosos conservadores;

y también hizo una afirmación que le perseguiría en los días posteriores. Dijo lo siguiente:

> "Cualquier cosa que fuéramos antes, ya no somos una nación cristiana…".[3]

El hecho de que entonces introdujo las palabras "al menos, no solo"[4] cuando se dio cuenta de lo que había dicho a la luz de que el texto escrito decía "tan solo una nación cristiana" hizo que el lapso fuera mucho más asombroso. Llegaría a considerarse parte de un patrón. Lo que Obama presentaba públicamente sobre cuestiones de fe y lo que después decía sin intención, o en privado, o en posteriores acciones, o cuando hablaba libremente a audiencias que pensaban como él, estaba con frecuencia en marcado conflicto. Sin embargo, él fue el primer candidato importante en la historia de la nación en hacer públicamente tal declaración o cualquier declaración que se pareciera incluso remotamente a tales términos.

Pese a lo cierto que fuera que los Estados Unidos ya no era una nación cristiana cuando Obama hizo por primera vez esa afirmación en su primera campaña para la presidencia, llegaría a ser mucho más cierto al final de su presidencia. Sin duda, Obama dejó a los Estados Unidos siendo menos cristiano que cuando lo encontró: cultural, moral y estadísticamente.

Los Estados Unidos no solo llegó a ser una nación menos cristiana; llegó a ser una nación cada vez más anticristiana. Ahora veremos cómo se relaciona eso con el paradigma y el reinado de Barack Obama.

Capítulo 16

EL REINO HOSTIL

L A CAPITAL ESTABA bajo asedio. Horrorizado por la desgracia y la degradación causadas por el asedio, Joram se enfureció. Su ira encuentra un chivo expiatorio:

> "Cuando el rey oyó las palabras de aquella mujer, rasgó sus vestido... Y él dijo: Así me haga Dios, y aun me añada, si la cabeza de Eliseo hijo de Safat queda sobre él hoy".[1]

Aunque Eliseo no era el responsable de los problemas de la nación, el rey lo convierte en el enfoque de su enojo. Pero el profeta no fue el único chivo expiatorio:

> "Y Eliseo estaba sentado en su casa, y con él estaban sentados los ancianos; y el rey envió a él un hombre... Aún estaba él hablando con ellos, y he aquí el mensajero que descendía a él; y dijo: Ciertamente este mal de Jehová viene. ¿Para qué he de esperar más a Jehová?".[2]

El rey no solo culpó al profeta de los problemas de la nación, también culpó a Dios mismo. No era la primera vez; era un patrón. El rey tenía un historial de culpar a Dios por sus problemas, como en mitad de su batalla contra el reino de Moab:

> "Y el rey de Israel le respondió: No; porque Jehová ha reunido a estos tres reyes para entregarlos en manos de los moabitas".[3]

Un comentarista lo explica de la siguiente manera:

> "Sin embargo, él tenía una mala idea del Dios de Israel, pensando en Él como una deidad malevolente. Así, cuando los ejércitos extranjeros que marchaban contra Moab sufrían una grave falta de agua, él pensó que era Dios quien los estaba entregando deliberadamente en manos de los moabitas (2 Reyes 3:13). De nuevo, cuando el país sufría una hambruna, en un tiempo en que la capital estaba sitiada por los arameos, él también pensó que esas maldades habían venido de la mano de Dios, en quien la gente confiaba en vano y de quien no podía esperarse ningún bien…".[4]

El Señor había mostrado paciencia y gracia no solo a la nación de Israel, sino también a Joram mismo. Más de una vez Él había utilizado a Eliseo para salvarle del peligro; y sin embargo, ahora Joram envía a un hombre a perseguir a Eliseo y ejecutarlo. Pero el problema era más profundo que la relación que tenía Joram con Eliseo. Estaba arraigado en su perspectiva de Dios.

Vemos en Joram a un hombre cuya perspectiva de Dios, y por tanto su perspectiva de todo lo demás, está en conflicto con las Escrituras y con los profetas de su época. Él podía invocar el nombre del Señor, pero cuanto se trataba de la Palabra y los caminos de Dios, en definitiva eran ajenos para él. El relato revela que adoraba a Dios en la forma de un ídolo; en otras palabras, un dios que los israelitas habían hecho, un dios de subjetividad. Podía sentirse cómodo con eso, pero no con el Dios viviente de la Biblia y no con sus caminos. Y en cuanto a quienes se mantenían fieles a los caminos de Dios, al rey le resultaban en el mejor de los casos un enigma, y en el peor de los casos un obstáculo. Como hemos visto en su intento de quitar la vida a Eliseo, no estaba por encima de perseguir a los justos. En las palabras y las acciones del rey hacia Dios, los caminos de Dios, y aquellos que seguían los caminos de Dios, había una distintiva y marcada hostilidad.

El paradigma del reino hostil

> Aunque su heredero puede invocar el nombre de Dios, los caminos de Dios en última instancia serán ajenos para él. No se sentirá cómodo con esos caminos ni con quienes los sostienen. Verá a tales personas como un enigma y un obstáculo para sus planes. Sus palabras y acciones revelarán una distintiva y marcada hostilidad hacia las cosas de Dios.

Así también Obama podía invocar el nombre de Dios algunas veces, pero cuando se trataba de la Palabra de Dios o alguna implicación verdadera de esa Palabra, en raras ocasiones parecía sentirse cómodo. Ciertamente, raras veces parecía cómodo al tratar asuntos de fe. Y parecía incluso menos cómodo al tratar con quienes seguían la Palabra de Dios. En sus días en la Casa Blanca se separó de aquellos que sostenían valores bíblicos a la vez que se unió a quienes más se oponían a esos valores. En más de una ocasión hizo alusión a las personas de fe como problemas, obstáculos, o incluso enemigos. Tras puertas cerradas en un evento para recaudar fondos en San Francisco, Obama dijo lo siguiente de la América provinciana:

"Y no es sorprendente entonces que se amargan, se aferran a las armas,
a la religión o la antipatía hacia las personas que no son como ellos…".[5]

La declaración causó una conmoción política, pero fue más revelador al proporcionar una vislumbre tras puertas cerradas de los verdaderos pensamientos y perspectivas que tenía Obama con respecto a Dios y a quienes lo seguían.

Su cosmovisión le condujo a ayudar a llevar a cabo una de las más críticas redefiniciones de valores y cambios de normas bíblicas en la historia moderna. En la mitad de su presidencia, Obama anunció que la postura a la que se había opuesto mientras era candidato a presidente, la postura que dijo que un cristiano no podía aceptar, la aceptaba ahora.[6] Y no solo la aceptaba; la respaldaba. Defendió la redefinición de la definición bíblica e histórica del matrimonio. Comenzó a presionar a cuerpos del gobierno para que derrocaran la definición histórica de matrimonio. Sus esfuerzos tuvieron éxito y culminaron en el derribo por parte de la Corte Suprema del matrimonio tal como había sido a lo largo de la historia humana.[7] Lo que

Bill Clinton había comenzado, Obama lo había terminado. Él había sido fundamental para alejar a los Estados Unidos de manera incluso más decisiva de su fundamento bíblico.

> A medida que continúa la apostasía, la cultura no solo aceptará lo que se ha conocido como erróneo y lo que la Palabra de Dios ha declarado que es pecado, sino que también lo celebrará y lo jaleará.

El día en que el matrimonio tal como lo define la Palabra de Dios fue derribado, Obama ordenó que la Casa Blanca fuera iluminada con los colores del arco iris para celebrar el acto.[8] Igual que en los días de Acab y Joram, la cámara más alta en la tierra había sido convertida en un canal de apostasía.

Comenzamos este capítulo con una vislumbre de la marcada hostilidad del rey Joram hacia Dios y su pueblo. Ahora veremos las repercusiones de su repetición en tiempos actuales.

> Al grado que una civilización llame bueno a lo que es malo, llamará malo a lo que es bueno. Al grado en que celebre lo profano, profanará lo santo. Y al grado en que dé legitimidad a la injusticia, deslegitimará lo justo.

Este es el otro lado de la apostasía. Cuando la cultura acepta lo que antes se había conocido como pecado, comenzará a rechazar lo que antes se había considerado justicia. Dejará de reverenciarlo; entonces lo tolerará y después lo marginará, después lo vilipendiará, lo criminalizará, y entonces lo perseguirá. Por tanto, en el alejamiento de Dios y de su fe bíblica de la civilización occidental esperaríamos ser testigos de este fenómeno: un movimiento hacia la persecución. Esto implicaría la marginación progresiva de los cristianos y de quienes sostienen valores bíblicos. Y eso es exactamente lo que hemos visto que ha comenzado en los Estados Unidos y la civilización occidental.

En cualquier periodo de apostasía acelerada esperaríamos ver una aceleración correspondiente en la marginación de los creyentes. Y así lo vemos. Los años de Clinton que produjeron tantos comienzos en la apostasía estadounidense también produjeron una ley dirigida a quienes protestaron contra la muerte de niños en clínicas abortivas.[9] La ley fue redactada tan ampliamente que condujo al fenómeno de que cristianos fueran arrestados y metidos en la cárcel por protestar contra lo que consideraban asesinato, o por dar consejos, o simplemente por orar.

Pero fue durante los años de Obama cuando la marginación de los cristianos se volvió especialmente pronunciada. Parte de eso fue la consecuencia del alejamiento de Dios de la cultura en general; pero parte, como en el paradigma, fue una consecuencia del gobernante de la nación, como en el esquema de Joram. Joram veía a Dios como su oponente, pero también veía al siervo de Dios, Eliseo, como su oponente. Por tanto, no fue solamente que Obama en sus políticas hiciera guerra contra la Palabra de Dios; fue que vilipendió específicamente a quienes sostenían la Palabra de Dios. Al dirigirse a una audiencia de defensores de la homosexualidad, habló de aquellos que no podían seguir su agenda:

> "No tengo que decirles que están aquellos que no quieren tan solo interponerse en nuestro camino, sino que quieren retrasar el reloj…".[10]

Aquellos a quienes se refirió el Presidente como "aquellos" incluían a cada persona que sostenía la Palabra de Dios. Según el Presidente, ellos se interponían en "nuestro camino". En una sola frase había marginado y alejado a quienes seguían la Biblia, como los cristianos evangélicos, de la corriente principal de su Estados Unidos. Aquellos que siguen la Biblia no solo fueron apartados; eran obstáculos, oponentes, amenazas y enemigos.

De igual manera, cuando Obama se convirtió en el primer presidente estadounidense en dirigirse al mayor practicante de abortos de la nación, Planned Parenthood, habló de líderes provida como enemigos, si no villanos. Como conclusión, sus palabras "Dios les bendiga" hacia la organización abortista dejó a varios comentaristas preguntándose qué Dios era ese que bendice a quienes matan y desmiembran criaturas por nacer.[11] Había uno. Su nombre era Baal.

Lo siguiente es un registro de algunos de los actos de hostilidad hacia Dios, sus caminos y su pueblo que tuvieron lugar bajo la administración Obama.[12] Notemos que lo que sucedió en el ejército estadounidense proporciona una imagen incluso más reveladora, ya que la sociedad militar está más sujeta a la influencia y las órdenes del gobierno que la población general. Observemos además que esto es tan solo una muestra que solamente cubre los primeros años de Obama:

- En enero de 2009, el mes en que Obama comenzó su presidencia, ese mismo mes él eliminó las salvaguardas establecidas para proteger a los no nacidos aún,[13] su candidato a la Secretaría de Estado declaró que los estadounidenses tendrían que pagar los abortos.[14]

En febrero de ese mismo año, Obama anunció su plan para anular la protección por motivos de conciencia para los trabajadores de la salud, queriendo decir que ahora serían forzados a participar en actos que violaban su fe, como la muerte de los no nacidos aún.[15]

- En marzo, Obama dio cincuenta millones de dólares a la UNFPA, la agencia de las NU que trabajaba con oficiales de control de la población en China que practicaban el aborto obligatorio.[16] El mismo mes, su administración excluyó a grupos provida de la asistencia a una reunión sobre cuidado de la salud patrocinada por la Casa Blanca.[17] En abril, la administración Obama ordenó que un monograma que representaba el nombre de Jesús en una universidad religiosa fuera cubierto mientras el Presidente daba allí un discurso.[18]

- En mayo, oficiales de la administración Obama acusaron a quienes eran provida de ser violentos y utilizar el racismo al llevar a cabo actos "criminales".[19] Ese mismo mes, el Presidente se negó a realizar servicios en la Casa Blanca para el Día Nacional de Oración establecido federalmente.[20] En septiembre, una mujer que declaró que la sociedad "no debería tolerar" ninguna "creencia privada", incluida ninguna creencia religiosa privada que pudiera influenciar negativamente los derechos de los homosexuales, fue nombrada por la administración Obama para dirigir la Comisión para la Igualdad de Oportunidades en el Empleo.[21]

- En julio de 2010 la administración Obama utilizó fondos federales para obligar al país de Kenia a cambiar su constitución para aceptar el aborto.[22] En agosto, bajo órdenes de la administración Obama, se interrumpieron fondos para 176 programas educativos sobre abstinencia.[23] En septiembre, la administración Obama dijo a investigadores que descartaran una decisión judicial que eliminaba fondos federales para la investigación con células madre embrionarias.[24]

- En octubre, Obama comenzó a omitir la palabra *Creador* al citar la Declaración de Independencia. La omisión no pudo considerarse accidental, ya que él repitió la omisión no menos de en siete ocasiones.[25]

- En enero de 2011 la administración Obama se negó a permitir que una cruz de un memorial de la Primera Guerra Mundial volviera a erigirse en el desierto de Mojave, tal como decretaba la ley federal.[26] Por más de dos años, Obama había permitido que el puesto de embajador de libertad religiosa, una posición establecida para trabajar contra la persecución religiosa en todo el mundo, siguiera vacante. Finalmente ocupó el puesto en febrero, pero solo después de ser muy presionado por parte del público y el Congreso.[27] Ese mismo mes, Obama ordenó al Departamento de Justicia que dejara de defender la Ley de Defensa del Matrimonio.[28]

- En abril, Obama presionó hacia la aprobación de una ley de no discriminación que por primera vez en la historia estadounidense no contenía protección alguna para grupos religiosos.[29] En agosto, la administración Obama lanzó nuevas regulaciones de salud que anulaban protecciones por motivos de conciencia para trabajadores médicos con respecto al aborto.[30] En septiembre, el ejército informó al Walter Reed National Military Medical Center que ningún objeto religioso (como la Biblia) sería permitido en las visitas hospitalarias.[31] Ese mismo mes, el jefe de personal de las Fuerzas Aéreas prohibió a los comandantes informar a los pilotos de los servicios religiosos disponibles para ellos.[32] En diciembre de 2011 la administración atacó las creencias religiosas de otras naciones basándose en que constituían un obstáculo con respecto a la homosexualidad.[33]

- En enero de 2012 la administración declaró que las iglesias no tenían protección de la Primera Enmienda al contratar a sus ministros.[34] En febrero, las Fuerzas Aéreas quitaron la palabra *Dios* de su insignia del despacho de Rapid Capabilities.[35] En abril, las Fuerzas Aéreas dejaron de asegurar que hubiera Biblias disponibles en sus alojamientos.[36] En mayo, la administración Obama se opuso a la protección por motivos de conciencia de capellanes militares que no pudieran violar su fe al realizar matrimonios entre personas del mismo sexo.[37] En junio, la administración ordenó que no se permitiera que aparecieran sobre Biblias del ejército emblemas del servicio militar estadounidense.[38]

- En enero de 2013 Obama declaró su oposición a la inclusión de una protección al derecho de conciencia para capellanes militares en la Ley de Autorización de Defensa Nacional.[39] En febrero, la administración anunció que los derechos de conciencia religiosos no serían reconocidos y protegidos bajo la ley de Cuidado de la Salud Asequible.[40] En abril, la Agencia Estadounidense para el Desarrollo Internacional comenzó a formar a activistas homosexuales para derrocar valores tradicionales y bíblicos en todo el mundo, dirigiéndose en primer lugar a aquellas naciones con culturas fuertemente arraigadas en el catolicismo.[41] Ese mismo mes, las Fuerzas Aéreas crearon una política de "tolerancia religiosa" sin consultar a ningún grupo religioso sino buscando consejo solamente de una organización militar atea. El líder de la organización describió al personal religioso como "monstruos humanos" y "violadores espirituales", y afirmó que los soldados que difundían su fe eran culpables de traición y deberían recibir castigo.[42] Se descubrió ese mismo mes que a soldados en entrenamiento se les estaba enseñando que quienes se suscribían al cristianismo evangélico y el catolicismo eran extremistas religiosos peligrosos y debían ser relacionados con Al Qaeda.[43]

- En mayo, el Pentágono anunció que si un miembro de las Fuerzas Armadas compartía su fe con otro de los miembros y daba como resultado que alguien se sintiera incómodo, entonces aquel que compartía su fe podía ser juzgado en consejo de guerra.[44] El mismo mes, la administración Obama ordenó que los patrones ofrecieran medicamentos causantes de aborto a sus empleados, contradiciendo las órdenes dadas por varios tribunales federales para proteger el derecho de conciencia.[45] Ese mismo mes, la administración se opuso fuertemente a una enmienda a la Autorización de Defensa que protegía los derechos religiosos de soldados y capellanes.[46]

- En julio, un sargento de las Fuerzas Aéreas que cuestionó una ceremonia de matrimonio entre personas del mismo sexo realizado en la capilla de la Academia de las Fuerzas Armadas fue reprendido y le dijeron que si estaba en desacuerdo, tendría que dejar el ejército. Más adelante fue informado de que sería jubilado a final de año.[47] En octubre, en un informe de contrainteligencia en Fort Hood, líderes militares dijeron a los soldados que los cristianos evangélicos eran una amenaza para la nación.[48]

Esto es tan solo una muestra, y solamente aborda los primeros años de la presidencia de Obama. No incluye actos de hostilidad judicial como el arresto y encarcelamiento de una secretaria de condado cristiana por ser incapaz de poner su nombre en una licencia de matrimonio entre personas del mismo sexo, y la aprobación de su arresto por parte de la Casa Blanca.[49] Los actos de hostilidad seguirían hasta el final de la presidencia de Obama. En sus últimos meses en el cargo, amenazó con vetar un proyecto de ley de defensa porque contenía protecciones religiosas.[50] Anteriormente ese mismo año, un veterano de las Fuerzas Armadas que había sido invitado a dar un discurso en una ceremonia de jubilación en la base militar Travis Air Force, fue detenido físicamente en mitad de su discurso por parte de varios hombres vestidos con ropa militar. Lo empujaron y arrastraron fuera de la ceremonia. Fue asaltado porque había mencionado la palabra *Dios*.[51]

Cuando quedaban cuatro meses en su presidencia, la Comisión de Derechos Civiles de Obama publicó un informe que denominaba *libertad religiosa* "palabras en código para discriminación, intolerancia, racismo, sexismo, homofobia, islamofobia, supremacía cristiana o cualquier otra forma de intolerancia".[52] Varios analistas expresaron la preocupación de que al publicar el informe, la administración estuviera allanado el camino para la eliminación final de la libertad religiosa y persecución futura a los cristianos. Dos mil años atrás fue la hostilidad del estado contra los cristianos y su intento de utilizar la fuerza para obligarlos a actuar contra su fe y su conciencia lo que condujo al derramamiento de sangre en estadios romanos. Muchos se preocuparon porque un patrón similar estuviera comenzando a desarrollarse en la civilización occidental actual.

Es imposible ver un registro tal y evadir la conclusión de una hostilidad profundamente arraigada contra la fe bíblica. Pero el paradigma del que estamos hablando es el de Joram, un hombre cuyas palabras y acciones revelan esto mismo.

Pero Joram no estaba solo en el palacio real. Había otra persona.

Capítulo 17

EL HEREDERO Y LA REINA

Joram no gobernaba a solas. Él era el rey, pero había otra persona residiendo con él en el palacio real, un personaje de gran influencia conocido en todo el reino y temido en toda la tierra: Jezabel.

Ella fue una continua presencia en la vida política de Israel no solo tras el final del reinado de Acab; lo fue durante *años* después de su reinado. La mayor parte de esos años se enfocaron en el reinado de Joram. Ella mantuvo un lugar de prominencia en su corte no solo como la exreina y primera dama de la tierra sino también como la reina madre. El rey era su hijo.

Su anterior posición en el pináculo del gobierno de Israel combinada con sus muchos años en esa posición le habría dado un estatus e influencia considerables. Ella había reinado al lado de Acab como su corregente, y sabía muy bien cómo emplear la maquinaria del estado para lograr sus propósitos. Al igual que estuvo muy implicada en la dirección del gobierno de la nación en tiempos del reinado de su esposo, sin duda alguna habría buscado una influencia similar en los días del reinado de su hijo.

Sabemos que Jezabel había incitado a Acab a actuar y que había guiado sus políticas. Por tanto, era adepta en utilizar su influencia para dirigir al rey y afectar e incluso determinar sus políticas. Esta habilidad le serviría muy bien en su nueva posición como reina madre, donde su poder principal residía en su habilidad de influenciar y dirigir al rey. Aunque ella ya no era reina, el hecho de que el rey fuera su hijo sin duda alguna sería un factor importante en su habilidad de seguir influenciando el gobierno del reino.

Y también, sin duda Jezabel era una reina de voluntad particularmente fuerte con una personalidad inquebrantable. Al lado de Acab, ella había roto los límites de lo que se esperaba de su posición. No tenemos razón alguna para creer que alguna de esas características cesara o disminuyera en su nueva posición como reina madre.

Y también están las acciones del rey Joram mismo. Aunque él no fue un pionero en la apostasía tanto como los fueron sus padres, siguió en el rumbo de desafío que ellos establecieron. Su perspectiva del Dios de Israel como oponente era coherente con la perspectiva de su madre. Y también está la evidencia de las propias acciones del rey Joram.

Se puede ver la influencia de Jezabel en las palabras y acciones del rey Joram. Cuando Joram trató a Eliseo como su enemigo hasta el punto de buscar su muerte, estaba siguiendo los pasos de Jezabel, que consideró a Elías su enemigo y buscó su muerte. Cuando habló del Dios de Israel como su oponente, su perspectiva era coherente con la que tenía su madre.

Sabemos por lo que se revela más adelante en el relato que la influencia y el impacto de Jezabel en el reino seguían siendo considerables. También sabemos que se mantuvo muy cercana al rey, ya que aparecen juntos más adelante en el relato en el palacio real de Jezreel. Del papel y la influencia de Jezabel en sus años posteriores a Acab, los comentaristas dicen lo siguiente:

> "Tras la muerte de Acab, Jezabel ejercía poder sobre su hijo...".[1]

> "Parece que tras la muerte de su esposo, Jezabel mantuvo una influencia considerable sobre su hijo Jehoram [Joram]...".[2]

> "Incluso tras la muerte de Acab, Jezabel seguía ejerciendo mucha influencia en Israel...sus hijos...gobernaron como reyes sucesivos y promocionaron las políticas religiosas de ella...".[3]

Por tanto, Joram no ascendió al trono solo sino con Jezabel, su madre, a su lado. Ella era quien tenía mayor experiencia en los niveles más elevados del poder. Ella sería su consejera, aconsejándolo sobre asuntos de estado, relaciones exteriores, políticas domésticas y asuntos de religión. Sin duda alguna, a veces también lo influenció e incitó a la acción. Los dos presidían sobre el gobierno de la nación, el hombre más joven en el foco de luz blandiendo la autoridad suprema del reino, y la mujer más mayor, su consejera, ejerciendo influencia a la sombra de su trono.

Sin duda, ella defendería todo lo que pudiera a Baal y los dioses de Fenicia. Aunque su poder anterior había disminuido comparado con lo que era en tiempos del reinado de su esposo, su poder informal, su habilidad de poder influenciar al rey y el reino, habrían seguido siendo considerables. Su papel como reina madre, combinado con su pasado como alguien que antes había gobernado el reino con vara de hierro, le habría convertido en un personaje intimidatorio. Incluso desde detrás del trono, no hay duda de que retuvo una influencia desde fuera. Después de todo, ella era Jezabel.

El paradigma del heredero y la reina

En toda la historia estadounidense jamás había habido un escenario que hubiera encajado con este esquema del paradigma. Si tenía que cumplirse, tendría que haberse cumplido en tiempos de los antitipos modernos de Joram y Jezabel.

Jezabel había continuado tras el fin del reinado de su esposo. Se había mantenido cercana al poder y se había quedado en los pasillos del gobierno de la nación. Así, Hillary Clinton había seguido tras el final de la presidencia de su esposo. Ella había buscado su propia carrera política, se quedó en el escenario nacional, y vivió en la capital. Pero el paradigma va más lejos. Jezabel no solo vivía en la capital o en las altas esferas de gobierno; vivía *dentro del palacio real mismo*. Así, el paradigma:

> La exreina y ex primera dama no solo residirá en la capital de la nación; vivirá en el palacio real, en la casa del rey.

El equivalente actual estadounidense a la casa o palacio del rey es la Casa Blanca, la casa del presidente. El paradigma habla de la ex primera dama que vive en el palacio del sucesor de su esposo, activa en la gobernanza de la nación. Por tanto, para que esta parte del esquema antiguo se cumpla, la ex primera dama tendría que mudarse y operar dentro de la Casa Blanca tras el fin de la presidencia de su esposo. De alguna manera tendría que ser parte del personal o el gabinete de otro presidente.

Nunca en la historia estadounidense una primera dama había regresado a la Casa Blanca para ser parte del gabinete de otro presidente; sin embargo, eso es lo que revela el paradigma. Aunque nunca antes había sucedido, si tenía que cumplirse, su cumplimiento tendría que tener lugar en los tiempos del antitipo de Joram: Barack Obama.

Una semana después de ser elegido como presidente en noviembre de 2008, Obama contactó a Hillary Clinton para pedirle que fuera su secretaria de estado.[4] La lucha entre los grupos de Obama y Clinton durante la campaña fue tan feroz, que pocas personas imaginaban que fuera posible tal cosa; pero según el paradigma, la ex primera dama volvería a vivir en la Casa Blanca. Clinton aceptó, y a principio de enero fue confirmada como secretaria de estado. Lo que nunca antes había sucedido en la historia estadounidense había sucedido ahora: el heredero y la ex primera dama vivían ahora juntos en el palacio según el paradigma.

> El heredero comenzará su reinado en el palacio con la exreina como parte de su corte.

Joram comenzó su reinado como rey con Jezabel a su lado como parte de su corte real. Así, Barack Obama comenzó su presidencia con la ex primera dama Hillary Clinton como parte de su gabinete. Es notable que la elección de Obama representó el primer regreso de un presidente demócrata a la Casa Blanca desde el final de la presidencia de Clinton. Por tanto, fue el primer momento posible en que el paradigma podría cumplirse, ya que ella solamente podría haber regresado a la Casa Blanca bajo una administración de su propio partido. Así, en el primer momento en que fue posible, ella estaba de regreso en el palacio del rey.

> La ex primera dama vivirá en el palacio del rey no solo como ex primera dama o como un miembro de la casa real o para operar en un papel ceremonial, sino para desempeñar una parte activa gobernando e influyendo en el reinado del nuevo líder.

Por tanto, Hillary Clinton regresó a la Casa Blanca no como ex primera dama y no en una posición ceremonial, sino como un agente activo en la nueva administración del Presidente.

> La exreina trabajará como consejera, una consejera veterana para influenciar al nuevo líder.

Jezabel sin duda sirvió a Joram como consejera y asesora, al igual que había servido como consejera y asesora para su esposo en tiempos anteriores. De igual modo buscaría influenciar al nuevo rey en el ámbito de la política pública. Y Clinton en su papel como secretaria de estado trabajaría no solo como la representante de Obama sino también como su consejera en el ámbito de la política pública.

Los días de Joram y Jezabel en el palacio real producen este paradigma:

> En la cámara más alta de la nación vivirán dos importantes personajes de poder: el joven y más público de los dos, el heredero que ahora reina como rey sobre el trono, y la ex primera dama más veterana, un remanente de un reinado anterior, ambiciosa de poder y a la vez limitada por su posición, y que vivirá a la sombra del heredero.

La combinación de Clinton y Obama formó lo que en muchos aspectos fue un dúo improbable y sin precedente: dos figuras de poder importantes, siendo el presidente el más joven y más visible de los dos, Obama, y la ex primera dama más veterana, el remanente de los años de Clinton, aún con ambición de poder político y de la presidencia, pero aún limitada por su posición como miembro del gabinete a mantenerse a la sombra del presidente actual.

Como el celo de Jezabel por Baal no habría disminuido en sus días con Joram, sin duda habría seguido defendiendo la práctica religiosa fenicia, incluida la ofrenda de niños. La presidencia de Bill Clinton había comenzado con la firma de órdenes ejecutivas para extender el aborto por todo el mundo. La presidencia de Barack Obama comenzó exactamente del mismo modo, con la firma de las mismas órdenes. Las dos firmas tuvieron lugar con una diferencia de dieciséis años; pero hubo un denominador común entre ellas: una persona siguió siendo la misma y estando en la Casa Blanca durante ambas administraciones, la persona para quien el aborto era el asunto supremo: Hillary Clinton. Así, en los reinados de Acab y Joram, el denominador común más destacado entre ellos fue Jezabel.

Jezabel habría aconsejado a Joram no solo sobre asuntos domésticos sino también sobre política exterior, sobre las relaciones entre Israel y su Fenicia natal, entre Israel y Aram-Damasco, la tierra del archienemigo de su esposo, Ben-Adad, y entre Israel y otras tierras. Si Jezabel pudiera haber difundido la adoración de Baal con sus sacrificios de niños y las inmoralidades sexuales a otras naciones, lo habría hecho. No es probable que ella o Joram tuvieran el poder para hacerlo; pero Hillary Clinton y Barack Obama sí lo tenían.

> La exreina, con el heredero a su lado, seguirá en sus caminos y creencias, y así seguirá defendiendo la nueva moralidad y la práctica del sacrificio de niños. Seguirá oponiéndose a la moralidad y los valores bíblicos y buscará derrocarlos.

Hillary Clinton, junto con Obama, usará la política exterior estadounidense como un instrumento para producir cambio social y moral en otras naciones. Harán de la nueva moralidad un objetivo de política exterior. Buscarán presionar y forzar a otras naciones con perspectivas tradicionales o bíblicas sobre temas morales como el aborto y la homosexualidad a cambiar sus perspectivas y políticas. Clinton hará de la política exterior estadounidense un aparato para el feminismo. Ella y Obama pretenderán extender el aborto por el mundo. Millones de dólares estadounidenses se emplearán en campañas dirigidas a extender la práctica del aborto en naciones pobres.

Y al igual que Jezabel hizo guerra contra la fe tradicional religiosa, así la secretaria de estado Clinton ahora hablará al mundo sobre el tema. Representará la fe religiosa tradicional como un obstáculo, una fuerza contraria a ser derrocada para que así los valores y las políticas que ella y Obama buscaban avanzar pudieran ser impuestos en todo el mundo.

Si Jezabel misma se hubiera convertido en la secretaria de estado estadounidense a principios del siglo XXI, podríamos imaginarla implementando una agenda igual.

Pero había aún un asunto que no estaba terminado: Osama Bin Laden. Él seguía eludiendo la captura. ¿Podría el paradigma contener incluso lo que sucedería con respecto al archienemigo de los Estados Unidos? La respuesta es, asombrosamente, afirmativa.

Capítulo 18

EL ASESINO

E L ARCHIENEMIGO DE la nación seguirá estando prófugo. Ben-Adad, rey de Siria, o Aram-Damasco, había hecho algo más que amenazar al reino de Israel: en más de una ocasión había causado tragedia en sus fronteras, calamidad nacional, invasión, el asedio de su ciudad principal. Planteaba una amenaza continua para la seguridad y el bienestar de Israel. El rey Acab había cometido el error de dejarlo libre. Viviría para lamentarlo, ya que Ben-Adad causaría otra vez calamidad a la nación.

Pero los días del reinado de Acab ya habían terminado. Ben-Adad había sobrevivido a ellos, y seguía siendo un gran peligro para la seguridad de la nación al igual que lo había sido en tiempos anteriores. Pero la recompensa por su derramamiento de sangre iba a llegar. El tiempo de su fin se acercaba.

> "Eliseo se fue luego a Damasco; y Ben-adad rey de Siria estaba enfermo, al cual dieron aviso, diciendo: El varón de Dios ha venido aquí.
> Y el rey dijo a Hazael: Toma en tu mano un presente, y ve a recibir al varón de Dios, y consulta por él a Jehová, diciendo: ¿Sanaré de esta enfermedad?".[1]

Por tanto, Eliseo fue a la tierra de Ben-Adad, el archienemigo de la nación, y también de él mismo. Ben-Adad anteriormente había enviado a sus soldados a Israel para capturar al profeta. Las Escrituras no revelan la razón de la visita de Eliseo, pero el resultado de esa visita revela el propósito soberano que había tras ella.

El relato introduce a un nuevo personaje: Hazael. Hazael era un miembro del círculo íntimo de Ben-Adad. Su nombre se menciona por primera vez mucho antes, cuando Dios le dijo al profeta Elías que ungiera a Hazael como rey de Siria. No sabemos si Elías cumplió alguna vez el mandato que se le dio; pero ahora Eliseo va a ver a Hazael y, efectivamente, a hacer lo mismo.

> "Tomó, pues, Hazael en su mano un presente de entre los bienes de Damasco, cuarenta camellos cargados, y fue a su encuentro, y llegando se puso delante de él, y dijo: Tu hijo Ben-adad rey de Siria me ha enviado a ti, diciendo: ¿Sanaré de esta enfermedad?
>
> Y Eliseo le dijo: Ve, dile: Seguramente sanarás. Sin embargo, Jehová me ha mostrado que él morirá ciertamente".[2]

La respuesta del profeta se ha prestado a distintas interpretaciones. Una es que él estaba diciendo que la enfermedad de Ben-Adad no sería fatal en sí misma. Se recuperaría de su enfermedad a excepción de que algo más peligroso le esperaba. Otra interpretación es que la palabra era estratégica, un asunto de mala información enviada a un rey malvado que no era consciente de su fin.

> "Y el varón de Dios le miró fijamente, y estuvo así hasta hacerlo ruborizarse; luego lloró el varón de Dios. Entonces le dijo Hazael: ¿Por qué llora mi señor? Y él respondió: Porque sé el mal que harás a los hijos de Israel…Jehová me ha mostrado que tú serás rey de Siria".[3]

El profeta, con lágrimas, revela a Hazael que se convertirá en el nuevo rey de Siria en lugar de Ben-Adad.

> "Y Hazael se fue, y vino a su señor, el cual le dijo: ¿Qué te ha dicho Eliseo? Y él respondió: Me dijo que seguramente sanarás".[4]

Hay también diferentes perspectivas concernientes a Hazael. Algunos comentaristas creen que él ya había entretenido planes de hacerse con el trono de su maestro. Otros creen que fue la profecía de Eliseo la que puso la idea en su mente. No tenemos ningún registro de que Eliseo le dijera a Hazael cómo se cumpliría la profecía, pero la declaración de la profecía fue suficiente. Ben-Adad iba a morir. Hazael se convertiría en rey de Siria. La reunión del profeta y el mensajero demostró ser un encuentro de lo más crítico. Puso en movimiento una serie de acontecimientos que alterarían la historia antigua:

"El día siguiente, tomó un paño y lo metió en agua, y lo puso sobre el rostro de Ben-adad, y murió; y reinó Hazael en su lugar".[5]

Hazael tomó el asunto en sus propias manos y se convirtió en el asesino de su maestro. Él sería el nuevo gobernador de Aram-Damasco. Aunque sin duda alguna era un hombre malvado y sin escrúpulos, el acontecimiento fue el cumplimiento de una profecía de mucho tiempo atrás y un juicio que llegaría. Los días de amenazas de Ben-Adad sobre Israel al fin habían terminado. El archienemigo de la nación estaba muerto.

El paradigma del asesino

El asesinato del líder de Aram-Damasco parecería ser una nota a pie de página anónima de la historia antigua. Pero esta nota en particular pertenece al paradigma. ¿Podría incluso esta faceta oscura del esquema antiguo estar detrás, como las otras, de algunos de los acontecimientos más dramáticos de nuestros tiempos?

Si el Ben-Adad de la repetición moderna del paradigma es Osama Bin Laden, y si el paradigma contiene la muerte de Ben-Adad, entonces ¿podría contener y anunciar también la muerte de Osama Bin Laden?

Abriremos el paradigma del asesinato, la muerte del archienemigo, y veremos dónde nos conduce. Para comenzar, debemos reordenar el escenario.

En el reinado del rey Acab surge un archienemigo contra Israel, que amenazará continuamente la seguridad de la nación y la invadirá. La primera de las dos partes de su nombre llevará el sonido *Bn* y significa hijo. Acab tendrá la oportunidad de eliminar al archienemigo, pero le dejará libre. El archienemigo terminará causando calamidad a la nación. En cierto punto lanzará un ataque que golpeará su capital y ciudad principal.

Este es el paradigma de Ben-Adad, el archienemigo. Se corresponde con el archienemigo de nuestros tiempos, el hombre que se levantó en el reinado de Bill Clinton, que amenazó constantemente a los Estados Unidos, cuyo nombre de dos partes comienza con el sonido *Bn* y significa hijo: Osama Bin Laden.

> Tres años después de la confesión del rey de su pecado, el archienemigo causará calamidad sobre la nación.

Como hemos visto, llegó calamidad a los Estados Unidos el día 11 de septiembre de 2001, y tras ella estaba el archienemigo de la nación: Osama Bin Laden. Llegaría según el paradigma, tres años después de la confesión del presidente, hasta el día exacto.

Pero ¿qué sucedió *después* del 11 de septiembre?

En cuanto quedó determinado que Bin Laden era el cerebro del ataque, se convirtió en el hombre más buscado del mundo. Y así comenzó la caza humana más extensa y costosa en la historia del mundo. Se ofreció una recompensa de veinticinco millones de dólares por su captura. Agentes de Al Qaeda fueron detenidos e interrogados en cárceles secretas en todo el mundo. Agencias de inteligencia pasaron incontables horas escuchando llamadas telefónicas y analizando correos electrónicos e imágenes por satélite.

Los primeros rumores eran que Bin Laden había sido asesinado o herido gravemente, o que sufría fallo renal o había muerto por causas naturales. Pronto se hizo obvio que si Bin Laden no estaba muerto ya, había eludido por completo todos los esfuerzos por detectar su paradero. Todos los esfuerzos de investigación de las agencias de inteligencia estadounidenses y de agencias de inteligencia en todo el mundo no habían producido ningún resultado tangible.

En 2005, dentro de la CIA se creía generalmente que todas las pistas en la caza de Bin Laden se habían agotado. Oficiales de seguridad nacional y de inteligencia creían que Bin Laden estaba viviendo en una remota región montañosa entre Afganistán y Pakistán. Esta suposición comúnmente sostenida demostró ser falsa. Resultó que Bin Laden estaba viviendo en unas instalaciones en medio de una zona poblada en Pakistán. Se estaba ocultando a plena vista. Mediante una serie de giros, suposiciones, indicaciones, y el curso de los acontecimientos en el momento correcto tras años de búsqueda exhaustiva, fue cuando la caza humana más masiva en la historia finalmente se centró sobre su objetivo.[6]

Los eventos que condujeron a la muerte de Ben-Adad comenzaron con Eliseo, un ciudadano de Israel, el mismo reino contra el cual Ben-Adad había hecho guerra y había invadido. Serían sus palabras dadas en secreto a Hazael y concernientes a la muerte de Ben-Adad las que pondrían en movimiento el asesinato.

> Los eventos que conducen a la muerte del archienemigo se originarán de la misma nación contra la cual el archienemigo había hecho guerra y había invadido.

Los eventos que condujeron a la muerte de Osama Bin Laden se originaron de la misma nación a la que el terrorista había amenazado, contra la cual había hecho guerra y había invadido el 11 de septiembre: los Estados Unidos. Los planes que condujeron al asesinato fueron concebidos primero en secreto en oficinas de inteligencia estadounidense.

En el relato antiguo, el juicio es iniciado por medios sobrenaturales. Eliseo habla de cosas que solamente puede conocer por intervención divina. Además, es el conocimiento profético de Eliseo el que obra en contra de Ben-Adad en sus esfuerzos por llevar destrucción a Israel. En cierto momento, Ben-Adad se alarma porque las palabras y los planes que ha pronunciado en secreto están dándose a conocer a sus enemigos.

> "Y el corazón del rey de Siria se turbó por esto; y llamando a sus siervos, les dijo: ¿No me declararéis vosotros quién de los nuestros es del rey de Israel?
>
> Entonces uno de los siervos dijo: No, rey señor mío, sino que el profeta Eliseo está en Israel, el cual declara al rey de Israel las palabras que tú hablas en tu cámara más secreta".[7]

Eliseo, mediante su don profético, sabe lo que se está diciendo en el dormitorio de Ben-Adad. Y será la operación del don profético de Eliseo la que producirá el final de Ben-Adad.

Es obvio que el final de Bin Laden no llegó mediante dones proféticos, pero llegó, sin embargo, más que ninguna otra cosa por medio de la inteligencia, mediante la adquisición de conocimiento que de otro modo habría permanecido secreto. Igual que Ben-Adad estaba preocupado porque sus palabras y acciones fueran conocidas para sus enemigos, así también lo estaba Bin Laden. Por esa razón, evitaba cualquier uso del teléfono celular y comunicación mediante la internet.

Pero el avance llegó cuando mediante investigación encubierta, la inteligencia estadounidense pudo trazar su paradero hasta unos edificios en Abbottabad, en Pakistán. Eso condujo a quienes buscaban a Bin Laden hasta el lugar donde vivía, incluso hasta su propio dormitorio.

A la vista de todo esto, vale la pena notar el significado del nombre de Hazael. El archienemigo será muerto por alguien cuyo nombre significa Dios ha visto.

Hazael se presenta en el relato bíblico como el enviado por Ben-Adad para llevar el mensaje del rey y llevar los regalos del rey:

"Y el rey dijo a Hazael: Toma en tu mano un presente, y ve a recibir al varón de Dios, y consulta por él a Jehová, diciendo: ¿Sanaré de esta enfermedad?".[8]

La palabra que describe a uno que es enviado para llevar mensajes y regalos es emisario o *correo*. Un comentario describe la entrada de Hazael en el relato bíblico de la siguiente manera:

"Ben-Adad no emite una orden de arresto como en una ocasión previa, sino que ofrece un tipo de súplica bastante diferente...Ben-Adad busca una palabra de Eliseo en medio de su enfermedad...*El emisario del mensaje del rey* es Hazael, haciendo así su primera aparición formal en la historia".[9]

¿Quién es Hazael? Es el emisario de Ben-Adad. Es enviado para encontrarse con Eliseo como emisario porque Ben-Adad no puede salir de su cuartel general. Es entonces enviado de regreso a Ben-Adad como emisario para darle las palabras del profeta. Pero será la función de Hazael como emisario la que conducirá a la muerte de Ben-Adad. El paradigma del emisario:

> El archienemigo, incapaz de salir de su cuartel general, utilizará un emisario para enviar y recibir mensajes y objetos. Pero al final será su emisario quien se convertirá en el canal y la clave para producir su asesinato.

En el paradigma, es el emisario del archienemigo quien se convierte en el instrumento clave para producir el asesinato. En la caza de Bin Laden, interrogatorios de operativos de Al Qaeda revelaron historias de un hombre de especial confianza y utilizado por Bin Laden: el *emisario* de Bin Laden. Gradualmente, agentes de la inteligencia fueron capaces de descubrir el apellido del emisario. Comenzaron a interceptar comunicaciones entre la familia del emisario y cualquier persona en Pakistán.

En el verano de 2010, operativos paquistaníes de la CIA anotaron la placa de licencia de un Suzuki blanco que conducía por las calles cerca de Peshawar, en Pakistán. El auto era conducido por el emisario de Bin Laden. Comenzaron a seguirlo por el centro de Pakistán, y finalmente les condujo a unos edificios fortificados en la ciudad de Abbottabad. Tras años de búsqueda infructuosa, el emisario les había conducido hasta las instalaciones de Bin Laden.[10]

Aunque sin duda él nunca dio su consentimiento a la muerte de su maestro, sin embargo fue el emisario quien se convirtió en la clave principal y el vehículo en la muerte de Osama Bin Laden. Como en el paradigma, es el emisario quien termina produciendo el asesinato del archienemigo.

En el paradigma, Ben-Adad, al hablar de Eliseo, el hombre que iniciará los acontecimientos que producirán su muerte, habla de su propio *dormitorio*. Por tanto, el dormitorio será central en el paradigma del asesinato.

Cuando Hazael se acerca para quitarle la vida, Ben-Adad está tumbado en la cama, presumiblemente durmiendo:

> Cuando su asesino se acerque, el archienemigo estará tumbado en su cama.

El 1 de mayo de 2011, una flota de helicópteros que transportaban a un comando de SEALs de la Marina despegó de su base en Jalalabad, Afganistán, y cruzó la frontera paquistaní hacia las instalaciones en Abbottabad. En Pakistán, acababa de pasar la medianoche. Los helicópteros descendieron hacia su objetivo, y los SEAL de la Marina entraron rápidamente en las instalaciones. Se produjo una balacera. Varios de los hombres de Bin Laden resultaron muertos cuando los comandos se abrieron camino hasta el tercer piso, donde encontraron al objetivo de su misión: Bin Laden.

Cuando los helicópteros descendieron sobre los edificios, Bin Laden estaba en su dormitorio. Igual que en el paradigma, cuando su asesinato se acercaba, el archienemigo estaba en su dormitorio, tumbado sobre su cama.

Hazael entró en la cámara de Ben-Adad con la intención de matarlo. No sabemos si Ben-Adad se resistió o no, pero parece que estaba en una posición debilitada e indefensa.

> El asesino entrará en el dormitorio del archienemigo. Allí, el archienemigo de la nación resultará muerto en su propio dormitorio.

El primer SEAL de la Marina en detectar a Bin Laden lo encontró mirando desde el dormitorio. Recibió disparos una y otra vez. Murió en un charco de sangre delante de su cama. Igual que en el paradigma, el asesino entra en el dormitorio del archienemigo de la nación, y allí resulta muerto su objetivo.[11] El archienemigo muere en su propio dormitorio.

¿Y qué sobre el momento? ¿Podría el momento del asesinato en el paradigma antiguo revelar o haber determinado el momento del asesinato de Osama Bin Laden? ¿Qué dice el paradigma?

El asesinato de Ben-Adad no tuvo lugar durante el reinado de Acab, ni tampoco tendría lugar en el reinado del rey que lo siguió.

> El archienemigo no será asesinado en el reinado del primer rey del paradigma, aquel contra quien primero hizo guerra el archienemigo. Tampoco será asesinado en el reinado de su sucesor.

¿Y qué de Bin Laden? En la década de 1990, cuando él era cada vez más una amenaza para la seguridad estadounidense, la administración Clinton tuvo interés en capturarlo o asesinarlo, pero por diversas razones no lo hizo. La administración Clinton fue seguida por la administración Bush. Cuando llevaba menos de un año en su mandato llegó el 11 de septiembre. Desde entonces, la captura o asesinato de Bin Laden estuvo entre las más altas prioridades de la política exterior estadounidense. Sin embargo, incluso la mayor caza de un hombre en la historia del mundo y los recursos de la única superpotencia del mundo no pudieron producir ningún resultado tangible en los años de la presidencia de Bush. Todo esto siguió en armonía perfecta con los parámetros del paradigma. El archienemigo no sería asesinado en el reinado del primer rey del paradigma ni tampoco en el de su sucesor.

Ben-Adad fue asesinado en el reinado del tercer rey, el segundo tras el fin de Acab. Sería asesinado en el reinado de su heredero: Joram.

> El asesinato del archienemigo tendrá lugar en el reinado del tercer rey.

Si el paradigma asigna el asesinato del archienemigo al tercer reinado del esquema, así a la tercera presidencia, o la segunda presidencia tras el fin de la administración Clinton, entonces significa que el asesinato de Osama Bin Laden tendrá lugar en la presidencia de Barack Obama. Y así fue como sucedió.

Cuando Ben-Adad fue asesinado en su dormitorio en Aram-Damasco, en Israel en el palacio real se sentaba en el trono el rey Joram. Sin duda, él se alegró al oír la noticia de la muerte de su enemigo; pero no habría estado solo. También en el palacio real habría estado la ex primera dama de la tierra: Jezabel. También ella se habría alegrado al oír del asesinato de Ben-Adad, pues él había sido el aguijón mortal en el costado del reinado de su esposo.

> En el momento en que muera el archienemigo, el tercer rey, el heredero, estará residiendo en el palacio real con la ex primera dama. Ambos se alegrarán por la noticia de su asesinato.

Por tanto, en el momento de la muerte de Bin Laden, Obama estaba en la Casa Blanca junto con la ex primera dama Hillary Clinton. Ambos se alegraron cuando se enteraron de que Bin Laden había sido asesinado.

¿Podría haber incluso más contenido en el paradigma con respecto a estos acontecimientos? ¿Podría señalar incluso más lejos al momento en que Bin Laden sería asesinado?

Aunque las Escrituras no proporcionan parámetros de tiempo exactos con respecto a los acontecimientos que rodearon la muerte de Ben-Adad, hay información suficiente por la historia antigua para el momento en que quedaría determinado el asesinato. Hazael comenzó su reinado como rey en el año 842 a. C. Por tanto, el 842 a. C. es el año en que el reinado de Ben-Adad llegó a su fin, el año en que fue asesinado por Hazael.

Ahora podemos situar el momento del asesinato en relación con los parámetros del relato antiguo:

- Acab murió en el año 852 a. C. Por tanto, el asesinato de Ben-Adad tuvo lugar diez años después del fin del reinado de Acab.

- La muerte de Acab llegó tres años después de la exposición de su escándalo en la viña de Nabot y tres años después de su posterior arrepentimiento. Por tanto, el asesinato de Ben-Adad tuvo lugar trece años tras la exposición del escándalo del rey y su posterior arrepentimiento.

- Acab murió en la batalla de Ramot de Galaad, el día del derramamiento de sangre y la calamidad, el día de Ben-Adad, cuando el archienemigo de Israel triunfó y dio a la nación un golpe mortal. Por tanto, Ben-Adad será asesinado diez años después del día del derramamiento de sangre y la calamidad, diez años después del día de su golpe mortal.

Ahora tenemos todos los datos necesarios para señalar el momento del asesinato dentro de los parámetros del paradigma:

El archienemigo será asesinado diez años después del fin del reinado del rey (el rey contra el cual hizo guerra primero, el rey que tuvo la oportunidad de arrestarlo o matarlo pero no lo hizo).

El asesinato tendrá lugar trece años después de que sea expuesto el pecado del rey, trece años tras el escándalo, y trece años después del arrepentimiento del rey.

El asesinato del archienemigo tendrá lugar diez años después del día del derramamiento de sangre y la calamidad, diez años tras su victoria, cuando dio un golpe mortal contra la nación.

Tomemos cada una de esas cosas y veamos dónde nos conducen.

Diez años tras el final del reinado del rey: El primer rey del paradigma y con quien primero hizo guerra Ben-Adad es Acab. El antitipo moderno de Acab es Bill Clinton. Por tanto, según el paradigma, la muerte del archienemigo, Osama Bin Laden, tendrá lugar diez años tras el fin de la presidencia de Clinton. El final de la presidencia de Clinton llegó en 2001. Diez años tras ese final nos lleva al año 2011.

Trece años tras la exposición del pecado y el escándalo del rey: La exposición del pecado y el escándalo del presidente tuvo lugar en el año 1998. Trece años tras la exposición nos lleva al año 2011.

El paradigma señala al año 2011 para el asesinato del archienemigo.

Osama Bin Laden fue asesinado en el año 2011.

También está la conexión con el 11 de septiembre de 2001:

La muerte del archienemigo tendrá lugar diez años tras el día de la calamidad y el derramamiento de sangre que él infligió sobre la nación, el día de lo que pareció ser su victoria sobre sus enemigos.

Por tanto, según el paradigma, Osama Bin Laden sería asesinado diez años después de la calamidad que infligió sobre los Estados Unidos: el 11 de septiembre. Así, incluso con la mayor caza del hombre en la historia y con todos los recursos de la inteligencia estadounidense y global, según el paradigma, Bin Laden no sería asesinado en los años inmediatamente siguientes al 11 de septiembre. Su muerte estaba señalada para el décimo año tras la calamidad que él produjo en territorio estadounidense: 2011.

Cuando el emisario de Bin Laden condujo a operativos de inteligencia hasta las instalaciones en Abbottabad, y cuando la CIA concluyó entonces que Bin Laden estaba dentro de esas instalaciones, eso constituyó el evento clave y el avance crítico en la caza de diez años. Desde el momento de ese descubrimiento, la muerte de Bin Laden estaba sellada. ¿Cuándo sucedió? Tuvo lugar en septiembre de 2011. Septiembre de 2011 marcó también el punto de inflexión en la cuenta atrás, el comienzo del año décimo, el año en el cual el archienemigo había de morir.

Aunque él no podía haberlo sabido, ni tampoco sus víctimas, desde el momento en que Bin Laden llevó a cabo su plan para infligir calamidad a los Estados Unidos el 11 de septiembre de 2001, había sellado su destino. Según el paradigma, el archienemigo tendría diez años de vida después de ese día. Entonces, en el año décimo, sería asesinado en su dormitorio.

Ahora estamos a punto de entrar en el drama final en el cual veremos unirse todos los elementos del paradigma y el cumplimiento de todo lo que fue profetizado.

Capítulo 19

LA GUERRA DE TRONOS

L EGABA UNA CONFRONTACIÓN. Había dos naciones en una. La primera estaba representada por Joram, Jezabel, la casa de Acab, los adoradores de Baal, y la mayoría que simplemente seguía la apostasía. La segunda estaba representada por los profetas y quienes habían permanecido fieles a Dios y a su Palabra. Eran la minoría, comprometidos a seguir los caminos de justicia a pesar de todas las presiones hacia lo contrario. Estaban orando por un regreso nacional a Dios, un avivamiento.

Pero cuanto más tiempo se permitiera seguir en el poder a la casa de Acab, mayor su capacidad para eliminar la fe bíblica y mayor su posibilidad de hacerlo. Algunos comentarios describen del siguiente modo la gravedad de la situación:

> "…La adoración a Baal había estado afianzada en el reino del norte, quizá incluso en el reino del sur".[1]

> "Sin restricciones, este movimiento seguramente habría aniquilado la religión bíblica en el reino del norte".[2]

La influencia de la casa de Acab se había extendido durante décadas. En virtud del tiempo y la inercia, sus caminos se iban arraigando cada vez más en el gobierno, las costumbres, la cultura y la fe. Su impacto incluso se difundía hacia el reino del sur, Judá, donde en cierto momento amenazaba a la supervivencia de la dinastía del rey David. Para el pueblo de Dios, la situación parecía no tener esperanza. La casa de Acab estaba atrincherada en el trono. No había salida.

Pero se había dado una profecía, la palabra de Elías a Acab en la viña de Nabot. Jezabel tendría que haberla conocido. Si ella se lo dijo a Joram, no lo sabemos. La palabra anunciaba el derrocamiento y la desaparición de la dinastía de Acab. Implicaba al hijo de Acab, a la casa de Acab y a su esposa, Jezabel.

¿Cuándo sucedería? Según las palabras de Elías, tendría lugar tras la muerte de Acab, en el reinado de su hijo. Ese hijo solo podía ser Joram. La profecía menciona a Jezabel específicamente por su nombre; por tanto, Jezabel seguiría estando presente y siendo una fuerza destacada en el escenario nacional en el momento del cumplimiento de la profecía. Así, el derrocamiento de tronos estaba destinado a tener lugar al final del reinado de Joram.

Dos fuerzas, dos cosmovisiones, dos rumbos, dos futuros, y dos civilizaciones estaban a punto de encontrarse de frente y colisionar.

Se acercaba una confrontación.

El paradigma de la guerra de tronos

> Habrá dos naciones en una; la una comprometida o aceptando la nueva moralidad, el camino de descenso de apostasía de la nación, y el derrocamiento de la moralidad bíblica. La otra estará resuelta a mantenerse fiel a Dios y a sus caminos, a resistir la apostasía, y a orar por un regreso nacional a Dios. En los días del heredero, el gobierno y la cultura estarán en manos de la primera.

Durante los años de Obama, la cultura estadounidense se volvió especialmente polarizada. Había dos Américas, una muy comprometida o aceptando una moralidad antibíblica y el derrocamiento de los valores bíblicos, y la otra muy resuelta a mantenerse fiel a Dios y resistir la apostasía. Con el tiempo, la polarización se volvió cada vez más pronunciada.

Ya hemos notado el amplio récord de hostilidad de la administración

Obama hacia los valores bíblicos y a quienes se mantuvieron fieles a ellos. Durante los años de Obama, se volvió cada vez más común que cristianos y quienes sostenían valores bíblicos fueran marginados, estigmatizados, vilipendiados, boicoteados, despedidos de sus empleos, perseguidos en los tribunales, juzgados culpables, y castigados por el estado.

> El estado de la cultura se verá cada vez más nefasto y desesperanzado hacia y para los creyentes. La nación parecerá haber sobrepasado el momento crítico. Su futuro parecerá estar sellado en la dirección de la inmoralidad, la impiedad y la persecución.

Al final de los años de Obama, quienes sostuvieron los caminos de Dios consideraron el estado de la cultura estadounidense con mayor desesperanza. Habían sido testigos de lo que parecía ser una guerra sin fin contra los valores bíblicos y una invasión implacable contra la libertad religiosa. Y ahora parecía que había traspasado el punto sin retorno.

Si en las elecciones siguientes llegaba otro a la presidencia comprometido a seguir en el camino de Barack Obama, quedaría sellada la permanencia de la apostasía. El nombramiento de jueces de la Corte Suprema por tal presidente, consignaría aún más a la nación hacia un rumbo de apostasía mucho más lejos de las elecciones presidenciales. Y parecía como si todo en el ámbito político, cultural y espiritual de la nación se estuviera dirigiendo hacia el mismo resultado.

> A medida que el reinado del heredero se acerque a su fin, convergerán acontecimientos para producir un choque dramático de fuerzas, direcciones, cosmovisiones, agendas, culturas y valores.

En el caso de Joram, el fin de su reinado fue testigo de una confrontación de fuerzas y cosmovisiones. El conflicto resultante produjo desastre sobre la casa real. En el caso moderno, el periodo de mandato de un presidente siempre concluye con un conflicto de agendas inherente en unas elecciones presidenciales. Al mismo tiempo, las elecciones no siempre producen una confrontación dramática de culturas y valores. Pero las elecciones presidenciales que tuvieron lugar al final de los años de Obama ciertamente lo hicieron. Vieron un choque dramático de cosmovisiones, y resultaron ser una de las elecciones más dramáticas y sin precedente en la historia estadounidense. Por tanto, fue al final de los años de Obama cuando el conflicto de culturas, cosmovisiones y valores que habían polarizado cada vez más a la nación hizo su entrada en el escenario nacional.

> Tanto el heredero como la ex primera dama serán figuras destacadas en este conflicto y confrontación.

Al final del reinado de Joram, tanto el rey como la reina madre se convirtieron en puntos focales en la agitación y la confrontación que tuvieron lugar en su nación; Joram como rey y Jezabel como quien en primer lugar había iniciado el cambio que ahora sería retado. En muchos aspectos, Jezabel sería incluso más destacada, pues fue su nombre en lugar del de Joram el que se dio en las profecías que anunciaban lo que estaba a punto de suceder.

Por tanto, ambos antitipos, el de Joram y el de Jezabel, Obama y Hillary Clinton, se convirtieron en puntos focales en el conflicto de culturas, valores y partidos que saturaron las elecciones de 2016. La ex primera dama lanzó su segunda campaña a la presidencia en abril de 2015.

La convicción y los planes de Jezabel concernientes a la nación de Israel siempre habían sido que sus creencias religiosas profundamente asentadas tenían que ser cambiadas. ¿Por qué? Para que pudiera extenderse la adoración de Baal. Ella había intentado cambiar esas creencias religiosas profundamente asentadas mediante edictos, importación cultural y persecución. No tenemos ninguna evidencia de que sus convicciones y sus planes cambiaran nunca con respecto a este objetivo.

> La convicción y la agenda de la ex primera dama será que esas creencias religiosas profundamente asentadas deben ser cambiadas.

El lanzamiento de la campaña de Clinton a la presidencia se hizo mediante un anuncio de video. El primer discurso importante de su campaña llegó más adelante ese mes. Sucedió en 2015 en la Cumbre de las Mujeres en el Mundo en la ciudad de Nueva York. Fue más que el primer discurso importante de su campaña; fue quizá el discurso más revelador que ella había dado jamás, pues contenía quizá la afirmación más reveladora que había pronunciado jamás en público. Ella dijo lo siguiente:

"…códigos culturales profundamente asentados, *creencias religiosas* y prejuicios estructurales *tienen que ser cambiados*".[3]

Nunca en la historia estadounidense un candidato importante a la presidencia había pronunciado jamás palabras tan radicales. Ningún presidente o destacado líder del gobierno había pronunciado jamás palabras tan radicales. No había modo alguno de evitar sus implicaciones. Ella no solo declaraba en público su conflicto con la creencia religiosa; en realidad estaba llamando a derrocarla. Tal afirmación presume de una autoridad sobre la de la Palabra de Dios. Que un candidato importante hiciera públicamente una declaración como esa al comienzo de una campaña presidencial fue un presagio de hasta dónde estarían levantadas las espadas en esas elecciones y en la guerra de valores que radicaría en su centro.

En el paradigma de Jezabel, en su centro mismo está el intento de la reina de cambiar las creencias religiosas profundamente asentadas de su tierra de adopción para extender el culto de Baal. Intrínseco a ese culto estaba la ofrenda de niños. Por tanto, para extender esta práctica, ella no solo tenía que derrocar la prohibición bíblica contra los dioses falsos y los ídolos; también tenía que derrocar el precepto bíblico concerniente a la santidad de la vida humana. Así, cuando Hillary Clinton llamó al cambio de creencias religiosas profundamente asentadas, ¿cuál fue el propósito de su llamada? El contexto estaba muy claro. Tenían que cambiar las creencias religiosas para que el aborto pudiera extenderse, significando así la muerte de más niños no nacidos aún. Para Clinton, como para Jezabel, la creencia en la santidad de la vida humana desde el momento de su concepción, como sostiene la Escritura, era un obstáculo que tenía que ser erradicado. Así, el llamado a eliminar tal creencia religiosa para que la práctica del sacrificio de niños pudiera extenderse sin obstáculo tenía que ser la afirmación más *jezabeliana* hecha jamás en la historia presidencial estadounidense. Y el hecho de que resultó que la pronunció el antitipo moderno de Jezabel fue tan asombroso como la afirmación misma.

La antipatía de Jezabel por la fe religiosa y las consecuencias de esa antipatía se describen en este comentario:

> "Por el curso de sus acciones, parecería que ella llegó a odiar el sistema judío de ley y religión debido a lo que debió de parecerle su intolerancia y sus tendencias antisociales. De ahí que ella buscara derribarla por todos los medios que pudiera encontrar...".[4]

Fue esta misma antipatía profundamente asentada por la fe y los valores bíblicos lo que quedó evidenciado en la carrera de Clinton por la presidencia. Constituyó la campaña más desvergonzadamente antivida jamás realizada por un candidato principal en la historia presidencial estadounidense.

> Los más fuertes defensores de la exreina y ex primera
> dama serán los defensores de la práctica que implica la
> muerte de niños.

El mayor apoyo de Jezabel llegó de los sacerdotes de Baal y Astarot, los practicantes y defensores del sacrificio de niños. Así, ¿quiénes fueron los mayores y más fuertes defensores y partidarios de la campaña de Hillary Clinton? Fueron quienes defendían el aborto a la carta. De hecho, las mayores organizaciones abortistas en los Estados Unidos inyectaron cantidades masivas de dinero en la campaña de Clinton en un esfuerzo por llevarla hasta la Casa Blanca. La intensidad de su apoyo hizo que la organización abortista más grande de la nación rompiera todo precedente histórico y por primera vez en su historia endosara a un candidato presidencial mientras estaba aún en la etapa de primarias.[5] Así de crucial la consideraban a ella para su causa. Todos compartían la creencia común de que si Hillary Clinton llegaba a la presidencia, eliminaría prácticamente todas las restricciones y salvaguardas establecidas con respecto al aborto.

La Convención Nacional Demócrata de 2016, que nominó a Clinton para la presidencia, se convirtió en la convención más descaradamente antibíblica en la historia del Partido Demócrata. La matanza de criaturas por nacer ya no estaba rodeada de terminología eufemística e indirecta como "salud reproductiva" o "decisión de la mujer". Ahora se mostraba descaradamente en público. Ahora se celebraba.

La convención incluso invitó como oradora a la presidenta de Planned Parenthood, a quien también se le dio el honor de estar sentada junto al expresidente Bill Clinton, un gesto que mostraba cuán estimada y sagrada se había vuelto ahora la práctica de la muerte de niños. Pero ella no estaba sola. Para celebrar más aún la causa, la presidenta de la Liga de Acción Nacional para el Derecho al Aborto se dirigió a la convención. Mientras hablaba de su propio aborto, la multitud prorrumpió en vítores. Un escritor llamó a la convención "una celebración de la destrucción de la vida no nacida aún".[6]

En el paradigma de Jezabel, la adoración del dios fenicio y sus ofrendas de niños no solo se fomentaban sino que también se forzaban.

> La reina no solo alentará la práctica que implica el sacrificio de niños; buscará forzar la participación de la nación en ella.

La convención que nominó a Hillary Clinton para la presidencia presentó una plataforma que cruzó una línea que nunca antes se había traspasado. Llamó a la derogación de toda protección gubernamental contra el aborto para que el aborto pudiera realizarse prácticamente en toda circunstancia y a la carta. Llamó a derribar la Enmienda Helms, establecida desde 1973 para proteger la financiación de abortos mediante fondos de ayuda extranjeros. Además llamó a derribar la Enmienda Hyde, establecida desde 1976 para proteger la financiación de abortos mediante fondos federales de Medicaid. Se había calculado que solamente esta enmienda había salvado cientos de miles de vidas.[7]

El derribo de esas protecciones habría significado que cada contribuyente estadounidense, y así cada cristiano e individuo que considerara gravemente inmoral la muerte de un niño no nacido aún, sería forzado ahora a financiar y así tomar parte en el acto. Si Clinton ganaba y esa agenda se implementaba, quienes hubieran permitido esa victoria con su voto habrían tenido responsabilidad en la sangre de los inocentes.

Durante el resto de la campaña, Clinton defendió descaradamente las posturas más radicales con respecto al aborto, incluida la defensoría del aborto en el último periodo y en nacimiento parcial. Incluso comparó posturas provida con las posturas de "grupos terroristas".[8] Su campaña declaró que no había "*asunto más importante*" que la defensa del aborto.[9] No había modo alguno de esquivarlo; la práctica de matar criaturas por nacer era para ella la causa sobre todas las causas.

Cuando las elecciones se acercaban a su trecho final, un sondeo tras otro anunciaba que Clinton ganaría una victoria decisiva y sustancial. Muchos entre el pueblo de Dios comenzaron a prepararse para un futuro en el cual vivirían como una minoría perseguida dentro de su nación. Parecía que no había esperanza.

Y entonces sucedió algo. Sacudió a la Casa Blanca. Sacudió a los medios de comunicación. Sacudió a los demócratas. Sacudió incluso a los republicanos. Sacudió al mundo entero.

Y sin embargo, todo eso estaba ahí, desde tiempos antiguos, contenido en el misterio del paradigma.

Abrimos ahora ese misterio, pues el paradigma revela un nuevo jugador en su escenario, un personaje muy controvertido: el guerrero.

Capítulo 20

EL GUERRERO

E L PARADIGMA DARÁ ahora un giro radical. Con la aparición de un personaje, todo cambiará. Su ascenso a la escena nacional llegará repentina e inesperadamente. Llevará caos al reino; y sin embargo, todo estaba anunciado muchos años antes de su ascenso, se dio la palabra en medio de un desierto.

Fue en el Monte Sinaí donde el profeta Elías se había refugiado tras ver su vida amenazada por la reina Jezabel donde el nombre de Jehú, hijo de Nimsi, se mencionó por primera vez. Se le dijo al profeta que ungiera a Jehú como rey sobre Israel. No sabemos si Elías cumplió el mandato, pero años después, su sucesor, Eliseo, se ocupó de que se completara la misión de su maestro:

"Entonces el profeta Eliseo llamó a uno de los hijos de los profetas, y le dijo: Ciñe tus lomos, y toma esta redoma de aceite en tu mano, y ve a Ramot de Galaad.

Cuando llegues allá, verás allí a Jehú hijo de Josafat hijo de Nimsi; y entrando, haz que se levante de entre sus hermanos, y llévalo a la cámara.

Toma luego la redoma de aceite, y derrámala sobre su cabeza y di:

Así dijo Jehová: Yo te he ungido por rey sobre Israel. Y abriendo la puerta, echa a huir, y no esperes".[1]

El acto fue revolucionario. Estaba siendo ungido un nuevo rey mientras el rey presente seguía sentado en su trono. El rey presente era Joram. Jehú había sido ungido para sucederlo. La unción se había producido en Ramot de Galaad, el mismo lugar donde Acab se encontró con su fin. Esa había sido la primera parte del juicio; la segunda parte, el fin de la dinastía de Acab, había sido demorada. Pero su momento había llegado:

"Fue, pues, el joven, el profeta, a Ramot de Galaad. Cuando él entró, he aquí los príncipes del ejército que estaban sentados. Y él dijo: Príncipe, una palabra tengo que decirte. Jehú dijo: ¿A cuál de todos nosotros? Y él dijo: A ti, príncipe".[2]

El sirviente encontró a Jehú en un campamento militar. Había participado en la batalla por Ramot de Galaad bajo órdenes del rey Joram:

"Y él se levantó, y entró en casa; y el otro derramó el aceite sobre su cabeza, y le dijo: Así dijo Jehová Dios de Israel: Yo te he ungido por rey sobre Israel, pueblo de Jehová. Herirás la casa de Acab tu señor, para que yo vengue la sangre de mis siervos los profetas, y la sangre de todos los siervos de Jehová, de la mano de Jezabel. Y perecerá toda la casa de Acab…".[3]

Ungió a Jehú como rey de Israel para suceder a Joram, y le dio una profecía. La profecía anunciaba el fin de la dinastía de Acab. Las palabras eran parecidas a las que fueron dadas a Acab mismo por Elías en la viña de Nabot, pero ahora la profecía se estaba declarando a quien llevaría a cabo ese cumplimiento. Con la unción de Jehú, la suerte estaba echada. El derrocamiento y final de la casa de Acab fue puesto en movimiento. Mediante esta figura improbable, un hombre que ascendería a la escena central de la nación sin tener absolutamente ninguna experiencia política y ningún poder político, la historia de la nación cambiaría. ¿Quién era él?

Contrariamente a quienes vivían en la casa real, cuya autoridad llegaría para retar, Jehú no tenía sangre ni linaje real que le diera ningún derecho al trono. Tampoco era un político. Era alguien de fuera, un gobernante de lo más improbable.

No era un hombre amable; era rudo y grosero. Se le había conocido como líder, pero un líder cuya autoridad descansaba enteramente fuera del ámbito de la política o el gobierno civil. Era un guerrero, un comandante militar, un luchador, polémico, controvertido y combativo. Podía ser despiadado y brutal.

Está claro por el relato que Jehú no ejemplificaba muchas, si no ninguna, de las cualidades que se podrían esperar de un hombre piadoso. Es dudoso que hasta el momento en que el profeta lo ungió, Jehú hubiera vivido nada parecido a una vida piadosa. Podía ser presumido y dado al autobombo; podía ser audaz y a veces parecer estar fuera de control; podía actuar impulsivamente, con dureza, con aparente menosprecio de las consecuencias de sus actos.

Por otro lado, hablaba de tener celo por Dios. Seguiría las palabras del profeta y las sobrepasaría. Y aunque podía moverse por impulsos, también podía actuar estratégicamente, con un cálculo táctico, con el propósito de cumplir su misión. No tenía casi ni idea de cómo dirigir un gobierno o un reino, pero tenía total confianza en sí mismo de que podía hacerlo. En pocas palabras, Jehú era un hombre de grandes extremos y multitud de contradicciones. Era distinto a cualquier otro líder de su tiempo. Desafiaba el análisis y destrozaba convenciones.

Era persistente, tenaz y determinado. Podía mostrar gran audacia y valentía; podía poner en movimiento eventos masivos; podía sacudir, y sacudió, el *statu quo* de su tiempo. Era un desestabilizador. Era un agente de caos. Destruía, derrocaba, derribaba. Él trastornaría por completo todo lo que le rodeaba.

Y sin embargo, era un canal, no a pesar de esas cosas sino debido a ellas. Había sido nombrado para un tiempo en que la maldad estaba atrincherada y empoderada prácticamente en todos los ámbitos del gobierno y la cultura, y ahora amenazaba con erradicar los caminos de Dios. Él había ascendido precisamente en el momento en que la apostasía de la nación parecía estar al borde de volverse irrevocablemente sellada y cuando el pueblo de Dios parecía haber perdido la esperanza. Él sacudiría un sistema de maldad y un gobierno de oscuridad.

Aunque sin ninguna duda hubo motivos mezclados implicados en su ascenso, y aunque puede que él nunca llegara a entender el significado de su papel en el esquema general de las cosas, aun así fue un vaso escogido, un agente de cambio, una espada de juicio, un instrumento improbable ungido para contener el sello de la apostasía, para dar al pueblo de Dios un espacio en el tiempo, y para derrocar un reino que hacía guerra contra los caminos de Dios.

El paradigma del guerrero

El paradigma revela ahora un giro radical de los acontecimientos, un levantamiento, una agitación en el escenario político de la antigua Israel. Así, esperaríamos ver igualmente que se produce un giro radical de los acontecimientos y una agitación en el escenario político actual.

Abrimos ahora el paradigma de Jehú. Nos referiremos a él como "el guerrero".

En los últimos días del reinado del rey Joram, Jehú comenzó su ascenso al poder. En el momento de su unción no tenía ninguna experiencia política. Su ascenso llegó repentinamente y agarró por sorpresa a Israel y sus líderes.

> Cuando el reinado del heredero se acerque a su fin, un personaje nuevo e improbable comenzará su ascenso al poder. Llegará al escenario nacional sin tener experiencia política. Su ascenso será repentino e inesperado. Agarrará por sorpresa a la nación y sus líderes.

Que continúen las manifestaciones del paradigma significaría que cuando los años de Obama se acerquen a su fin, aparecerá un personaje improbable sobre el escenario político nacional. El ascenso repentino de este personaje agarrará por sorpresa al gobierno y a la nación.

En el caso antiguo fue el ascenso de esta persona improbable lo que produciría el fin del reinado del rey. En el caso moderno de las presidencias, el fin llega en su momento preordenado. Así, el ascenso al poder de este personaje en el caso moderno no causará sino que coincidirá con el final de la presidencia de Obama. ¿Comenzó su ascenso al poder en ese momento algún personaje improbable sin experiencia política?

La respuesta es un sí rotundo. Donald Trump era probablemente el más improbable de los personajes en la historia de la presidencia estadounidense. Su ascenso al poder político comenzó el 16 de junio de 2015, cuando anunció su candidatura a la presidencia cuando la era Obama comenzó su capítulo final. Incluso más sorprendente que su anuncio fue su posterior éxito y ascenso. Agarró por sorpresa a los Estados Unidos y a los líderes estadounidenses.

> Él será un personaje controvertido. Actuará como un
> agente desestabilizador. Aparecerá como una amenaza al
> *statu quo* de la nación.

Igual que Jehú era un hombre de controversia, así también lo era Donald
Trump. Para el *statu quo* gubernamental, político y cultural, él era una
amenaza: una fuerza de desestabilización.

> Al llegar desde fuera del ámbito de la política y el gobierno,
> entrará en el escenario nacional como alguien de fuera.

Igual que Jehú no era un miembro de la casa real ni de la clase gobernante, tampoco Donald Trump era un miembro del gobierno. No era un
político. Hizo campaña a la presidencia como alguien de fuera de Washington y como ajeno por completo a la política.

> No será un hombre amable o un diplomático. Será rudo
> y grosero.

Igual que Jehú no era un hombre amable sino rudo, así también no había
nada de amable sobre Donald Trump. Su comunicación era con frecuencia
descortés, sus maneras abrasivas y su temperamento turbulento.

> Antes del momento de su ascenso, ya habrá sido cono-
> cido como líder, pero de un ámbito no político y no
> gubernamental.

Tal como Jehú era un líder conocido pero de un ámbito distinto al de
Joram, así también antes de su ascenso a la política, Donald Trump era conocido como líder pero no del ámbito político. Como hizo Jehú, así también
Trump tenía autoridad pero no tenía parte en el gobierno de los ciudadanos
de la nación.

> Será un guerrero, un luchador, un hombre de batallas, con-
> trovertido, contencioso y combativo. Y a veces será brutal.

Jehú era sobre todo un hombre de guerra, un luchador. Así también su
antitipo actual, Donald Trump, era un luchador, un hombre de incontables batallas. Vale la pena notar que una de las experiencias más importantes de su vida fue ser enviado cuando era joven a una escuela militar. Sus

biografías marcan sus años en la Academia Militar de Nueva York como formativos y críticos para el resto de su vida. Fue allí donde aprendió cómo competir y ganar.

Trump era controvertido, contencioso y combativo. Y como Jehú, en el logro de sus metas a veces podía ser brutal. Del comandante antiguo, un comentario dice lo siguiente:

> "Jehú era un hombre militar cuya vida estaba tan dedicada a la estrategia y la conquista que, contrariamente a David, no pudo llevar la fe y la gloria de Dios a sus batallas…".[4]

Igualmente, Trump con frecuencia hablaba de la vida en términos de batalla, ganar y perder, victoria o derrota. Estaba dedicado al éxito, la conquista y el triunfo.

> Su pasado no habrá sido ejemplo de las cualidades que se habrían esperado de un hombre piadoso. Será dado a presumir y al autobombo. Será implacable en el trato con sus enemigos y no despreciará el uso del engaño para vencerlos. Creerá que el fin justifica los medios.

Está claro por sus posteriores palabras y acciones tal como están registradas en el relato bíblico que Jehú no había vivido su vida como un hombre de Dios. Así también está claro en el caso de Donald Trump que la vida que había vivido no fue ejemplo de virtudes cristianas, ni tampoco sus acciones eran ejemplo de lo que se esperaría de un hombre piadoso. Y tal como se registra que Jehú presumía en medio de su ascenso al poder, así también Donald Trump sería conocido por presumir y por el autobombo. Un comentario habla de Jehú "alegrándose de sobrepasar a sus enemigos"[5]. Tales palabras bien podrían haberse escrito de Donald Trump. Y al igual que Jehú, parecería que en asuntos de guerra y conquista, Trump creía que el fin justificaba los medios.

> Y sin embargo, hablará de Dios y de su celo por hacer la voluntad de Dios. Y algunas veces prestará atención a palabras de consejo piadoso.

Igual que Jehú hablaba de Dios, así también lo hizo Donald Trump, y habló de Dios públicamente. Declaró su celo por hacer la voluntad de Dios al buscar asegurar a hombres y mujeres de fe la sinceridad de sus convicciones. También recibió consejo piadoso, y a veces lo siguió.

> Su temperamento natural desempeñará un papel en su ascenso al poder. Mostrará gran tenacidad, determinación, valentía y audacia. Rebosará confianza, estando totalmente seguro de su victoria y de su capacidad para gobernar, a pesar de su falta de experiencia. Será diestro en poner en movimiento eventos masivos.

Igual que el temperamento de Jehú fue una parte intrínseca de su ascenso al poder, así también el temperamento de Trump fue fundamental para su éxito. Igual que hizo Jehú, Trump mostró valentía, audacia y tenacidad. Y al igual que Jehú, Trump rebosaba confianza, totalmente convencido de que, pese a no tener ninguna experiencia en el gobierno, sería más que capaz de dirigir a la nación.

> Sacudirá el *statu quo*, cambiará drásticamente las convenciones, y desafiara el análisis. Derribará y derrocará. Enviará a un estado de caos el ámbito político de la nación y su *statu quo*.

Igual que Jehú fue un desestabilizador, así también la mera presencia de Trump en el ámbito presidencial causó desestabilización. Él desafió el análisis y las convenciones. Derribó, tal como hizo Jehú, desmanteló y derrocó. Envió a un estado de caos el ámbito político estadounidense y su *statu quo*. Lo llamaron incluso "el candidato del caos".[6]

> Y sin embargo, más allá de cualquier cosa que él es o no es, habrá un propósito más alto en juego. Su ascenso tendrá lugar en el mismo momento en que la apostasía de la nación parezca estar a punto de ser sellada como permanente y amenace con erradicar los caminos de Dios. A pesar de sí mismo, se convertirá en un instrumento para contener el día de ese sello. Será una espada para causar juicio, un arado para remover y causar agitación, y un martillo para desbaratar.

Trump, como su predecesor antiguo, a pesar de sus fallos fue un canal para el logro de propósitos que estaban por encima de su propio entendimiento. Esto suscita la pregunta: "¿Puede Dios hacer uso de quienes no le han servido, seguido o conocido para llevar a cabo sus propósitos?". Puede hacerlo. Y en el caso de Jehú, lo hizo. Así también, Trump ascendió al poder en un momento en que la apostasía de la nación estaba a punto de lograr la supremacía total, de ser sellada como permanente, y de amenazar con abolir los caminos de Dios en todos los frentes.

Sin ninguna duda, hubo otros motivos mezclados tras el ascenso de Trump. Sin embargo, fue utilizado para contener al menos durante un tiempo las fuerzas invasoras de una masacre antibíblica, anti Dios y anticristiana. Él se comprometió a la defensa de la libertad religiosa y la santidad de la vida.

> El guerrero será ungido para suceder al heredero como rey sobre la tierra.

La palabra profética dada a Jehú fue la siguiente: "Así dijo Jehová Dios de Israel: Yo te he ungido por rey sobre Israel, pueblo de Jehová".[7] Por tanto, Jehú fue llamado no solo a la batalla sino también al trono. Fue ungido para suceder a Joram como rey.

Así, según el paradigma, el guerrero improbable y controvertido estaba destinado a convertirse en el nuevo gobernador de la tierra. Por tanto, en el caso actual el esquema ordenaría que Donald Trump se convirtiera en el siguiente presidente de los Estados Unidos. Tal como Jehú sucedió a Joram, así Donald Trump sucedió a Barack Obama.

> El guerrero será ungido para contender contra la exreina y su agenda.

La conquista de Jehú sobre Joram está implícita en la palabra profética que se le dio para convertirse en rey, pero no hubo mención alguna de Joram en la profecía. Por otro lado, el nombre de Jezabel apareció más de una vez. Jehú al final tuvo que encontrarse cara a cara con la ex primera dama y exreina: Jezabel.

Así, según el paradigma, el comandante rudo, grosero y contencioso se encontrará cara a cara con la ex primera dama. Por tanto, el esquema hablaba de Donald Trump y Hillary Clinton confrontándose cara a cara. Y eso fue exactamente lo que sucedió.

El choque de valores, culturas y agendas tendrá lugar en el contexto de una carrera presidencial. Así, es siniestramente asombroso que el misterio antiguo revele ahora una carrera actual: una carrera literal que se dirigirá literalmente hacia el trono de la nación.

Capítulo 21

LA CARRERA

TRAS UNGIR A Jehú para derribar la casa de Acab, el profeta huye del campamento. Quienes observaban el encuentro preguntan su significado a Jehú:

"Después salió Jehú a los siervos de su señor, y le dijeron: ¿Hay paz? ¿Para qué vino a ti aquel loco? Y él les dijo: Vosotros conocéis al hombre y sus palabras.

Ellos dijeron: Mentira; decláranoslo ahora. Y él dijo: Así y así me habló, diciendo: Así ha dicho Jehová: Yo te he ungido por rey sobre Israel.

Entonces cada uno tomó apresuradamente su manto, y lo puso debajo de Jehú en un trono alto, y tocaron corneta, y dijeron: Jehú es rey".[1]

Al oír la profecía, las tropas proclaman a Jehú rey de Israel para suceder a Joram.

"Así conspiró Jehú hijo de Josafat, hijo de Nimsi, contra Joram. (Estaba entonces Joram guardando a Ramot de Galaad con todo Israel, por causa de Hazael rey de Siria…)".[2]

Jehú dirige ahora su atención al derrocamiento de Joram. Joram había sido herido en el campo de batalla en Ramot de Galaad, igual que su padre, Acab, había sido herido en el mismo lugar años atrás. Él regresó a la ciudad de Jezreel para recuperarse de sus heridas.

> "Entonces Jehú cabalgó y fue a Jezreel, porque Joram estaba allí enfermo…".[3]

Jehú monta en su carro, y con sus hombres cabalgando a su lado comienza una carrera hacia el trono. Su primer objetivo es atacar al rey. Después de eso, se enfocará en Jezabel.

El relato da la impresión de que todo sucedió en rápida sucesión. Jehú sale en su carro en una campaña a la velocidad de la luz para llegar a la ciudad de Jezreel. Tiene poco tiempo para trazar alguna estrategia bien pensada o detallada, y actúa por impulso. Parece estar improvisando sobre la marcha, y sin embargo, al mismo tiempo es un comandante militar. Está muy familiarizado con trazar estrategias, y en este caso su estrategia es la velocidad. Su intención es llegar a Jezreel antes de que pueda llegar hasta allí la noticia de su insurrección. Hacia ese fin da pasos para asegurar el secretismo de su plan. El arma más potente de su campaña será la de la velocidad y la sorpresa. Si puede agarrar fuera de guardia a sus oponentes, puede ganar.

Y así Jehú entra en la escena central de la historia de Israel de repente, abruptamente, salido de la nada y sin advertencia previa. Sorprenderá al rey, quien no tendrá ni idea de lo que está sucediendo. El ascenso de Jehú llegará como un asombro total para sus oponentes y las fuerzas que están ahí.

En la ciudad de Jezreel, el vigía ve que Jehú se aproxima:

> "El atalaya volvió a decir: También éste llegó a ellos y no vuelve; y el marchar del que viene es como el marchar de Jehú hijo de Nimsi, porque viene impetuosamente".[4]

La descripción que hace el vigía es fascinante. Parece que el marchar del carro de Jehú era tan distintivo que lo identificaba incluso desde cierta distancia. La traducción describe su marchar como "impetuosamente". La definición de *impetuosamente* está llena de furia, rabia, enojo extremo, pasión violenta. La palabra, por tanto, no solo describiría el marchar de Jehú sino también su temperamento.

Pero en el original hay algo aún más sorprendente. La palabra hebrea utilizada para describir el marchar de Jehú es *shigaon*. Significa literalmente loco y demente. En otras palabras, Jehú normalmente conducía su carro de manera demente, como un loco. Encaja con la imagen que tenemos de su naturaleza: rudo, impulsivo, irrefrenable, salvaje. Un comentario lo expresa de este modo:

> "Como su temperamento es apresurado y feroz, así es también su marcha".[5]

Jehú a veces parecería ser un hombre fuera de control, incluso osado. Otro comentario lo expresa de la manera siguiente:

> "Él llegó con tanta velocidad no solo porque tenía que hacer un recado, sino porque estaba impulsado por una disposición precipitada, la cual le había ganado el título de un conductor temerario, incluso entre los atalayas".[6]

Por mucho que también pueda aplicarse a su naturaleza, *shigaon* es la palabra hebrea clave dada en la Biblia para describir la carrera de Jehú hacia el trono. Y sin embargo, a pesar de la naturaleza alocada y furiosa de su carrera, terminaría llevándolo a la meta que se había marcado. Y esa meta marcó el cumplimiento de la profecía de Elías al rey Acab en la viña de Nabot.

El paradigma de la carrera

Ahora abrimos el paradigma de la carrera.

> Antes de que el guerrero llegue al poder, el mensajero de Dios lo ungirá y proclamará una palabra profética sobre él.

El ascenso de Jehú al poder fue puesto en movimiento por una unción y la declaración de una palabra profética. Fue un evento improbable. Jehú era un hombre de derramamiento de sangre y estaba lejos de la piedad; pero el acto realizado sobre él era santo.

Por tanto, en el ascenso al poder de Donald Trump, ¿podría haber habido un acto así realizado sobre él? La respuesta es sí. Aunque puede que al principio no pareciera probable, puede que él haya sido el candidato presidencial por el que más se ha orado y se ha profetizado en la historia. A lo largo de su campaña, líderes cristianos no solo oraron por él y sobre él, sino que también le declararon palabras proféticas. Su toma de posesión presentó más oraciones que ninguna otra que se recordara. En el caso de Jehú, la palabra y la unción del profeta no constituyeron un respaldo total de todo lo que Jehú había hecho o haría. Más bien, fue una marca para significar que él sería usado para un propósito profético. Así también sucedió en el caso de Donald Trump.

"Así conspiró Jehú hijo de Josafat, hijo de Nimsi, contra Joram".[7]

> El guerrero dirigirá su atención a montar un ataque contra el líder de la tierra, el heredero.

En cuanto el profeta le ungió. Jehú puso su enfoque en la casa de Acab y la cabeza presente de esa casa: el rey Joram. Incluso antes de que Trump anunciara su candidatura, había comenzado a montar ataques contra Barack Obama. Cuando se hizo el anuncio, los ataques aumentaron, y siguieron hasta las elecciones. La campaña de Trump fue en primer lugar un ataque sobre el reinado de Obama.

"Entonces Jehú cabalgó y fue a Jezreel, porque Joram estaba allí enfermo".[8]

> El guerrero comenzará una carrera hacia el trono para ocupar la posición más alta en la tierra.

Jehú montó en su carro y fue apresuradamente al palacio del rey. El paradigma presenta al guerrero haciendo una carrera literal para obtener la posición más alta de la tierra. Así, Donald Trump comenzó una carrera hacia la Casa Blanca, el trono estadounidense, para convertirse en el nuevo líder de la tierra. Tras todo ello estaba el paradigma de la carrera del guerrero antiguo hacia el palacio real.

> El guerrero entrará en la escena nacional abruptamente, sin advertencia previa, de repente, y aparentemente salido de la nada. Se apoyará más en el impulso que en la estrategia. Aprovechará al máximo su habilidad para sorprender y asombrar. Agarrar fuera de guardia a sus oponentes será la clave de su éxito.

Ambos guerreros, Jehú y su antitipo, Donald Trump, aparecen en el escenario de su nación repentinamente como salidos de la nada. Y así como la carrera de Jehú hacia el trono parecía más motivada por el impulso que por cualquier plan detalladamente pensado, así también la carrera de Trump hacia la Casa Blanca parecía de igual modo estar motivada por el impulso más que por cualquier otra cosa. Como hizo Jehú, Trump agarraba continuamente a sus oponentes por sorpresa y fuera de guardia. Su campaña produjo sorpresas continuas, llegando la mayor de ellas al final: el asombro de su victoria, una sorpresa que agarró fuera de guardia no solo a sus oponentes sino también incluso a muchos de sus más firmes seguidores.

> "…y el marchar del que viene es como el marchar de Jehú hijo de Nimsi, porque viene impetuosamente".[9]

> El guerrero dirigirá su carrera para obtener la posición más alta de la tierra de una manera que parecerá ser una *locura*.

La palabra hebrea utilizada para describir la carrera de Jehú hacia el trono es la que también describe mejor la carrera de Trump hacia la presidencia: loca y demente. La siguiente es una muestra de cómo expresan varias traducciones la descripción bíblica de la campaña de Jehú:

> "y el modo de guiar es como el guiar de Jehú, hijo de Nimsi, porque guía *alocadamente*".[10]

> "Por la manera de conducir parece que se trata de Jehú, pues viene muy *rápido*".[11]

> "El que conduce el carro ha de ser Jehú hijo de Nimsi, pues lo hace como *un loco*".[12]

> "Debe ser Jehú, el hijo de Nimsi, porque conduce *como un loco*".[13]

> "Y parece que quien conduce el carro es Jehú, el nieto de Nimsi, porque lo conduce *como un loco*, conforme a su manera de ser".[14]

> "Y el marchar del que viene es como el marchar de Jehú hijo de Nimsi, pues viene *impetuosamente*".[15]

> "Hay un hombre manejando un carro *como loco*, a la manera de Jehú hijo de Nimsi".[16]

De todas las campañas presidenciales dirigidas por un partido importante en la historia estadounidense, la única campaña que más encajaría con todas estas descripciones es sin ninguna duda la campaña de Donald Trump, el hombre que resulta ser el antitipo moderno del hombre de quien se escribieron esas palabras.

Implícita en el paradigma está la imagen de un hombre que podría parecer estar fuera de control. Un comentario sobre la carrera de Jehú lo expresa de este modo:

"La referencia al marchar impetuoso de Jehú (2 Reyes 9:20) quizá sugiere que él tiene la reputación de una conducta impetuosa y podría ser peligroso para el mensajero".[17]

Jehú ha sido elogiado por comentaristas de la Biblia como un hombre de acción, decisión y resolución; pero también se le describe como un hombre de crudeza, impulsividad, y a veces impetuoso. Todas esas cosas se dijeron también de su antitipo, Donald Trump, especialmente en la carrera de Trump hacia la Casa Blanca.

> Y sin embargo, a pesar de la naturaleza poco ortodoxa y salvaje de su campaña, el guerrero terminará llegando al lugar de su destino: el palacio.

Igual que la campaña de Jehú lo llevó hasta el palacio, así quizá lo más sorprendente sobre la campaña de Donald Trump fue que, dada su naturaleza, terminó llevándolo a su destino: la Casa Blanca. No solo agarró fuera de guardia a sus oponentes, sino también a toda la nación; y al mundo. Desde los medios de comunicación, encuestadores, expertos, los líderes de ambos partidos políticos y hasta la gente en las calles, todo el mundo parecía no tener palabras para explicarlo. Desafió prácticamente todos los intentos de predecirlo y después explicarlo. Fue, en palabras de la mayoría de observadores, "una locura". Y sin embargo, todo estaba ahí en el paradigma, que en resumen decía lo siguiente:

> Al final del reinado del tercer rey del paradigma aparecerá el guerrero que lanzará su carrera hacia el trono de la nación. Aunque él mismo estará entre los menos probables de los candidatos y aunque su carrera hacia el trono estará caracterizada por locura, irracionalidad e impetuosidad, lo llevará hasta el trono contra todo pronóstico.

Antes de que Jehú pudiera llegar a ser rey, tenía que visitar el territorio sobre el que se había declarado una profecía años atrás. Y sería su visita a ese territorio lo que causaría que se cumpliera la profecía.

Capítulo 22

EL DERROCAMIENTO

Antes de que Jehú pudiera entrar en Samaria para tomar el trono, tenía que ir al lugar donde todo comenzó: la ciudad de Jezreel. En Jezreel estaba la viña de Nabot. Allí, Acab y Jezabel habían cometido asesinato, y allí Elías había dado la profecía del juicio que caería sobre ellos y sobre su dinastía. Así que ahora Jehú tenía que ir a Jezreel porque era el momento de que la sangre que fue derramada allí fuera vengada y se cumpliera la profecía que había sido declarada.

> "Estaba entonces Joram guardando a Ramot de Galaad con todo Israel, por causa de Hazael rey de Siria; pero se había vuelto el rey Joram a Jezreel, para curarse de las heridas que los sirios le habían hecho, peleando contra Hazael rey de Siria".[1]

Jezreel fue el primer destino de Jehú. La profecía había anunciado el fin de la dinastía de Acab y había decretado que tendría lugar en el reinado del hijo de Acab. Joram era el hijo de Acab. La primera guerra de Jehú fue contra Joram. Fue a Jezreel para poner fin al reinado de Joram y para sucederlo como rey de Israel. Que Joram resultara estar en Jezreel en el momento de la llegada de Jehú parecería ser un evento casual. El rey había escogido la ciudad como el lugar donde recuperarse de una herida de batalla que había sufrido en Ramot de Galaad. Sin embargo, todo era parte de una profecía de mucho tiempo atrás.

> "Y el atalaya que estaba en la torre de Jezreel vio la tropa de Jehú que venía, y dijo: Veo una tropa".[2]

Cuando Jehú se acerca a la ciudad, Joram se montó en su carro con su invitado real, el rey Ocozías de Judá, para encontrarse con Jehú. Ninguno de ellos lo había planeado, pero el lugar donde se encontrarían resultó ser la propiedad de Nabot, el hombre cuya sangre marcaba el terreno. Cuando el rey se acercó al comandante, le preguntó: "¿Hay paz, Jehú?". Jehú respondió:

> "¿Qué paz, con las fornicaciones de Jezabel tu madre, y sus muchas hechicerías?".[3]

Aunque él acababa de preguntar si su comandante había venido en paz, no había esperado la respuesta que recibió. Y neciamente había salido de su palacio sin prepararse.

> "Entonces Joram volvió las riendas y huyó, y dijo a Ocozías: ¡Traición, Ocozías!".[4]

Jehú ahora asumió el papel de vengador, el agente de juicio. Entesó su arco con todas sus fuerzas y lanzó su flecha a Joram. La flecha golpeó a Joram entre las espaldas y le atravesó el corazón. Joram cayó en su carro. Murió igual que lo hizo su padre, alcanzado por una flecha en su carro.

A Joram se le había mostrado misericordia. Una y otra vez había sido librado de sus enemigos por la mano de Dios y la palabra de Eliseo; sin embargo, siguió siendo hostil hacia el Señor y su profeta, incluso hasta el punto de intentar asesinarlo. Pero el tiempo de la gracia había terminado. Y la misericordia que Dios le había mostrado a la casa de Acab demorando su juicio había llegado a su fin. Joram, el último hijo de Acab que se sentó en el trono, estaba muerto.

> "Dijo luego Jehú a Bidcar su capitán: Tómalo, y échalo a un extremo de la heredad de Nabot de Jezreel".[5]

No solo murió la muerte de su padre, sino que su cuerpo fue lanzado al campo del hombre al que su padre y su madre habían asesinado años antes: Nabot.

Está aquí en el relato que la naturaleza profética del evento se enfatiza cuando se revela una información sorprendente. Jehú se dirige a su capitán, Bidcar:

> "…Acuérdate que cuando tú y yo íbamos juntos con la gente de Acab su padre, Jehová pronunció esta sentencia sobre él, diciendo: Que yo he visto ayer la sangre de Nabot, y la sangre de sus hijos, dijo Jehová; y te daré la paga en esta heredad, dijo Jehová. Tómalo pues, ahora, y échalo en la heredad de Nabot, conforme a la palabra de Jehová".[6]

Jehú está repitiendo las palabras de la profecía dada por Eliseo ahora, el día de su cumplimiento. Lo que revela es que Jehú estaba allí en Jezreel con Acab el día en que Elías profetizó el juicio del rey. Jehú estaba hablando de un evento que había tenido lugar muchos años atrás; sin embargo, nunca lo había olvidado. Por tanto, él sabía que Acab y su casa estaban destinados a ser juzgados. Pero el día en que oyó por primera vez la profecía, nunca pudo haber imaginado que él mismo sería el instrumento mediante el cual llegaría ese juicio.

El pasaje revela algo más. Jehú no solo había servido a Joram; también había servido a Acab. Parece que él tenía una posición elevada y de honor en el ejército de Acab; por tanto, era un sirviente de Acab y Jezabel. Y así, era en efecto un soldado de Baal, un agente de maldad. Él había peleado en nombre de una casa y un reino de maldad, pero ahora él había cambiado. Ahora peleaba contra ese reino y la causa que antes había defendido. Ahora sería el instrumento de su destrucción.

Con la muerte de Joram, Jehú se convirtió en rey de Israel. Y su reinado marcó la caída de la casa de Acab.

El paradigma del derrocamiento

> El guerrero se encontrará finalmente cara a cara con la ex primera dama; pero antes saldrá contra el heredero. Montará un ataque contra su reinado. La primera parte de su campaña será una insurrección contra el reinado del heredero.

Tal como Jehú primero fue contra Joram y después Jezabel, así el Jehú de la repetición moderna, Donald Trump, salió primero contra la presidencia de Barack Obama y después contra la ex primera dama Hillary Clinton. La primera parte de la campaña de Trump fue en gran parte un levantamiento contra el *statu quo* de la política estadounidense. El líder de ese *statu quo* era Barack Obama. Jehú atacó a Joram; así, el antitipo de Jehú, Donald Trump, atacaría al antitipo de Joram: Obama.

> El guerrero agarrará al heredero fuera de guardia. El heredero no esperará nunca que el guerrero ejecute una insurrección exitosamente. Se encontrará asombrado y no preparado el día de la victoria del guerrero.

Joram no estaba preparado para la insurrección de Jehú y su llegada al palacio; igualmente, Obama nunca esperó que la campaña de Trump fuera exitosa. Trump lo agarró fuera de guardia. El día de la victoria de Trump, Obama no estaba preparado, y quedó asombrado.

> El ascenso del guerrero marcará la derrota del heredero y el final de su reinado.

El ascenso de Jehú marcó la derrota del heredero y el final de su reinado. Así, el ascenso de Donald Trump marcaría una derrota para Obama, y desde luego estaría ligado al final de su presidencia.

El fin de Joram fue perseguido por el espectro de Acab y Jezabel. Los días de Acab habían pasado mucho tiempo atrás, pero Jezabel seguía siendo una fuerza activa en el escenario nacional. La sombra de ambos aún era larga sobre la nación. El reinado de Joram terminó en el campo de Nabot, el terreno que marcó el pecado de Acab y de Jezabel. Así que no fueron solo los pecados de Joram sino también los pecados de sus predecesores los que produjeron su ruina.

> La ruina del heredero estará relacionada con el exrey y la ex primera dama.

La derrota de la agenda de Obama no estaba relacionada, por supuesto, con el campo de un granjero del Oriente Medio, pero igual que con Joram, estaba relacionada con un exrey y exreina. La campaña de 2016 incluyó el fantasma de los años de Clinton. Marcó concretamente el regreso de Bill y Hillary Clinton, solo que en papeles revertidos. Como en el caso de Joram, el fin de la presidencia de Obama fue superado por la sombra de sus predecesores.

> El guerrero invocará el escándalo y el pecado del rey
> anterior.

Cuando Jehú llegó a Jezreel, recordó a los presentes el pecado que el rey
Acab había cometido concerniente a Nabot. Recordó que Elías sacó a la luz
el pecado y pronunció juicio.

¿Y en el caso actual? Ya hemos visto al Nabot del Acab moderno, el escándalo que manchó y persiguió la presidencia de Clinton. Para que se cumpla
esta parte del paradigma, Donald Trump tendría que invocar los pecados
personales de Bill Clinton, lo cual significaría de manera más destacada el
escándalo Lewinsky. Y así sucedió. En mitad de la campaña, Trump hizo
exactamente eso. Invocó el pecado y el escándalo de los años Clinton: el
asunto Lewinsky.

> El guerrero habrá conocido al rey anterior, habiendo estado, en tiempos anteriores, del lado del rey y siendo uno
> de sus conocidos personales. Le habrá apoyado y defendido en otras épocas, pero en los días del heredero, se situará en oposición a la casa del rey.

El relato revela la relación y servicio pasados de Jehú a Acab. Él era su
sirviente, su asistente, uno de sus ayudantes principales. Como tal, él habría
apoyado y defendido al rey; pero en días de Joram, Jehú se volvió contra el
gobierno y la casa a la que antes había servido.

Por tanto, el paradigma presentaba al guerrero y el exrey habiendo sido
antes conocidos y aliados. ¿Era este el caso? Lo era. Donald Trump y Bill
Clinton originalmente habían sido amigos. En el tiempo del escándalo
Lewinsky, Trump incluso habló en apoyo de Clinton. Pero igual que Jehú
se volvió contra la casa de Acab en tiempos de Joram, así en los días de
Obama, Trump se situó en clara oposición a los dirigentes demócratas y la
casa de Clinton.

Las implicaciones del servicio de Jehú a Acab tienen gran alcance. Jehú
no solo fue un soldado en un reino malvado, sino que también avanzó la
agenda de Acab y Jezabel. Así, habría sido, en efecto, un sirviente de la adoración de Baal. De una forma u otra, habría sostenido la práctica del sacrificio de niños. Habría sido un agente de la apostasía. Así, el paradigma:

> Antes de su ascenso al poder, el guerrero habrá estado en el lado contrario de la guerra. Habrá avanzado el rumbo de la apostasía de la nación. Habrá apoyado el sacrificio de niños, pero cambiará. Y en el momento de su ascenso a la escena política de la nación se opondrá a las maldades que antes había defendido.

Igual que Jehú era originariamente un defensor de Baal, así también Trump en los días anteriores a su ascenso no era conocido por estar del lado de la moralidad o de Dios. Más bien, para muchos personalizaba la mundanalidad y la inmoralidad. Al igual que Jehú en los días de Acab defendió y avanzó los ritos de Baal, la muerte de los no nacidos aún, así también Trump en tiempos anteriores no solo no se oponía a la muerte de las criaturas por nacer, sino que también la apoyaba.

Durante el reinado de los Clinton, Trump se declaró a sí mismo ser no solo proaborto sino también "muy" proaborto.[7] Pero igual que Jehú cambió su rumbo, así también lo hizo Trump. En el momento de su ascenso al poder se opuso a la muerte de los no nacidos aún que antes había defendido. Al igual que Jehú, llegaría a ser el defensor más improbable de los caminos y el pueblo de Dios.

El día de la victoria que le permitió suceder a Joram como rey, Jehú no estaba en la capital de la nación sino en su ciudad principal al noreste: Jezreel. Así también, el día de la victoria de Trump, su triunfo en las elecciones que le permitiría suceder a Obama como presidente, Trump no estaba en la capital sino en la ciudad principal al noreste: Nueva York.

Cuando Joram preguntó a Jehú si había venido en paz, Jehú respondió preguntando cómo podría haber paz cuando Jezabel seguía cometiendo maldades. Así, la guerra de Jehú contra Joram era una guerra contra Jezabel, y su guerra contra Jezabel era una guerra contra Joram. Así también en la batalla de Trump por la presidencia, estaba librando dos guerras: una contra Obama y la otra contra Hillary Clinton. Al pelear contra Obama, estaba luchando contra Clinton, y al pelear con Clinton estaba luchando contra Obama. Clinton era con quien había batallado para ganar la presidencia, pero Obama era aquel a cuyo reinado y agenda pondría fin para reinar en su lugar.

> El fin del reinado del heredero no verá una transición amigable hacia un sucesor que continúe con su agenda, sino una transición hostil hacia un sucesor que se habrá levantado contra su agenda para derrocarla.

El reinado de Joram terminó con una transición hostil hacia aquel que se había levantado contra él. En el caso del antitipo de Joram, Obama, el final de su reinado de igual manera no vería una transición hacia otro que continuaría con su agenda. Pero tal como fue al final del reinado de Joram, hubo una transición hostil mientras Obama cedía la presidencia a otro que buscaría derrocar su agenda.

> El heredero será seguido en el trono por alguien que no pertenece a la casa real, alguien que nunca ha gobernado sino que ha servido como un comandante, un rey guerrero.

El reinado de Joram no fue seguido por un miembro de la casa real sino por alguien que nunca antes había gobernado. Así también, Obama no fue seguido por el sucesor que él había escogido, Hillary Clinton, sino por un sucesor que no era de su casa y que nunca antes había gobernado.

En enero de 2017, Trump estaba de pie en la terraza occidental del edificio del Capitolio para convertirse en el presidente número cuarenta y cinco de los Estados Unidos mientras Obama miraba. Cuando Trump levantó su mano derecha para asumir el cargo de la presidencia, el reinado de Obama llegó a su fin. Aunque el único derramamiento de sangre implicado fue político, el reinado del heredero quedaría sellado como el reinado de su prototipo en el paradigma había quedado sellado más de dos mil quinientos años atrás: por el ascenso del guerrero.

Pero había más en la profecía de Elías, y aún tenía que cumplirse. Y había otra persona que resultó estar también en Jezreel el día en que Jehú llegó allí. Quedarían ahora dos para contender por el trono. Ahora se enfrentarían cara a cara. Solo uno de ellos quedaría de pie.

Capítulo 23

LA CAÍDA

E L REY JORAM estaba muerto, asesinado en el campo de Nabot. Pero había otra persona en Jezreel que aún suponía una amenaza para Jehú y el pueblo de Dios: Jezabel. Todo había comenzado con Jezabel. Fue ella quien había incitado a Acab a ir contra los caminos de Dios. Fue ella quien por primera vez defendió la adoración de Baal y de los dioses de Fenicia en Israel. Y fue ella quien había iniciado la guerra contra el pueblo de Dios. Y ahora los acontecimientos habían conspirado para llevarlos a ambos a Jezreel el mismo día.

La respuesta de Jehú a la pregunta de Joram con respecto a si había llegado en paz, se centraba no solo en el rey sino también en la ex primera dama:

> "¿Qué paz, con las fornicaciones de Jezabel tu madre, y sus muchas hechicerías?".[1]

Así, la lucha de Jehú no era en última instancia contra Joram sino contra Jezabel. Primero tenía que hacer guerra contra Joram como el rey gobernante. No podía hacer guerra contra Jezabel sin antes vencer al monarca. Al derrotar a Joram, podría derrotar a Jezabel.

Con Joram fuera de escena, la casa de Acab acababa de perder a su último monarca. Su única esperanza viable estaba en Jezabel. Ella era quien sostenía su estandarte, la única que había estado ahí desde el principio, y la única persona de la casa de Acab que aún vivía y que realmente había gobernado la nación. Por tanto, Jezabel sería ahora la principal oponente de Jehú. Si él quería derrocar la corrupción y la maldad de la casa de Acab, tenía que derrotar a Jezabel. Aunque ninguna reina había gobernado nunca antes la tierra de Israel por autoridad propia, la posibilidad de que Jezabel se apoderara del trono era muy real. No era de ninguna manera improbable que, dada la oportunidad, ella hubiera hecho exactamente eso.

Por tanto ahora, con la muerte de Joram, quedaban dos contendientes principales para el trono, cada uno feroz y ambicioso: Jehú, el guerrero, rudo, controvertido, impredecible, impulsivo, a veces implacable y siempre luchador, y Jezabel, la ex primera dama polarizadora y controvertida, ahora significativamente más vieja que en tiempos del reinado de su esposo, incluso abuela pero aún así muy temida, aún en guerra con los caminos de Dios, aun potencialmente brutal, y aún tan peligrosa como nunca para el pueblo de Dios.

Ellos representaban valores diametralmente opuestos y visiones contrarias para el futuro de la nación. Jehú hablaba del Señor y afirmaba estar luchando por Dios y por su pueblo. Jezabel consideraba las creencias religiosas profundamente asentadas como un obstáculo para su agenda y una amenaza a ser conquistada. Jehú hablaba de Dios y en contra de los pecados de Jezabel, su corrupción y su enemistad hacia los caminos de Dios. Cuando él hablaba de sus "fornicaciones" y "hechicerías", se refería a su participación y defensa de los ritos paganos y la adoración de Baal y los dioses de Fenicia. Esto habría incluido idolatría, actos de inmoralidad ritualizados, y la ofrenda de niños. Aún se seguían realizando incluso en los lugares más altos en tiempos de Joram.

Por tanto, ahora en la ciudad de Jezreel, los dos adversarios finalmente se enfrentaban cara a cara:

"Vino después Jehú a Jezreel; y cuando Jezabel lo oyó, se pintó los ojos con antimonio, y atavió su cabeza, y se asomó a una ventana".[2]

Al oír de la llegada de Jehú, se pinta los ojos con maquillaje y adorna su cabeza, probablemente con una corona real. Parece un acto extraño. Algunos lo interpretan como si ella estuviera intentando seducir a Jehú. Lo más probable es que fuera un acto de desafío. Ella se adorna como una reina y mira con menosprecio al guerrero. Cuando lo ve llegar, grita:

"¿Sucedió bien a Zimri, que mató a su señor?".[3]

Con esas palabras lo estaba comparando con el comandante Zimri que en una generación anterior había asesinado al rey Ela de Israel, y aun así había vivido solamente siete días antes de ser él mismo asesinado. Jezabel se dirige a Jehú con puro menosprecio. Jehú no se desalienta. No responde sino que apela a su juicio.

> "Alzando él entonces su rostro hacia la ventana, dijo: ¿Quién está conmigo? ¿quién? Y se inclinaron hacia él dos o tres eunucos. Y él les dijo: Echadla abajo. Y ellos la echaron; y parte de su sangre salpicó en la pared, y en los caballos; y él la atropelló".[4]

Jezabel cae y muere. Fue un final dramático y violento y un acto brutal por parte de Jehú. Pero Jezabel también había derramado mucha sangre y había vivido una vida decididamente brutal. La maldad que ella había hecho a otros había regresado ahora el día de su juicio.

Jehú entra en el palacio para comer, y allí experimenta que su corazón se ablanda y llega a la conclusión de que debería tratar con dignidad los restos de Jezabel. Da instrucciones a sus sirvientes:

> "Id ahora a ver a aquella maldita, y sepultadla, pues es hija de rey".[5]

Sus sirvientes regresan reportando que sus restos ya casi no existen. Es entonces cuando él recuerda la palabra dada por Elías a Acab en Jezreel, el mismo lugar: el cuerpo de Jezabel sería devorado por los perros. La profecía ahora se había cumplido y en el mismo lugar donde Jezabel había derramado la sangre de Nabot. Quien había producido tanta calamidad y derramamiento de sangre en Israel ya no estaba. Un comentario resume su vida de la siguiente manera:

> "Ella había introducido a Baal; había asesinado a los profetas del Señor; había concebido el asesinato de Nabot; incitó primero a su esposo, y después a sus hijos, a hacer maldades…Su reinado había perdurado con tres reyes, pero ahora, en su mayor parte, había llegado su día de caer, y de encontrarse con la recompensa adecuada para sus obras".[6]

Jezabel se las había arreglado para mantenerse en el centro del escenario político de Israel durante el reinado de tres reyes. Pero ahora, finalmente, al término del tercer rey llegó su juicio y su caída.

Fue una victoria improbable. Fue una revuelta improbable. La mayoría de revoluciones políticas son maquinadas detalladamente con el tiempo, pero esta llegó como salida de la nada y prácticamente sin ninguna planificación; sin embargo, tuvo éxito. Si Jezabel hubiera escapado, siempre habría existido la posibilidad de que el legado de Joram y el de la casa de Acab hubieran sido reavivados, pero con la derrota de Jezabel, había terminado. Y aunque la misión y la guerra de Jehú no habían sido completadas, con el fin de Jezabel no quedaba ya nadie que tuviera una estatura comparable para oponerse a su ascenso al trono. Y aunque él no había ascendido a ese trono aún, ahora estaba actuando como rey de Israel en todos los aspectos.

El paradigma de la caída

> El guerrero que había dirigido primero sus ataques contra el heredero ahora los redirigirá contra la exreina y ex primera dama.

Tras atacar a Joram, Jehú dirige su guerra contra Jezabel. Así también Trump al principio dirigió el enfoque de sus ataques sobre Barack Obama y el *statu quo*; pero a medida que avanzaba su campaña, sus ataques estarían cada vez más centrados en la ex primera dama.

> Con el fin del reinado del heredero todo se reducirá a dos contendientes feroces por el trono: el guerrero y la ex primera dama.

Como en el caso antiguo, así también en el moderno la guerra de tronos se reducirá a dos personajes feroces y ambiciosos: Donald Trump y la ex primera dama Hillary Clinton. Igual que Jehú, Trump era el luchador rudo, controvertido, impulsivo y a veces implacable. Y tal como era Jezabel, así también Clinton era la ex primera dama controvertida y polarizadora, ahora significativamente más vieja que en los tiempos del reinado de su esposo, ahora abuela pero que seguía siendo temida, aún en guerra con los caminos de Dios, y aún considerada por el pueblo de Dios tan peligrosa como nunca.

> Los dos representarán valores y visiones para la nación diametralmente opuestos. El guerrero hablará del Señor y afirmará estar luchando por Dios y por su pueblo. La ex primera dama considerará la creencia religiosa en Dios profundamente asentada como una amenaza que tratar y erradicar.

En el relato de la campaña de Jehú por el trono tenemos una elevada frecuencia de ejemplos en los que el nombre del Señor se menciona. Él estaba cumpliendo la voluntad de Dios y buscando proteger al pueblo de Dios. Jezabel, por otro lado, representaba una agenda que estaba en directa oposición con los caminos de Dios.

En el caso moderno, pese a cualquier cosa que Donald Trump pudiera haber hecho y pudiera haber sido antes de la campaña, ahora hablaba cada vez más del Señor. Prometió a los creyentes que lucharía por la libertad religiosa y protegería a creyentes perseguidos en todo el mundo. Hillary Clinton, como hemos visto, estaba diciendo, en efecto, lo contrario, llamando a que fuera alterada la creencia religiosa. Más allá de las personalidades, las cosmovisiones presentadas por los dos candidatos, su conjunto de valores, visiones y agendas, estaban opuestos diametralmente.

> En mitad de su campaña, el guerrero hablará contra los pecados y la corrupción de la ex primera dama.

En mitad de su carrera hacia el trono, Jehú habla de las fornicaciones y hechicerías de Jezabel. Por tanto, en mitad de la carrera de Trump hacia el trono acusó a la ex primera dama de deshonestidad y mala práctica. La llamó "Hillary la Deshonesta".[7] Esto no es para juzgar la acusación como verdadera o no, sino simplemente el hecho de que Trump hizo lo mismo que hizo Jehú. En mitad de su campaña, él habló de los pecados y la corrupción de la ex primera dama.

> La campaña causará que los dos, el guerrero y la ex primera dama, se confronten el uno al otro cara a cara.

La campaña de Jehú le llevó cara a cara en confrontación con Jezabel. Por tanto, en el caso moderno la campaña llevó a Trump cara a cara en confrontación con Hillary Clinton. La confrontación de Jehú y Jezabel quedó registrada en la Escritura para que la nación la viera. La confrontación de

Trump y Clinton tuvo lugar durante los debates presidenciales, que fueron televisados para que la nación los viera.

> El guerrero hablará contra la moralidad y las prácticas que defiende la ex primera dama. Esto implicará la moralidad antibíblica que incluye la ofrenda de niños.

Cuando Jehú acusó a Jezabel de fornicaciones y hechicerías, se estaba refiriendo a las prácticas paganas que ella permitía y fomentaba: la adoración de Baal. Esto incluía desde luego el sacrificio de niños. Por tanto, en el último de los debates presidenciales, Trump confrontó a la ex primera dama delante de la nación por su defensa de la práctica de dar muerte a niños no nacidos aún incluso hasta el momento de su nacimiento.

A medida que avanzaban las elecciones, las oportunidades de que Donald Trump ganara la presidencia contra Hillary Clinton parecían desesperanzadas. Todos los sondeos importantes mostraban una victoria masiva para los demócratas; pero el paradigma mostraba otra cosa:

> El ascenso del guerrero terminará en la derrota de la ex primera dama.

Cuando Jehú entró en Jezreel para confrontar a Jezabel, solo podía haber un resultado: la victoria de Jehú y la derrota de Jezabel. Así, a pesar de todos los sondeos que mostraban la victoria de ella, el paradigma determinaba que Hillary Clinton sería derrotada. Porque en el paradigma, la exreina es derrotada por el guerrero. Por tanto, al final del reinado del heredero, en los días del levantamiento del guerrero, en la confrontación entre los antitipos modernos de Jehú y Jezabel, Trump y Clinton, será el antitipo de Jehú quién derrotará al antitipo de Jezabel.

> La ex primera dama se adornará como una reina el día de su caída.

Cuando Jehú se acerca, Jezabel se prepara para presentarse con adornos reales y gloria como reina, engalanando su cabeza probablemente con una corona real. Y sin embargo, será el día de su caída. Así también, Hillary Clinton la noche de las elecciones se preparó para convertirse en la primera mujer en gobernar los Estados Unidos. Preparó una elaborada celebración, con un techo de cristal inmenso y fuegos artificiales sobre Nueva York. Reportes en los medios de comunicación lo describieron como que la ex primera dama estaba preparando su propia coronación. La palabra *coronación* significa literalmente ponerse una corona o guirnalda, tal como parece que hizo Jezabel cuando adornó su cabeza el día de su caída. Y así también sucedería para la ex primera dama: el día en que preparaba su propia coronación, el día en que se engalanó para aparecer como reina, resultó ser el día de su caída. Un titular de periódicos decía: "Cómo la fiesta de la victoria de Clinton pasó de coronación a desesperación".[8]

> Tras llamar al juicio de la reina y tras su caída, el guerrero mostrará cierta medida de misericordia con respecto a su postura contra ella.

Jehú había llamado al juicio de Jezabel y vio cómo se ejecutó, pero después de ser realizado, suavizó su postura contra ella y ordenó que su cuerpo fuera tratado con la dignidad digna de la hija de un rey. Así también Donald Trump había llamado al juicio de la ex primera dama, prometiendo juzgarla por sus delitos. Pero tras su caída, él suavizó su postura contra ella.

> La exreina se las habrá arreglado para permanecer en el centro de la escena política de la nación a lo largo del reinado de su esposo y los reinados de los dos líderes que lo sucedieron. Pero al final del reinado del tercer gobernante, ella será derribada de modo dramático.

Jezabel se las había arreglado para mantenerse en el centro del escenario real de Israel a lo largo de los reinados de tres reyes, comenzando con el de su esposo, Acab, y terminando con el de Joram. Pero en los últimos días del tercer rey llegó su caída. Así también Hillary Clinton se las había arreglado para mantenerse en el centro de la escena política estadounidense a lo largo de los reinados de tres presidentes, comenzando con el de su esposo, Bill Clinton, y terminando con el de Barack Obama. Pero en los últimos días de la tercera presidencia, la de Barack Obama, ella sería derribada de modo dramático.

> Los dos archienemigos, el guerrero y la ex primera dama, estarán presentes en la principal ciudad al noreste de la nación el día que determinará su destino. Se convertirá en la ciudad de la derrota de ella y su caída y la ciudad de la victoria de él, donde el guerrero se convertirá en el futuro nuevo rey de la tierra.

Dos ciudades serían fundamentales para el ascenso de Jehú y la caída de la casa de Acab: Samaria, la capital, y Jezreel, la principal ciudad al noreste de la nación. El día de la caída de Jezabel, tanto Jezabel como Jehú estaban juntos en la ciudad del noroeste: Jezreel. Así también en el caso moderno, el día de la caída de la primera dama, los dos antitipos de Jehú y Jezabel, Trump y Clinton, estarían en el mismo lugar: la principal ciudad al noreste de la nación, la ciudad de Nueva York. Al igual que Jezreel se convirtió en el lugar de la caída de Jezabel y la victoria de Jehú, la ciudad de Nueva York se convertiría en el lugar de la caída de Clinton y la victoria de Trump.

> La ex primera dama será derrotada en la ciudad relacionada con la sangre de los inocentes, y con su pecado.

Jezreel fue el lugar de la caída de Jezabel porque estaba marcada por la sangre de los inocentes: la de Nabot y su familia. Su sangre fue derramada debido a la trama de Jezabel. Así, Jezreel era especialmente la ciudad de su pecado. Por tanto, Jezabel es derrotada en la ciudad relacionada con la sangre de los inocentes y su pecado. Sin ninguna duda, Jezabel tenía mucha más sangre en sus manos que esa. Sus pecados incluyen la sangre de los niños de la nación que habían sido sacrificados a Baal.

La ciudad de Nueva York fue el lugar de la derrota de Clinton. Como en el caso antiguo, también estuvo especialmente relacionada con sangre, y concretamente con la sangre de los inocentes. Nueva York fue el lugar donde se inauguró el aborto a la carta en los Estados Unidos. Y la ciudad de Nueva York fue la capital del aborto de los Estados Unidos. Más bebés no nacidos aún fueron matados allí que en ningún otro lugar en los Estados Unidos.[9] Y fue este pecado en particular el que estaba especialmente relacionado con Hillary Clinton.

Las victorias, derrotas y derrocamientos políticos que tuvieron lugar en los días de la casa de Acab se realizaron mediante la violencia. Podemos estar agradecidos de que las victorias y derrotas políticas que tuvieron lugar en el escenario moderno se produjeron mediante medios mucho menos violentos. Se dice que Hillary Clinton quedó asombrada por su derrota. Ella seguiría adelante. De hecho, solo unos pocos meses después de su derrota recibió un homenaje. En mayo de 2017 en la ciudad de Nueva York, el mayor perpetrador de abortos en toda la nación, Planned Parenthood, le rindió homenaje por su defensa de la muerte de bebés por nacer. Fue honrada como "Defensora del *Siglo*".[10] En otras palabras, ella había defendido y avanzado la práctica del aborto más que ninguna otra persona en la historia moderna. Fue un momento revelador, que la unió aún más a la reina del esquema activo que defendió la ofrenda de niños más que ninguna otra persona de su tiempo.

En cuanto a Jehú, su victoria estableció su reinado. Pero no había terminado aún. A fin de sellar su posición y ascenso al trono, tendría que ir a Samaria.

> Tras su victoria, el guerrero se convertirá en el próximo gobernador de la tierra; sin embargo, ni su misión ni sus batallas estarán completas. A fin de ascender al trono de la mayor posición en la tierra, tendrá que entrar en la capital.

Así también, la victoria de Trump en la noche electoral establecería su presidencia. Pero desde luego seguían quedando muchas batallas que luchar. Y para asumir el cargo de la presidencia, tendría que ir a la capital de la nación. El enfoque de su historia y su batalla cambiará ahora hacia Washington, DC.

Antes de continuar en el viaje de Jehú, tenemos que abrir otro misterio. Ahora que el esquema de Joram está completado, ¿podría contener el paradigma el misterio de sus días? ¿Podría haber anunciado el tiempo otorgado al antitipo moderno de Joram? ¿Podrían los días del rey antiguo tener la clave de los días del presidente del siglo XXI?

Lo veremos ahora.

Capítulo 24

LOS DÍAS DEL HEREDERO

HEMOS VISTO QUE el paradigma revela no solo los acontecimientos del tiempo actual sino también el tiempo de esos acontecimientos. ¿Y qué del esquema de Joram? ¿Qué sucede si lo abrimos a la vista de su tiempo, los días otorgados al rey antiguo? ¿Podría contener alguna revelación concerniente al antitipo moderno de Joram: Barack Obama?

Para preparar el escenario, de nuevo debemos notar que aunque los reinados de los reyes antiguos no tenían límites de tiempo establecidos, los reinados de los presidentes estadounidenses sí los tienen. Por otro lado, contrariamente al caso antiguo donde los reyes por lo general llegaban al trono de repente tras la muerte de otro, la mayoría de presidentes estadounidenses han estado en el escenario nacional o en cargos nacionales años antes del comienzo de sus presidencias. Su ascenso al poder es en la mayoría de los casos gradual.

En el paradigma de Acab se encuentran los parámetros de su antitipo: Bill Clinton. El tiempo que Clinton pasó sobre el escenario nacional fue de veintidós años. Los años del rey antiguo, su prototipo, fueron igualmente veintidós años. Los años del gobernador moderno se conformaron a los

182

años del gobernador antiguo. ¿Y qué de Obama? ¿Podría el paradigma del heredero de Acab, Joram, revelar los parámetros de tiempo otorgados a Barack Obama? ¿Podrían los años del presidente actual haber seguido y haberse conformado a los años del rey antiguo? Veamos primero los años de Obama.

Barack Obama se graduó de la Universidad de Columbia en 1983. Entonces trabajó como organizador comunitario en Chicago. A finales de 1988 entró en la facultad de derecho de Harvard. Tras graduarse en 1991 regresó a Chicago, donde trabajó para la facultad de derecho de la Universidad de Chicago. En 1995 Obama anunció su candidatura al Senado por el estado de Illinois. Fue elegido en 1996. Trabajó como senador estatal por Illinois desde 1997 hasta 2004.

Hay pocas carreras políticas demarcadas tan fuertemente como la del Barack Obama. En su caso, el punto de inflexión está tan claro que no deja prácticamente espacio para la interpretación. Hasta el año 2004, la carrera política de Barack Obama le había llevado solamente hasta el nivel estatal, como uno de muchos otros senadores estatales de Illinois. Hablando de su tiempo en la política hasta ese momento, el *New York Times* lo describía como "un virtual desconocido fuera de su base en la parte sur de Chicago".[1] En otras palabras, ni siquiera era reconocido generalmente a nivel estatal. Era conocido en Chicago pero no en todo Chicago, sino solamente en la parte sur.

Pero en el 2004 todo eso cambiaría. En el verano de ese año tuvo lugar la Convención Nacional Demócrata. El candidato demócrata a la presidencia, John Kerry, escogió a Obama para dar el discurso de apertura. Obama dio su discurso la segunda noche de la convención, y fue ese discurso el que marcó su emergencia al escenario nacional. Fue ese momento el que lo cambió todo.

De la noche a la mañana, el nombre de Barack Obama fue conocido en toda la nación. Incluso se hablaba de que algún día podría llegar a ser presidente; y sin embargo, hasta ese momento él nunca había ocupado ningún cargo nacional, y apenas se le conocía fuera de Chicago. Se decía que la convención sería recordada por dos personas: John Kerry y Barack Obama. Un artículo en el *New York Times* titulado "El discurso que hizo a Obama" dijo del discurso: "Formó el fundamento de su campaña presidencial del 2008".[2] Fueron ese discurso y ese momento más que ninguna otra cosa los que le catapultaron al escenario nacional y dieron comienzo a su ascenso a la presidencia.

El ascenso de Obama al poder y la fama fue extremadamente rápido. En noviembre de ese mismo año fue elegido al Senado estadounidense. Juró su cargo al Senado el 3 de enero de 2005. Fue la primera vez que había ocupado algún cargo nacional. Dos años después, había lanzado ya su campaña a la presidencia estadounidense. Y dos años después de eso, en enero de 2009, se convirtió en el presidente número cuarenta y cuatro de los Estados Unidos.

Pasó de ser alguien prácticamente desconocido más allá de la parte sur de Chicago a ser el presidente número cuarenta y cuatro de los Estados Unidos en un periodo de tan solo cuatro años.

¿Qué sucede si tomamos los mismos estándares que aplicamos a los años de Bill Clinton y los aplicamos a los años de Barack Obama?

La primera pregunta que debemos hacer es cuándo entró Obama en el escenario nacional. ¿Cuando asumió un cargo público a nivel nacional o reconocido nacionalmente? ¿Cuándo comenzó su ascenso a la presidencia?

Obama ganó su primer escaño en un cargo público a nivel nacional cuando fue elegido al Senado de los Estados Unidos. Eso sucedió el 2 de noviembre de 2004.

Asumió su primer cargo público a nivel nacional cuando juró como senador estadounidense. Eso tuvo lugar el 3 de enero de 2005.

Los dos son acontecimientos clave en el ascenso de Obama al escenario nacional y después a la presidencia. Pero incluso ambos se ven nublados por el acontecimiento seminal que lo cambió todo y causó que tuviera lugar todo lo demás: la noche en que se dirigió a la Convención Nacional Demócrata. ¿Cuándo fue eso? Sucedió el 27 de julio de 2004.

Si miramos ahora la primera medida, su tiempo en un cargo público nacional, ¿cuál fue la amplitud de ese periodo? Comenzó el día en que juró su cargo como senador y terminó el último día de su presidencia: desde el 3 de enero de 2005 hasta el 20 de enero de 2017.

Fueron doce años.

¿Y el periodo entre las elecciones que lo llevaron por primera vez a un cargo público nacional y las elecciones que marcaron el final de su tiempo en un cargo público nacional? Comenzó el día 2 de noviembre de 2004 y terminó el 8 de noviembre de 2016.

Fueron doce años.

¿Y el periodo entre la convención que lanzó su ascenso a la presidencia y la convención que nominó a otro para sustituirlo como presidente? La primera convención, en Boston, comenzó el 26 de julio de 2004. La última, en Filadelfia, comenzó el 25 de julio de 2016. ¿Cuál fue ese periodo?

Doce años.

El ascenso al poder de Obama presenta una de las trayectorias políticas más claras en la historia presidencial estadounidense. En todos los aspectos llega al mismo periodo: *doce años.*

El paradigma de los días del heredero

Si Barack Obama es el antitipo de Joram, o el Joram de la repetición actual del paradigma, ¿es posible que los años de su prototipo albergaran el misterio de sus años en el poder?

Los años de Obama están enmarcados por cuatro convenciones nacionales y tres mandatos, uno como senador y dos como presidente: doce años. En el caso del tiempo de Joram en el poder, al igual que Acab, no tenía ninguna relación con ninguno de tales ciclos. Estuvo determinado únicamente por tres muertes: la muerte de su padre, Acab, la muerte de su hermano, Ocozías, y su propia muerte en el momento del ascenso de Jehú.

Entonces, ¿cuál fue la duración del reinado de Joram? ¿Cuánto tiempo transcurrió entre la muerte de su hermano y su propia muerte?

La respuesta aparece en el libro de 2 Reyes, capítulo 3:

> "Joram hijo de Acab comenzó a reinar en Samaria sobre Israel el año dieciocho de Josafat rey de Judá; y reinó *doce años*".[3]

Doce años: los años del rey Joram y los años de Barack Obama: otra correspondencia exacta. El tiempo en el escenario nacional otorgado al heredero es de doce años.

Igual que el tiempo de Bill Clinton en el escenario nacional siguió los mismos parámetros exactos de su prototipo antiguo en el paradigma, el rey Acab, así el tiempo de Barack Obama en el escenario nacional sigue los mismos parámetros exactos de su prototipo en el paradigma, Joram, el heredero e hijo de Acab. O podría decirse que el tiempo otorgado en el paradigma de Joram determinaría el tiempo otorgado a Barack Obama.

Cuando Obama se acercaba al final de su presidencia, los doce años de su paradigma fueron inevitablemente destacados. Estaba programado que diera su discurso de despedida al Partido Demócrata en la convención que nominaría a su sucesora: la ex primera dama. Fue la primera Convención Nacional Demócrata desde aquella que lo elevó a la presidencia, y cayó a finales de julio.

Estaba programado que él se dirigiera a la convención la tercera noche. La fecha era el 27 de julio. El día de su primer discurso en la convención, el que lanzó su ascenso a la presidencia, se produjo en la misma fecha: 27 de julio. Por tanto, habían pasado *doce años exactos* desde que comenzó el momento de su ascenso a la presidencia.

Y ahora había que pasar la antorcha. Los dos momentos, separados por doce años, servirían como los extremos de sus días en el escenario nacional. Debido a la convergencia, el periodo de doce años se volvió incluso más inevitable. La prensa se vio forzada a notarlo y tomar nota:

> "Hablando a la que probablemente fuera la audiencia más grande restante de su presidencia, Obama recordó el momento doce años atrás, el día que lo lanzó al escenario nacional".[4]

De hecho, el discurso de Obama aquella noche comenzó con dos palabras: *"Doce años…".*

> *"Doce años* atrás esta noche, me dirigí a esta convención por primera vez".[5]

Y después, las noticias de un comentarista tras otro lo repitieron:

> "Barack Obama entró en el foco de luz nacional con su avivado discurso en el 2004 en la Convención Nacional Demócrata, de modo que parece adecuado que aparezca de nuevo en la CND, *doce años exactos* después de haber dado el discurso de apertura como candidato del Senado por Illinois, mientras intenta pasar la antorcha política a Hillary Clinton".[6]

No todo tenía que converger la misma fecha exacta en que todo comenzó. Pero a la vista de la importancia del año duodécimo de Joram tal como se revelaba en el paradigma, el hecho de que todo eso convergiera exactamente doce años exactos desde el ascenso al poder de Obama es asombroso. Marcó y destacó los años en el paradigma otorgados al heredero.

También podría tomarse como un presagio. Los demócratas tenían confianza en una victoria masiva en las siguientes elecciones presidenciales; pero el paradigma decía otra cosa. En el esquema antiguo, el año duodécimo no fue un presagio de próxima victoria para la casa de Acab, sino de próxima derrota.

> La confrontación entre las fuerzas del guerrero y la casa de su heredero tendrá lugar en el año duodécimo del guerrero sobre el escenario nacional.

El ascenso a la presidencia de Obama y el tiempo que pasó en el escenario nacional comenzaron en 2004. El paradigma, por tanto, marcaba el año 2016 como el año en el cual la confrontación entre las dos fuerzas, la del guerrero y la de la casa de Acab, tendría lugar. Y así sucedió.

> En el año duodécimo del heredero, el guerrero derrotará a la reina.

El paradigma, por tanto, ordenaría que la victoria del guerrero y la derrota de la exreina tendrían lugar en 2016, el año duodécimo del heredero. Y por tanto, 2016 sería el año en que Trump derrotó a Clinton.

> En el año duodécimo, el reinado del heredero llegará a su fin, y el guerrero ascenderá al trono para sustituirlo como gobernador de la tierra.

Obama juró por primera vez su cargo nacional en enero de 2005. Doce años antes de esa toma de posesión nos llevan a otra toma de posesión, la que puso fin a sus días en el poder. Fue en enero de 2017, al final de su año duodécimo en un cargo nacional, cuando Obama estaba de pie en la terraza occidental del edificio del Capitolio y observaba mientras Donald Trump tomaba posesión como presidente en su lugar.

Resumiendo los días del heredero, tenemos el siguiente paradigma:

> El heredero, el tercer rey del paradigma, quien seguirá liderando la nación en un rumbo de apostasía y cuyo reinado estará caracterizado por la hostilidad hacia los caminos de Dios, estará en la escena nacional durante doce años.

De nuevo tenemos dos personajes, un rey antiguo y un presidente moderno, cuyos mundos no podrían haber sido más diferentes. Los doce años de Joram estuvieron determinados casi totalmente por la muerte de sus familiares al comienzo de su reinado y su propia muerte al final.

Los doce años de Obama estuvieron determinados por factores totalmente diferentes. Si él no hubiera decidido presentarse al Senado estadounidense en el 2004, y después contra un gran campo de candidatos hubiera ganado la nominación, si no hubiera sido elegido para dirigirse a la Convención Nacional Demócrata, si no hubiera ganado la carrera al Senado, si no hubiera anunciado su candidatura a la presidencia dos años después de ocupar el cargo, si no hubiera ganado la carrera presidencial, y si no hubiera sido reelegido para un segundo mandato, si alguno de todos esos detalles no hubiera tenido lugar, no habría encajado en los parámetros de tiempo contenidos en el paradigma.

Solamente con todos esos factores trabajando juntos, el tiempo que estuvo sobre el escenario nacional terminó encajando con el número exacto de años otorgados a su prototipo en el paradigma del rey Joram. Solamente con *cada* evento y detalle materializándose, moviéndose y uniéndose, los años de Obama podrían haber seguido los años de su precursor antiguo. Pero al igual que todos los incontables giros, decisiones y acciones en la carrera política de Bill Clinton terminaron conformándose a los días de su prototipo real en tiempos antiguos, así también sucedió para Barack Obama. Los días que se le otorgaron sobre el escenario nacional fueron conformados a los días otorgados al rey antiguo, cuyo reinado sería llevado a un final dramático con el ascenso del guerrero.

Ahora estamos a punto de encontrarnos quizá con el personaje más misterioso en el paradigma, cuando Jehú se encuentra con un viajero en su camino hacia la capital de la nación.

Capítulo 25

EL HOMBRE SANTO

L A VICTORIA ELECTORAL de Donald Trump no podría haber tenido lugar sin los votos de una parte en particular de la población estadounidense. Este segmento crucial y decisivo fue también el que tuvo el conflicto más profundo por su candidatura.

¿Es posible que incluso esta faceta de la historia esté contenida y revelada en el paradigma?

El personaje que estamos a punto de encontrar es una figura de misterio. Aparece en el esquema bíblico sin ninguna información como trasfondo, ningún detalle y ninguna explicación. Los detalles e indicaciones llegarían, pero muchos años después.

Su aparición en el relato formará otro esquema, el del hombre santo, el hombre llamado Jonadab, el personaje misterioso con el que Jehú se encontró de camino hacia la capital.

"Yéndose luego de allí, se encontró con Jonadab hijo de Recab".[1]

¿Quién era Jonadab? El relato en 2 Reyes no nos da prácticamente nada excepto una indicación: era el hijo, o descendiente, de Recab. La casa de Recab se menciona en 1 Crónicas vinculada a un pueblo llamado los ceneos. Los ceneos eran una tribu nómada que acompañó a los hebreos a la tierra de Israel.

Lo que sabemos de Jonadab llega cientos de años después en el libro de Jeremías:

> "Y nosotros hemos obedecido a la voz de nuestro padre Jonadab hijo de Recab en todas las cosas que nos mandó, de no beber vino en todos nuestros días, ni nosotros, ni nuestras mujeres, ni nuestros hijos ni nuestras hijas; y de no edificar casas para nuestra morada, y de no tener viña, ni heredad, ni sementera. Moramos, pues, en tiendas, y hemos obedecido y hecho conforme a todas las cosas que nos mandó Jonadab nuestro padre".[2]

Uniendo todas las piezas, la imagen que tenemos de Jonadab es la de un hombre piadoso, un líder, un asceta, un hombre santo. Su influencia es tan grande que perdura durante siglos después de su vida, y se convierte en el código moral para todo un pueblo que lo llama padre. Jonadab enseñó a sus hijos y presumiblemente a sus seguidores a evitar beber vino, vivir en casas o plantar campos. Jonadab estaba liderando a su pueblo hacia vivir una vida asceta, a buscar la pureza y la santidad. Habría estado claramente opuesto a la norma de Joram y Jezabel y el daño espiritual y moral que se había hecho a la nación mediante la casa de Acab.

Un comentarista dice lo siguiente de Jonadab y Eliseo:

> "Ambos parecen haberse mantenido apartados moralmente de su generación, Eliseo en su servicio, y Jonadab en su testimonio. Los tiempos eran malos, y él no se sentía en casa en ellos".[3]

Jonadab y su pueblo se mantuvieron separados de la cultura que los rodeaba, de sus corrupciones y profanaciones espirituales. En tales tiempos de apostasía moral, la búsqueda de la santidad requería una forma de separación. En el caso de Jonadab y su pueblo, esa separación se manifestaba en su abstinencia de la mundanalidad.

Al ver a Jonadab, Jehú pausa su carrera. Es obvio que Jonadab no es solo bien conocido sino también muy reverenciado. Solo eso podría explicar tal deferencia por parte del comandante militar. Al mismo tiempo, es Jonadab quien ha llegado para encontrarse con Jehú. ¿Por qué? Sin duda alguna, habría estado profundamente entristecido por la idolatría y la inmoralidad que le rodeaban, el culto de Baal, y el general deterioro espiritual y moral de la cultura en la que vivía. Como un hombre de Dios que vivía en medio de apostasía, habría estado orando por el avivamiento de su nación. Habría esperado que en Jehú hubiera una oportunidad de detener o ralentizar el descenso espiritual de Israel y quizá incluso ayudar a que la nación regresara de nuevo a Dios. Un comentarista explica el interés de Jonadab en Jehú del siguiente modo:

> "Por tanto, Jonadab estaba muy interesado en el presunto deseo de Jehú de purgar la nación de su paganismo. Quizá esperaba que en Jehú se produjera ahora arrepentimiento nacional y deseo por el Señor Dios de Israel".[4]

En aquel momento en la historia de Israel había solo dos opciones: el cambio prometido por el guerrero o la apostasía continuada de la nación tal como fue dirigida por la casa de Acab. Incluso si Jonadab consideraba a Jehú el menor de dos males, no había otra opción. La única alternativa al descenso continuado de la nación y el gobierno de la casa de Acab se ofrecía en Jehú. En esto, Jonadab habría encontrado una causa común, como explican los comentarios:

> "El sheikh recabita era...aparentemente uno de los líderes de aquellos que no 'se habían arrodillado ante Baal'".[5]

> "...él aceptó a Jehú como un siervo de Jehová, de ahí, un adversario de Acab. Como un adversario de Acab, dirigió a la comunidad religiosa en adoración a Jehová...".[6]

Jehú más que cualquier otra persona de su tiempo parecía posicionado para poner fin a la maldad de la dinastía de Acab. Jonadab habría esperado que Jehú fuera un instrumento de redención nacional. Al mismo tiempo, debió de haber estado roto por la naturaleza de Jehú y sus maneras, y se preguntaría si una persona así podría ser usada para los propósitos de Dios.

Por lo que respectaba a Jehú, Jonadab sería un bien muy valioso para su campaña. Por tanto, los comentaristas explican:

> "Jonadab era el tipo de hombre que Jehú necesitaba para hacer que su cruzada se viera creíble".[7]

"...Parecería que Jehú deseaba el respaldo de Jonadab a los procedimientos a los que estaba a punto de entrar, calculado para legitimarlo ante los ojos de algunos que de otro modo podrían haberlos considerado con desaprobación".[8]

Como un hombre de santidad reverenciado por el pueblo, el apoyo de Jonadab daría autorización a su campaña y legitimidad a su futuro reinado. El momento de su reunión fue crítico. Jehú estaba a punto de entrar en la capital de la nación. El apoyo de Jonadab haría que fuera mucho más probable que su reinado fuera aceptado como legítimo. Así, un comentarista escribe:

"Jehú sin duda estaba contento de tener la imagen de Jonadab en entrada pública a Samaria. El asceta tenía una reputación de santidad, lo cual no podía fallar en hacer que su compañía fuera una ventaja para el monarca establecido a medias".[9]

Esto no es para decir que Jehú no respetaba sinceramente o no estaba de acuerdo con Jonadab, solo que la alianza habría sido de gran beneficio para su campaña.

"...y después que lo hubo saludado, le dijo: ¿Es recto tu corazón, como el mío es recto con el tuyo?".[10]

Jehú está expresando su apoyo a Jonadab y preguntando si podía contar a cambio con su apoyo.

"Y Jonadab dijo: Lo es. Pues que lo es, dame la mano. Y él le dio la mano. Luego lo hizo subir consigo en el carro".[11]

El comandante y el hombre santo se unen en el objetivo de una meta común: poner fin a la maldad de la dinastía de Acab.

"Y le dijo: Ven conmigo, y verás mi celo por Jehová".[12]

Jehú está deseoso de demostrar a Jonadab que su fe es sincera, sus motivos puros, y su pasión genuina. Busca convencerlo de que también él es un hombre de Dios. Más de dos mil quinientos años después, esa cuestión sigue siendo cuestión de debate.

"Lo pusieron, pues, en su carro".[13]

Por tanto, Jonadab se une a la campaña de Jehú y su carrera hacia el trono; dos personas que no podrían haber sido más diferentes en naturaleza y caminos pero unidas en una alianza forjada por un propósito común. Los dos irán juntos a la capital, donde Jehú ascenderá al trono.

El paradigma del hombre santo

Ahora el paradigma de Jonadab.

Jonadab representaba a una parte concreta de la población de la nación: los recabitas y los relacionados con ellos. ¿Quiénes eran los recabitas? Los comentaristas dicen lo siguiente:

> "Por tanto, podemos contar a sus parientes entre la parte más fiel del pueblo de Israel".[14]

> "…los recabitas representaban a los defensores *conservadores* de las tradiciones israelitas que también eran representadas por Elías…".[15]

> "Recabita: miembro de una sección israelita asceta y *conservadora* con ese nombre por Recab, el padre de Jonadab".[16]

Jonadab era un líder de aquellos que en la actualidad serían denominados conservadores. Pero había más que eso:

> "…los recabitas son descritos como un grupo religiosamente conservador…".[17]

> "Jonadab es el líder de los recabitas, un clan bastante oscuro en Israel que aparentemente seguía un estilo de vida asceta y era conocido por su compromiso a una existencia seminómada…y por su conservadurismo religioso…".[18]

El pueblo al que Jonadab representaba se describiría mejor como "religiosos conservadores". Y así, el paradigma:

> En los días del ascenso del guerrero, en medio de la apostasía nacional, habrá una parte de la población de la nación que resistirá la decadencia moral y espiritual que tiene lugar a su alrededor y que buscará mantenerse fiel a la Palabra de Dios: los religiosos conservadores.

Como sucedió en el tiempo de Jehú, así en el tiempo del ascenso al poder de Donald Trump hubo una parte de la población estadounidense que buscó resistir la decadencia moral y espiritual que se producía a su alrededor y mantenerse fiel a los caminos de Dios. Serían conocidos como religiosos conservadores.

> Serán entristecidos por el estado moral y espiritual de su nación, su continuo descenso a la apostasía. Orarán por el regreso a Dios de su nación y por avivamiento espiritual.

Así también, al final de los años de Obama y en el tiempo del ascenso de Donald Trump esa era la carga de los religiosos conservadores, los creyentes evangélicos en todo Estados Unidos. Estaban entristecidos por lo que veían que le sucedía a los Estados Unidos y estaban orando por el avivamiento espiritual de su nación.

El relato antiguo no entra en los pensamientos de Jonadab o del pueblo de Dios con respecto a Jehú. Pero para quienes buscaban vivir de acuerdo a la voluntad de Dios, Jehú no solo habría inspirado confianza sino también preocupación. La preocupación llega más adelante en las palabras del cronista mismo. Sin duda, los justos habrían estado divididos entre los caminos de Jehú y la promesa de su reinado.

> Los fieles a Dios tendrán que tratar la naturaleza y los caminos del guerrero contrariamente a la promesa de su reinado. Se preguntarán si tal persona podría ser usada para los propósitos de Dios.

Así también, los religiosos conservadores y los evangélicos estarán divididos por Donald Trump. Sus actos y sus caminos demostraron ser inquietantes. Se preguntaron si alguien que mostraba poca evidencia de haber conocido a Dios podría ser usado para los propósitos de Dios.

> Incluso con sus reservas, el pueblo de Dios esperará que el guerrero sea usado como un instrumento para detener o al menos ralentizar el descenso de la nación. Verán en él, incluso con todas sus reservas, la única alternativa a un futuro de progresiva apostasía e impiedad.

Por tanto, incluso con todas las reservas que los religiosos conservadores y los evangélicos tenían con respecto a Donald Trump, vieron en él la única alternativa a lo que seguramente pasaría si hubiera prevalecido la otra parte: el sello del descenso espiritual de los Estados Unidos. Esperaban que incluso en toda su improbabilidad, él pudiera ser un canal para ralentizar o revertir el descenso de la nación.

> En medio de su carrera hacia el trono, el liderazgo de los religiosos conservadores buscará reunirse con el guerrero para ver si él sostendrá los caminos de Dios y si pueden apoyarlo.

Igual que Jonadab se acercó a Jehú en medio de su carrera hacia el trono, así también los líderes evangélicos y los religiosos conservadores se acercaron a Donald Trump en medio de su carrera a la Casa Blanca. Buscaron descubrir si él estaba verdaderamente comprometido con los caminos de Dios y, por tanto, si podían apoyarlo.

> El guerrero cortejará y buscará el apoyo de los religiosos conservadores, a quienes verá como un bien muy valioso para su campaña. Se reunirá con su liderazgo.

Tal como Jehú buscó el apoyo de Jonadab y de su pueblo, así Trump buscó el apoyo de los evangélicos y los religiosos conservadores y se reunió con sus líderes. Consideraría su apoyo crucial para el éxito de su campaña. Se reunió con ellos en varias ocasiones. Las reuniones fueron cruciales para dar seguridad a quienes estaban batallando con darle su apoyo o no.

> El guerrero usará su reunión con el liderazgo de los religiosos conservadores para asegurarles que su fe es sincera, sus motivos son puros, y su celo por los caminos del Señor es genuino y fuerte.

"Verás mi celo por Jehová", le dijo Jehú a Jonadab. Por tanto, en sus encuentros con religiosos conservadores, Trump buscaría asegurarles que su fe era real y su celo por el Señor era genuino.

Un mes antes de su nominación como candidato republicano a la presidencia, Trump habló ante unos mil líderes cristianos conservadores en lo que demostraría ser una reunión fundamental realizada en la ciudad de Nueva York. Igual que con la reunión entre Jehú y Jonadab, el propósito del evento era ver si quienes representaban los caminos de Dios podían apoyar la campaña del hombre que competía por la posición más elevada de la nación.

"...y después que lo hubo saludado, le dijo: ¿Es recto tu corazón, como el mío es recto con el tuyo?".[19]

En el caso de la reunión antigua, Jehú hizo algo más que hablar a Jonadab de su celo por Dios; le aseguró al hombre santo que estaba de su parte.

> En la reunión entre el guerrero y el hombre santo, el guerrero asegurará al hombre santo que está de su parte.

Aunque la reunión de Trump con líderes evangélicos fue un evento a puerta cerrada, no pasó mucho tiempo antes de que se reportara lo que se dijo aquel día. De hecho, llegó a los titulares: "Donald Trump promete a líderes cristianos: Estoy de su parte".[20]

Se había reportado que Trump había asegurado a los religiosos conservadores su apoyo con estas palabras:

> "Estoy de su parte, soy un creyente de verdad, y vamos a enderezar las cosas".[21]

Notemos que la cita contiene una declaración de celo por Dios y una promesa de apoyo para el pueblo de Dios, como en las palabras antiguas que Jehú le dijo a Jonadab.

Jehú había seguido su promesa con una petición de apoyo del hombre santo:

> El guerrero pedirá al líder religioso conservador que lo acompañe en su carrera hacia el trono.

Así también, Trump pidió a los líderes religiosos conservadores y evangélicos que lo acompañaran en su carrera hacia la presidencia.

> Para el pueblo de Dios, la única alternativa al guerrero será el envío de la nación a la apostasía, el sello y la profundización de su descenso moral y espiritual. La opción estará entre el guerrero o la casa de apostasía, representada por el heredero y la ex primera dama.

Jehú se había situado contra la casa y los caminos de Baal y el pecado de la casa de Acab; y también lo hizo Jonadab. Los comentarios notan su acuerdo:

"Vemos también que Jonadab estaba totalmente de acuerdo con Jehú en la destrucción de la adoración de Baal".[22]

Para Jonadab, era o bien Jehú o la casa de Acab. Así, para los religiosos conservadores, en la carrera presidencial de 2016 era, o bien Donald Trump o la ex primera dama Hillary Clinton, quien representaba el avance del descenso moral de los Estados Unidos y el envío de la nación a la apostasía perpetua.

> A la vista de la alternativa y con la esperanza de que el guerrero pudiera ser usado para cambiar el rumbo de la nación, los religiosos conservadores y sus líderes dirán sí a apoyar al guerrero en su campaña. Así, habrá una alianza entre el guerrero y los religiosos conservadores de la tierra.

Igual que Jonadab y Jehú, la mayoría de religiosos conservadores no veían otra alternativa sino la de apoyar a Donald Trump. Y al igual que sucedió con Jonadab y Jehú, los religiosos conservadores fueron juntos con Trump en su carrera hacia la Casa Blanca en la causa de un objetivo común.

> La unión de los religiosos conservadores y el guerrero tendrá lugar no al comienzo de la carrera sino en su última parte.

¿Cuándo acompañó Jonadab, líder de los religiosos conservadores, a Jehú en su campaña? Tuvo lugar en su última fase: la recta final. Así también, la mayoría de líderes religiosos conservadores y evangélicos acompañaron a Trump no al principio de su carrera y su campaña, sino en su última fase: su recta final.

Jonadab era representante de los religiosos conservadores de su época; pero también era un individuo. Ninguna persona en la repetición moderna personifica todo lo que era Jonadab. Y en la carrera de Trump hacia la Casa Blanca hubo varios líderes destacados de los religiosos conservadores que lo acompañaron en la carrera y que, al hacerlo, fueron parecidos a Jonadab. Pero ¿hubo alguien que destacara especialmente entre ellos? Veamos el paradigma del hombre santo en resumen:

> Para acompañarlo en su carrera hacia el trono, el
> guerrero pedirá a un líder, un religioso conservador, res-
> petado, conocido por su virtud, un hombre de piedad y
> santidad, que le acompañe en su carrera hacia el trono.
> La devoción del líder a los caminos de Dios hará que se
> sienta profundamente cargado por la decadencia moral
> y espiritual de su nación. Mantendrá un estricto código
> moral de conducta, teniendo cuidado extra de abstenerse
> de cualquier cosa que pudiera causarle corrupción. El
> guerrero buscará su colaboración por reverencia y en la
> creencia de que le ayudará a fortalecer su campaña y a
> convencer a otros para que le den su apoyo.

Entre los religiosos conservadores que se unieron a Trump en su campaña, uno destacaba como preeminente: aquel a quien Trump pidió que
fuera su colaborador en la carrera, que lo acompañara hasta el trono. Era
Mike Pence. Pence era un religioso conservador. Se definió a sí mismo como
cristiano primero, conservador en segundo lugar, y republicano en tercer
lugar.[23] Era muy respetado, un líder conocido por su virtud. Aunque era
imperfecto, al igual que lo era Jonadab, Pence tenía reputación de piedad
y santidad. Su devoción a Dios había hecho que estuviera profundamente
entristecido por la decadencia moral y espiritual de los Estados Unidos. Al
igual que Jonadab se había opuesto fuertemente a los caminos de Baal, así
también Pence se oponía fuertemente a la muerte de los no nacidos aún y la
promoción de la inmoralidad.

Igual que Jonadab era conocido por mantener un estricto código moral
de conducta, así también lo era Pence. Se cuidaba de abstenerse de cualquier
cosa que pudiera causar corrupción, tentación, o apariencia de maldad. Los
medios de comunicación incluso lo atacaron y ridiculizaron por ello.[24]
Como Jehú pidió a Jonadab que se subiera a su carro para acompañarlo en
la carrera hacia el trono, así también Trump pidió a Pence que estuviera a
bordo para ser su compañero de carrera, para acompañarlo en la carrera
hasta la Casa Blanca.

Tal como Jehú sabía que la colaboración de Jonadab ayudaría a dar legitimidad a su campaña y ayudaría a convencer al pueblo santo para que lo
apoyara, así Trump sabía que la colaboración de Pence ayudaría a dar legitimidad a su campaña y ayudaría a convencer a los religiosos conservadores
en todo el país para que le apoyaran.

Ahora escuchemos las palabras de los comentarios concernientes a la
alianza. Jonadab era...

"Una persona que, desde su piedad y modo de vida sencillamente primitivo era muy estimado, y poseía una gran influencia en el país. Jehú vio en un momento la ventaja que su causa obtendría por la amistad y la presencia de este hombre venerable ante los ojos del pueblo, y por consiguiente, le distinguió con la atención de invitarlo a sentarse en su carro".[25]

Esto no es decir que Jehú no respetaba genuinamente a Jonadab. Y en el caso de Trump, la evidencia sugiere un respeto genuino por los líderes religiosos con los que estaba aliado.

Por tanto, como fue con Jehú y Jonadab, los dos hombres que no podrían haber sido más diferentes en maneras, temperamento, caminos y estilo de vida, el guerrero y el hombre santo, Trump y Pence, dos hombres que igualmente no podrían haber sido más diferentes, ahora conducían juntos en un viaje hacia el trono de la nación.

> El religioso conservador y el guerrero conducirán juntos hacia la capital. Allí, el guerrero se acercará al trono. Y los religiosos conservadores orarán por la voluntad de Dios y su bendición.

Y como fue con Jonadab y Jehú, el viaje culminó cuando los dos entraron en la ciudad de Samaria, la capital de Israel. Así también, Donald Trump entró en Washington, DC, con Mike Pence y religiosos conservadores para asumir el cargo de la presidencia.

La presencia de Jehú y Jonadab juntos en la capital habría presentado la más improbable de las imágenes. Así también, la presencia de Donald Trump y religiosos conservadores juntos en la capital de los Estados Unidos daría una imagen que no mucho tiempo antes habría parecido casi impensable.

Pero al igual que en el caso antiguo, la unión del guerrero y del hombre santo fue una señal de la naturaleza dramática de los tiempos y la naturaleza crítica del momento en que estaba ahora la nación. Por tanto, los Estados Unidos estaba ahora en uno de los puntos más críticos en su trayectoria moral y espiritual.

El guerrero está a punto de entrar en la capital. Acaba de poner fin a los días de una de las figuras más polarizadoras de su época y de todos los tiempos: Jezabel. Esto abre otro misterio. Hemos descubierto un fenómeno sorprendentemente coherente: los días otorgados a cada líder en el paradigma se conforman a los días otorgados a su prototipo antiguo.

¿Podría este misterio aplicarse también al periodo de tiempo de la reina? ¿Podría el paradigma revelar los días de Hillary Clinton? ¿Podría su prototipo antiguo albergar la clave? Ahora abriremos los días de la reina.

Capítulo 26

LOS DÍAS DE LA REINA

HEMOS VISTO EL paradigma de reinados, los parámetros de tiempo de los reyes antiguos. Hemos visto que los años de los líderes actuales se han conformado a los años de los prototipos antiguos correspondientes: los años de Bill Clinton conformados a los años de su prototipo antiguo, el rey Acab, y los años de Barack Obama conformados a los años de su prototipo antiguo, el rey Joram. Pero ¿qué de Hillary Clinton? ¿Podrían sus años en la escena nacional conformarse a los años de su prototipo antiguo?

Con los líderes en la era actual nos interesan sus entradas al escenario nacional y su ascenso al poder a nivel nacional. Tomemos ahora los mismos estándares que hemos utilizado antes y veamos si encontramos alguna correspondencia.

———————

Tras graduarse de la facultad de Derecho de Yale a principios de la década de 1970, Hillary Clinton pasó a ser un miembro del equipo de estudio del juicio político, investigando procedimientos de juicio político para el Comité de la Cámara de Justicia concerniente al presidente Richard Nixon. Al finalizar su trabajo en Washington, DC, se reubicó en Fayetteville, Arkansas, donde se casó con Bill Clinton. Durante los años siguientes trabajó como abogada en el bufete Rose Law Firm y en varios grupos de defensoría legal.

Pero al igual que los otros relacionados con el paradigma, existe un claro punto de inflexión que marca el momento de entrada a la escena nacional y el punto donde comienza el ascenso al poder nacional. Para Hillary Clinton llegó con la elección de Bill Clinton como gobernador de Arkansas. Fue entonces cuando ella ocupó por primera vez el papel de primera dama. Era la compañera política de su esposo, su estratega, y su compañera de campaña, no solo como gobernador sino también en su meta más amplia: obtener la presidencia estadounidense. Ella pasó de primera dama de Arkansas a primera dama de los Estados Unidos. Como hemos visto, durante los años de la presidencia de Clinton ella fue una primera dama distinta, una compañera política y activista que trabajaba desde sus oficinas en la Casa Blanca.

Después llegó el siguiente indicador y divisor importante. La presidencia de Clinton se acercaba a su fin. Fue entonces cuando Hillary Clinton se propuso lanzar su propia carrera política en solitario, la primera vez en la historia estadounidense que una ex primera dama lo había hecho. Trabajó como senadora desde Nueva York durante dos mandatos. Cuando su segundo mandato se acercaba a su fin, compitió por la presidencia, pero perdió la nominación ante Barack Obama. Entonces, Obama le pidió que trabajara como secretaria de estado, lo cual hizo durante su primer mandato.

Entonces ella dimitió de la administración. Muchos creyeron que era para prepararse para otra carrera hacia la presidencia. Se retiró de la vida política y pública. Contrariamente al tiempo en que Bill Clinton perdió un mandato como gobernador de Arkansas y tanto Bill como Hillary Clinton comenzaron inmediatamente a trazar estrategias y trabajar para recuperar el puesto de gobernador, esta fue ahora una ruptura verdadera de la vida pública. Ya no hubo más campañas, más trabajo político, nada. Como observaron varios comentaristas, fue la primera vez en décadas que Hillary Clinton se había retirado de la escena pública para convertirse en una ciudadana privada.[1]

Pero en la primavera de 2015 anunció que iba a presentarse de nuevo a la presidencia. Volvió a entrar con ganas en la vida pública, en la escena nacional, y en la batalla por la presidencia. Así, permaneció en la escena pública a lo largo de su campaña y su derrota, hasta la toma de posesión y el comienzo de 2017, cuando anunció que no volvería a presentarse a un cargo público.

El paradigma de los días de la reina

¿Qué sucede ahora si aplicamos las mismas preguntas y estándares que en el ascenso de Bill Clinton y Barack Obama?

¿Cuándo entró Hillary Clinton en el escenario nacional?

Claramente, sucedió cuando se convirtió en la primera dama de Arkansas, cuando su esposo se convirtió en el gobernador de Arkansas. ¿Cuándo fue eso? Fue en enero de 1979. Ella se mantuvo como primera dama de Arkansas y después de los Estados Unidos hasta el final de la presidencia de su esposo: el siguiente punto de inflexión.

¿Cuándo comenzó su carrera política en solitario? Sucedió en enero de 2001, cuando dejó la Casa Blanca para convertirse en senadora.

Por tanto, el primer periodo y divisor importante de su vida pública comenzó en enero de 1979 y siguió hasta enero de 2001. El periodo de tiempo es de *veintidós años*.

Ella continuó su carrera en solitario desde senadora a secretaria de estado, con una campaña presidencial entre ambas cosas. Esto continuó hasta el siguiente punto de inflexión, cuando dimitió como secretaria de estado y se retiró de la vida pública para convertirse en una ciudadana privada. Eso tuvo lugar en febrero de 2013.

Por tanto, la primera parte de su carrera en solitario fue desde enero de 2001 hasta febrero de 2013: *doce años*.

Entonces vivió como ciudadana privada hasta que anunció su segunda campaña a la presidencia. Eso tuvo lugar en abril de 2015.

Entonces continuó con su vida pública, su tiempo en el escenario nacional, y su campaña para la presidencia. Terminó con su derrota en las elecciones de noviembre de 2016 y después cuando anunció públicamente que probablemente nunca volvería a presentarse en la primavera de 2017. Había durado *dos años*.

Así, los años de Hillary Clinton son *veintidós años*, *doce años*, y *dos años*: un total de *treinta y seis años* en el escenario nacional y en la vida pública.

Los *treinta y seis años* pueden dividirse en dos partes: *veintidós años* al lado de su esposo en su reinado como gobernador y después presidente, y *catorce años* de su carrera en solitario en los pasillos del poder.

Su carrera en solitario podría dividirse también en *doce años continuados* sobre el escenario nacional, y después un regreso al escenario nacional tras un hiato de dos años en la vida privada por *más de dos años* sobre el escenario nacional.

Si Hillary Clinton ha seguido el paradigma de Jezabel, ¿es posible que los años de su prototipo albergaran el misterio de sus propios años?

Las Escrituras hablan de Acab y Jezabel actuando como uno solo. Acab hizo lo malo ante los ojos del Señor, pero Jezabel lo incitaba. Podemos suponer que compartieron el escenario nacional y el trono desde el principio.

"Y reinó Acab hijo de Omri sobre Israel en Samaria *veintidós años*".[2]

Por tanto, la primera parte del tiempo en el poder de Jezabel es de *veintidós años*; así, *veintidós años* de reinado junto a su esposo.

Acab muere. Los veintidós años llegan a su fin. ¿Qué sucede después?

La carrera de Jezabel entra en su segunda parte. Ella actuará como una fuerza política por derecho propio, viviendo en los pasillos del poder. Pero ¿por cuánto tiempo?

La mayor parte del tiempo de Jezabel después de Acab tendrá lugar en el reinado de Joram. ¿Cuántos fueron los días de Joram?

"Joram hijo de Acab comenzó a reinar en Samaria sobre Israel el año dieciocho de Josafat rey de Judá; y reinó *doce años*".[3]

Por tanto, tras el final del reinado de Acab tenemos *doce años* para Jezabel. Pero hubo otro hijo que también reinó durante los días de Jezabel después de Acab, pero solamente durante un tiempo muy breve: Ocozías.

"Ocozías hijo de Acab comenzó a reinar sobre Israel en Samaria, el año diecisiete de Josafat rey de Judá; y reinó *dos años* sobre Israel".[4]

Así que tenemos otros dos años para Jezabel. *Dos* sumado a *doce* nos da *catorce años*. Por tanto, tras el fin del reinado de Acab, el tiempo de Jezabel llega a ser de *catorce años*.

Ahora lo uniremos todo: la reina antigua, el paradigma, y el líder moderno.

El tiempo de Jezabel sobre el escenario nacional suma un total de *treinta y seis años*.

> El tiempo de la primera dama en el poder y en el escenario nacional llegará hasta un periodo de treinta y seis años.

El tiempo que Hillary Clinton estuvo en el escenario nacional estadounidense y en el poder, desde el tiempo en que se convirtió en primera dama de Arkansas hasta el tiempo en que, tras ser derrotada por Donald Trump, anunció que probablemente nunca volvería a presentarse, menos un retiro de dos años a la vida privada, nos da un resultado de *treinta y seis años*: una correspondencia exacta con el paradigma de Jezabel.

Los treinta y seis años de Jezabel están divididos en dos partes; la primera contiene los años en que reinó con su esposo, el rey Acab: *veintidós años*.

> La primera dama reinará junto a su esposo, el rey, durante *veintidós años*.

Por tanto, los *treinta y seis años* de Hillary Clinton están divididos en dos partes; la primera parte se compone de los años que gobernó primero al lado de su esposo como primera dama de Arkansas y después de los Estados Unidos. Ese periodo duró *veintidós años*.

La segunda parte de los treinta y seis años de Jezabel está compuesta por los años en que actuó con autoridad propia y vivió en los pasillos del poder de Israel sin Acab. El periodo es de *catorce años*.

> La primera dama entonces buscará su propio poder mientras continúa viviendo en los pasillos del poder de la nación y en el centro de su escenario político durante un periodo de *catorce años*.

Tras el final de la presidencia de su esposo, Hillary Clinton actuó con autoridad propia y buscó su propia carrera política. Vivió en los lugares más altos de gobierno sin su esposo durante un periodo que suma *catorce años*. Es otra correspondencia exacta con el paradigma de Jezabel.

Los *catorce años* de Jezabel tras el reinado de Acab se dividirán en dos partes, la parte principal y la parte mucho más pequeña. La parte principal consistirá en los *doce años* del reinado de Joram. La parte más pequeña consistirá en los *dos años* de reinado de Ocozías.

> Los catorce años de la primera dama después del reinado de su esposo estarán divididos también en dos periodos: un periodo de *doce años* y un periodo de *dos años*.

Así, los *catorce años* de Hillary sobre el escenario nacional tras el reinado de su esposo estarán divididos en dos partes: un *periodo de doce años* como senadora y secretaria de estado, y un *periodo de dos años* separado por el *periodo de doce años* que constituye su segundo intento de llegar a ser presidenta. Es de nuevo otra correspondencia exacta con el paradigma de Jezabel.

Hay algunos intérpretes que creen que debido a diversas maneras de fechar y la posibilidad de que haya corregencias, las cifras dadas para los reyes de Israel puede que no sean siempre secuenciales, y puede que algunas veces representen pequeñas partes de un año en particular. Cualquiera que sea la interpretación que se le dé, hemos utilizado los parámetros de tiempo puros, literales y exactos como están dados en la Biblia. Y los resultados son asombrosos.

———

Para resumir las convergencias de los años de Jezabel y los años de Hillary Clinton:

- El tiempo de Jezabel en la escena pública sumó *treinta y seis años*. El tiempo de Hillary Clinton en la escena pública sumó *treinta y seis años*.
- El tiempo de Jezabel estuvo dividido en dos periodos: el tiempo al lado de su esposo en la escena nacional y el tiempo en que ella ocupó la escena nacional sin su esposo.
- El tiempo de Clinton estuvo dividido en dos periodos: el tiempo al lado de su esposo en la escena nacional y el tiempo en que ella ocupó la escena nacional sin su esposo.
- El tiempo de Jezabel junto a su esposo en la escena nacional sumó *veintidós años*.
- El tiempo de Clinton junto a su esposo en la escena nacional sumó *veintidós años*.
- El tiempo de Jezabel, después del fin del reinado de su esposo, como jugadora política por sí sola en la escena nacional fue de *catorce años*.
- El tiempo de Clinton, después del fin del reinado de su esposo, como jugadora política por sí sola en la escena nacional fue de *catorce años*.
- El tiempo de Jezabel de catorce años ella sola estuvo dividido en dos periodos: *doce años* y *dos años*.
- El tiempo de Clinton de catorce años ella sola estuvo dividido en dos periodos: *doce años* y *dos años*.

Más allá de todas las convergencias de los personajes actuales y sus prototipos antiguos, el hecho de que incluso sus años y la división de sus años converjan el uno con el otro es asombroso. Los parámetros de tiempo de los líderes actuales siguen los parámetros de tiempo de sus homólogos antiguos. Y esos parámetros ya estaban ahí en el paradigma y han estado ahí durante casi tres mil años.

Jehú se prepara ahora para entrar en la capital de la nación, Samaria, la ciudad a la cual debe ir si quiere reinar sobre el trono de la nación.

Capítulo 27

EL REY GUERRERO

JEHÚ HABÍA GANADO su batalla más crítica. El rey y la reina madre estaban muertos; pero la victoria no quedaría sellada hasta que entrara en la capital. A fin de tomar el trono, tenía que ir a Samaria.

Pero Samaria era la fortaleza del viejo régimen: la casa de Acab. La ciudad estaba llena de sus oficiales, sus herederos reales y sus partidarios. Mientras los partidarios de Acab y potenciales sucesores estuvieran vivos, Jehú y su revolución estarían en peligro. Y más allá de las consideraciones tácticas y políticas, la misión de Jehú era poner fin al reinado de la casa de Acab. Así, tendría que entrar en territorio hostil.

El tiempo sería de nuevo esencial. Como había hecho en su carrera hacia Jezreel, se mueve otra vez con una velocidad extrema. Envía un ultimátum a los líderes de Samaria, lo cual dará como resultado la destrucción de la dinastía. Las tácticas de Jehú seguían siendo brutales, pero si se hubiera mantenido la maldad del antiguo régimen, la nación estaría perdida. Se habían dado incontables oportunidades, pero el juicio profetizado desde tanto tiempo atrás finalmente había llegado. Y Jehú fue el agente mediante el cual llegó.

Con la dinastía de Acab eliminada, Jehú se prepara para salir de Jezreel hacia la capital. Los pecados de la casa real siguen influenciando a la nación. El culto y las prácticas de Baal siguen atrincheradas en la cultura de Israel y centradas en la capital; por tanto, Jehú viaja a Samaria con la misión de limpiar la capital de Baal y después la nación.

Jehú entra en Samaria con Jonadab representando a quienes se han mantenido fieles a Dios. La entrada debió haber sido especialmente dramática. La capital, al igual que la nación, sin duda estaba polarizada en dos bandos: quienes estaban a favor de Jehú, y quienes estaban a favor de la casa de Acab y Baal. Por tanto, la llegada de Jehú habría causado temor y resentimiento a algunos y alivio y alegría a otros. Como era una entrada en territorio principalmente hostil, habría tenido los términos de una operación militar, como en el final de una guerra o una revolución, lo cual fue.

Jehú se pone a trabajar de inmediato. Convoca a los sacerdotes de Baal a un festival en honor a su dios, pero cuando están reunidos, hace que los ejecuten. Con eso comienza a desmantelar el sistema que Jezabel y Acab habían establecido. Él había juzgado a Jezabel por sus hechicerías; ahora, todos los que practicaban tales cosas se verían en una guerra.

La dicotomía entre la misión de Jehú y sus medios de lograrla sigue siendo grande. Su propósito es limpiar la nación de la maldad que la había corrompido, pero su manera de lograr sus fines es a menudo despiadada. El veredicto sobre sus actos como un revolucionario y después como rey está tan dividido y es tan contradictorio como el hombre mismo. Las contradicciones son evidentes en los comentarios:

> "Su energía, determinación, prontitud y celo lo equiparon para el trabajo que tenía que hacer. Era un trabajo duro, y fue ejecutado con precisión implacable. Medidas más suaves probablemente no habrían erradicado de Israel la adoración de Baal. Su impetuosidad quedó demostrada en su marcha furiosa. Era valiente, osado, inescrupuloso, experto y astuto en su política. Pero buscamos en vano en su carácter cualquier toque de magnanimidad o de las cualidades más finas del gobernante".[1]

A pesar de su naturaleza y sus caminos, fue mediante este personaje improbable y controvertido como quedó eludido por un tiempo el sello irrevocable del descenso de la nación a la apostasía y el juicio. La maldad de la casa de Acab fue controlada; la adoración de Baal, reprimida. La muerte de los niños de la nación ya no era defendida por el gobierno, sino que ahora se oponía a ella. La apostasía de la nación fue ralentizada. El líder más alto de la tierra ya no hacía guerra contra los caminos de Dios, ni tampoco aprobaba la persecución del pueblo de Dios. Más bien, buscaba defenderlos.

Al final del proceso, habría sido difícil para el pueblo de Dios responder la pregunta sobre si Jehú era un hombre de Dios o no; pero en cuanto a si había sido usado como un instrumento para los propósitos de Dios, nadie podía negar que lo había sido.

El paradigma del rey guerrero

> Tras haber derrotado a la ex primera dama en la ciudad del noreste, el guerrero dirigirá su atención a la capital de la nación, a la que debe entrar a fin de ser instalado como gobernador de la tierra.

Tras derrotar a Joram y Jezabel en Jezreel, Jehú dirige su enfoque a la capital con la vista puesta en comenzar su reinado. Así, tras derrotar a Hillary Clinton mientras estaba en la ciudad de Nueva York, Donald Trump dirige su atención a Washington, DC, con la vista puesta en comenzar su presidencia.

> La capital será en muchos aspectos una fortaleza para las instituciones y los negocios contra los que se ha levantado el guerrero. En gran parte representará territorio hostil. Él irá allí para producir una sacudida.

Igual que Samaria era la fortaleza de la casa de Acab y representaba en gran parte territorio hostil, así también Washington, DC, representaba la fortaleza para la clase dirigente y las instituciones contra los que Trump había hecho campaña. En muchos aspectos era territorio hostil. Él fue allí, igual que hizo Jehú, para producir una sacudida.

> El guerrero entrará en la capital de la nación con una agenda para purgar de corrupción al liderazgo de la nación. Buscará eliminar del gobierno a quienes se oponen a los caminos de Dios. Irá a la capital con una misión específica: "drenar la ciénaga".

Tal como la misión de Jehú fue desde un principio purgar al liderazgo de la nación, y tal como la capital fue el enfoque de esa purga, así también el antitipo de Jehú, Donald Trump, fue a Washington, DC, con la misión de Jehú: purgar de corrupción al liderazgo de la nación y, en sus propias palabras, "drenar la ciénaga".

> El guerrero llegará como un agente de juicio y también de esperanza: juicio para la clase dirigente y para las fuerzas que están en guerra contra los caminos de Dios, y esperanza para quienes sostienen los caminos de Dios.

Igual que Jehú fue un agente de juicio y también un canal de esperanza, así también en la repetición actual Trump era una amenaza, un peligro y una calamidad para quienes estaban en el bando de Clinton y quienes apoyaban sus objetivos. Él fue un golpe para su agenda. Pero para quienes buscaban ser fieles a los caminos de Dios, para la mayoría de religiosos conservadores, él ofrecía un rayo de esperanza ante el oscurecimiento espiritual de los Estados Unidos.

> El día del ascenso al trono del guerrero, la nación y su capital estarán polarizadas en dos bandos. El guerrero ocupará el trono al lado del pueblo de Dios. Para los del bando contrario, su llegada a la ciudad producirá temor, resentimiento, hostilidad y enojo. El día de su entrada tendrá los términos de una operación militar.

Igual que fue la entrada de Jehú en la ciudad capital de Samaria, la toma de posesión de Trump en Washington, DC, fue un día de polarización. Washington era una ciudad dividida en dos bandos, un microcosmos de la nación. Miles se reunieron para celebrar y ser testigos del evento, y miles se reunieron para oponerse a él. Rodeando a Trump estaba el pueblo de Dios y religiosos y no religiosos conservadores. Pero en oposición a Trump hubo manifestaciones de opositores que prometieron resistirse a la nueva administración. Soldados cubrieron la ciudad para contener el conflicto. Tenía el aspecto de una operación militar.

> Quienes participaban en la práctica de la hechicería se encontrarán en guerra con el nuevo rey.

Cuando Jehú habló de la relación de Jezabel con prácticas paganas, utilizó la palabra hebrea *keshaf*, que significa susurrar un encanto y practicar la hechicería. Jehú había declarado la guerra a la adivinación y la hechicería. Quienes participaban en tales prácticas habrían visto al nuevo rey como su archienemigo. Y esas brujas y adivinos que creían que eran capaces de lanzar hechizos, sin duda habrían hecho todo lo posible, o lo peor, para haberlo detenido.

Que esta faceta del paradigma tuviera algún cumplimiento en el caso actual o en el mundo moderno sería asombroso; pero lo tuvo. Tras el ascenso a la presidencia de Trump, tuvo lugar un fenómeno extraño. Un mes después de la toma de posesión, se reunieron por todos los Estados Unidos y el mundo brujos y hechiceros a la medianoche bajo la luna creciente para lanzar hechizos contra él. Las reuniones tenían que realizarse continuamente en cada luna creciente hasta que lograran sus resultados. Invitaron a todo aquel que pensara y practicara lo mismo a acompañarlos. Como reportaba un artículo:

> "Este no es un evento exclusivo solamente de brujos…con…chamanes…adivinos y adivinas…ocultistas…invitados también a participar".[2]

Se realizaron ceremonias de ocultismo:

> "Se han planeado también rituales en masa en múltiples aquelarres, durante los cuales hombres y mujeres harán un hechizo para atar al presidente Trump y a todos aquellos que son sus cómplices haciendo un canto litúrgico y realizando una breve ceremonia".[3]

Nunca en la historia presidencial de los Estados Unidos había tenido lugar un fenómeno así en la nación o en el mundo; pero una guerra implicando a brujos y la brujería era parte del esquema de Jehú, y nunca en la historia presidencial estadounidense había habido un personaje que cumpliera ese esquema antiguo hasta la llegada de Trump.

Los enemigos más radicales del guerrero se encontrarán entre quienes apoyan a la casa real y a los sacerdotes y sacerdotisas de los dioses paganos.

Entre los grupos que veían a Jehú como una amenaza para sus intereses y a sí mismos como su enemigo, estaban aquellos más cercanos a la casa de Acab, junto con los sacerdotes y sacerdotisas de Baal y Astarot que los ayudaban. Por tanto, en el caso de Trump, desde luego no fueron solo hechiceros quienes se consideraron sus enemigos. Había muchos. Principalmente entre ellos estaban quienes se oponían a los valores bíblicos, quienes apoyaron y se aliaron con la casa de Clinton, y los equivalentes modernos a los sacerdotes paganos antiguos. El día después de la toma de posesión de

Trump, las sacerdotisas modernas de Astarot, líderes del feminismo radical, y otros con agendas antibíblicas participaron en convocar a multitudes en el Washington Mall en una reunión pensada para mostrar su enojo por el cambio que había tenido lugar en el gobierno de la nación.

Y después, desde luego, estaban los sacerdotes actuales de Baal, las organizaciones abortivas de la nación, defensores y practicantes. Igual que los sacerdotes de Baal habían considerado a Jehú su archienemigo, así también los defensores del aborto se verían a sí mismos como el enemigo de Trump y se situaron en guerra contra él. Habían destinado cantidades masivas de dinero para evitar que llegara a ser presidente. Ahora emplearían cantidades masivas de dinero para evitar que llevara a cabo alguna acción que pudiera impedir sus prácticas.

> El guerrero seguirá siendo un personaje de controversia y un enigma. Su naturaleza se mantendrá contenciosa, y sus caminos cuestionables. Sin embargo, también se mantendrá la cuestión de si alguien con una naturaleza menos radical o combativa habría logrado lo que se necesitaba a la vista de la naturaleza radical de los tiempos.

Jehú siguió siendo un personaje controvertido durante más de dos mil quinientos años. El registro bíblico lo elogiaba por vencer la principal maldad de su tiempo, pero eso no significaba que todo lo que él hizo fuera elogiado; lejos de eso. Jehú también fue reprendido en las Escrituras, entre otras cosas por lo sangriento de sus medios.

Igualmente, Donald Trump siguió siendo un personaje controvertido. Sería elogiado por el bien que había hecho al oponerse a la maldad, pero no todo podía elogiarse, al igual que no todo pudo elogiarse en el caso de Jehú, su prototipo antiguo. También permanecía una cuestión, como en el caso de Jehú, de si alguien de una naturaleza menos radical y medios menos radicales habría logrado la intervención radical que se requería.

> A pesar de sus caminos, será mediante el guerrero como se evite el sello del rumbo de la nación hacia la apostasía, al menos durante un tiempo. La guerra contra los caminos de Dios tal como era librada por la casa real será contenida. La muerte de los niños de la nación ya no será defendida desde el trono, sino que recibirá oposición. La apostasía acelerada de la nación será ralentizada; y el líder más alto de la tierra ya no aprobará la persecución del pueblo de Dios, sino que buscará defenderlo.

En el enigma de Jehú, esa fue la historia general; y así también sucedió con el enigma de Donald Trump, o al menos con respecto a su agenda declarada. Se evitó el sello de la apostasía de los Estados Unidos durante un tiempo, la matanza de criaturas por nacer ya no era defendida desde la Casa Blanca, la persecución del pueblo de Dios ya no era aprobada, y fueron derrotadas políticas que hacían guerra contra los caminos de Dios.

Lo siguiente se escribió del enigma y las contradicciones del guerrero antiguo:

> "Él es exactamente uno de esos hombres a quienes nos sentimos obligados a reconocer, no por lo que es bueno o grande en sí mismo, sino como un instrumento para destruir la maldad y preparar el camino para el bien".[4]

Para muchos, se podrían haber dicho esas mismas palabras exactas de su antitipo actual.

Ahora abriremos una faceta muy distinta del paradigma, una que implicará una estructura antigua al otro lado del mundo y que convergerá de manera siniestra con el misterio del paradigma.

EL TEMPLO

DESPUÉS DE OCUPARSE de los sacerdotes de Baal, Jehú se propuso desmantelar las instituciones y la infraestructura mediante las cuales el culto de Baal se había desarrollado. Principalmente entre ellas estaba el templo de Baal: el centro del culto. Como muchas otras partes en el paradigma, sus orígenes se encuentran en Acab. Él fue quien lo construyó.

"E hizo altar a Baal, en el templo de Baal que él edificó en Samaria".[1]

Hasta ese momento, el culto de Baal habría funcionado principalmente en secreto o fuera de los parámetros de la plaza pública. Sus ritos se habrían realizado en cumbres de montes, en grutas y entre las sombras de la clandestinidad cultural de Israel. Pero al construir el templo de Baal en la capital, Acab estaba aliando al estado con la deidad fenicia y contra Dios y su pueblo. Bajo el reinado de Joram, el templo y el culto siguieron operando en la capital de la nación.

Jehú sabía que si quería limpiar la nación de Baal y todas sus horribles prácticas, tenía que destruir el centro de su adoración, su templo:

"Y sacaron las estatuas del templo de Baal, y las quemaron. Y quebraron la estatua de Baal, y derribaron el templo de Baal, y lo convirtieron en letrinas hasta hoy. Así exterminó Jehú a Baal de Israel".[2]

La destrucción del templo de Baal fue el momento decisivo de la reforma de Jehú, el acto más visual, concreto, permanente e icónico de su revolución. Personificó su limpieza de la tierra y lo apartó de todos los otros monarcas del reino del norte.

Él no solo derribó el edificio, sino que lo convirtió para que sirviera a otro propósito: se convirtió en *letrinas*. Podría haberse utilizado como el vertedero de la ciudad, como lo expresa un comentarista, "como un depósito para toda la suciedad de la ciudad".[3] Pero la palabra hebrea *makharah* va más allá. Podría traducirse literalmente como una letrina. Jehú se estaba asegurando de que el lugar nunca más se utilizara para la adoración, sino que sirviera como un recordatorio. Un comentario explica la razón:

> "*Y derribaron el templo de Baal*, es decir, parcialmente arruinado, pero dejaron en pie algunas partes como un memorial del pecado y de su castigo, una advertencia solemne, se podría pensar, para el pueblo de la capital, y lo convirtieron en letrinas hasta este día...".[4]

Por tanto, las ruinas del templo de Baal se erigieron como un testamento permanente de la maldad de la adoración de Baal y su juicio resultante. También sirvió como memorial a lo que Jehú había logrado. Él fue el instrumento que Dios había usado para limpiar la tierra de maldad. El ascenso de Jehú significó la caída del templo de Baal.

El paradigma del templo

Igual que Acab alió al estado con la adoración de Baal y así con el sacrificio de niños, también su antitipo moderno, Bill Clinton, fue el primer presidente en la historia estadounidense en aliar al estado con la práctica del aborto.

> La capital de la nación se convertirá en el lugar central desde el cual será defendida la práctica del sacrificio de niños.

Tal como Acab defendió la adoración de Baal desde la ciudad capital de Samaria, así también Clinton defendió el aborto desde la ciudad capital de Washington, DC. Desde allí emitió órdenes presidenciales, directivas y vetos para guardar, defender y extender la práctica. Bajo la administración Clinton, Washington, DC, se convirtió en la ciudad desde la cual la práctica del aborto fue defendida desde los niveles más altos del poder.

Pero la práctica no solo fue fomentada mediante el gobierno. Igual que la capital de Israel sirvió como centro para el culto de Baal, así también Washington, DC, ha servido como el cuartel general del principal perpetrador de abortos de la nación: Planned Parenthood. Sus otras oficinas centrales eran la ciudad de Nueva York. Fue en Nueva York donde se legalizó el aborto por primera vez en los Estados Unidos, y en Washington donde fue legalizado por primera vez en toda la nación. El paradigma se centra igualmente en la capital de la nación y su principal ciudad en el noreste.

> Una vez en la capital, el guerrero hará que su meta sea poner fin al culto del sacrificio de niños. Eliminará el apoyo y los recursos que lo sostienen y lo capacitan. Desmantelará las estructuras que permiten su continuidad.

Igual que Jehú eliminó a los sacerdotes de Baal y comenzó a desmantelar su templo, lo primero que hizo Trump al entrar en la capital y asumir la presidencia fue comenzar a desmantelar la práctica de dar muerte a niños no nacidos aún. Igual que Jehú había sustituido por oposición el anterior apoyo del gobierno a la adoración de Baal, así también Trump buscó revertir el anterior apoyo del gobierno y su financiación a organizaciones abortivas como Planned Parenthood.[5]

Tal como Jehú desmanteló el templo de Baal que Acab había construido y que había seguido operando en el reinado de Joram, así también Trump comenzó a desmantelar las estructuras legales establecidas por primera vez por Bill Clinton y más adelante reinstaladas por Barack Obama para la promulgación del aborto. Así, revirtió las órdenes ejecutivas establecidas primero por Clinton y después otra vez por Obama, que habían eliminado las salvaguardas concernientes a la práctica.[6] Y comenzó a hacerlo inmediatamente tras su llegada al poder, tal como había hecho Jehú.

Pero ¿podría haber más en el misterio? Si el ascenso de Donald Trump es una manifestación del esquema de Jehú, y si el ascenso de Jehú estaba vinculado al templo de Baal, ¿podría haber otra manifestación vinculada al ascenso de Donald Trump que de algún modo implique el templo de Baal?

La respuesta nos llevará a otro ámbito y a una tierra muy lejana a las costas estadounidenses.

La mayoría de los templos del mundo antiguo han quedado reducidos al polvo desde hace mucho tiempo. Unas pocas estructuras famosas en todo el mundo han seguido en pie, como el Partenón de Grecia y el Panteón de Roma. Pero por lo que respecta a Baal, una deidad desconocida para la mayoría de personas del mundo actual, no esperaríamos que hubieran quedado muchos indicios de su adoración. La idea de que un templo de Baal, como en el paradigma antiguo, pudiera seguir de alguna manera en pie en el mundo actual parecería extremadamente improbable.

Pero la sorprendente respuesta es que ha existido un templo de Baal que data de tiempos antiguos y ha sobrevivido hasta el mundo actual. Se ha erigido en la ciudad de Palmira, Siria, en el Oriente Medio. De hecho, durante casi dos mil años Palmira fue la ubicación no de uno, sino de dos templos de la deidad del Oriente Medio que sobrevivieron.

El primero, conocido como el templo de Bel, o templo de Baal (siendo el nombre *Bel* otra versión de *Baal*), fue dedicado en el año 32 d. C. El segundo, conocido como el templo de *Baalshamin* (o Baal de los cielos), fue construido en el siglo II d. C.

Hemos visto la correspondencia entre el templo de Baal en el Israel antiguo y las estructuras actuales dedicadas a la muerte de los no nacidos aún. Pero ahora tenemos un templo de Baal actual, y más de uno, que se erigen en el mundo moderno con orígenes que datan de tiempos antiguos.

Ya que el templo de Baal es tan fundamental para el paradigma, ¿es posible que estas estructuras antiguas pudieran de alguna manera tener parte en la repetición actual del paradigma? El paradigma:

> En los días del desarrollo del paradigma, el templo de Baal será destruido.

Igual que Acab estará siempre vinculado con la construcción del templo de Baal, Jehú estará siempre vinculado con su destrucción. El ascenso de Jehú significó que el templo de Baal tenía que caer. Y su caída sería la señal más concreta de su ascenso, el testamento más permanente de su misión.

Aunque estos dos templos de Baal han permanecido en su mayor parte tranquilos desde tiempos antiguos en una ciudad del Oriente Medio anónima y desconocida para la mayoría de personas en el mundo, ¿podrían ahora llegar a ser parte de la repetición moderna del misterio? Si Trump es el Jehú del esquema, entonces ¿podría el tiempo de su ascenso estar relacionado con algún acontecimiento de importancia concerniente a los dos templos de Baal que sobreviven?

Según el paradigma, el ascenso del guerrero significa la destrucción del templo. Aunque después de haber sobrevivido a dos mil años de historia naturalmente no habríamos esperado que les sucediera nada a las dos estructuras antiguas, y mucho menos algo que pudiera llevarlas hasta las noticias, algo sucedió.

Sucedió ISIS. Con la desestabilización y la lucha en Irak occidental y Siria oriental, la organización terrorista comenzó a tomar terreno y ciudades en la región para establecer su "califato islámico". Una de esas ciudades fue Palmira. Unos pocos meses después de su conquista de Palmira, miembros del ISIS se acercaron al templo de Baalshamim. Pusieron explosivos en sus columnas y los detonaron. El edificio antiguo fue destruido.[7] El templo de Baal había caído.

Una semana después, se reportó que el ISIS había detonado explosivos dentro del templo de Bel. Tras ver imágenes de Palmira tomadas por satélite, las Naciones Unidas publicaron su reporte:

> "Podemos confirmar la destrucción del edificio principal del templo de Bel al igual que una fila de columnas en su proximidad inmediata".[8]

Por tanto, ahora el templo de Bel, el otro santuario de Baal, también había caído.

El paradigma antiguo habla de la caída del templo de Baal. Y ahora, en medio del desarrollo del paradigma, llega la caída del templo de Baal.

¿Y qué del tiempo de la destrucción? En el paradigma, el templo cae cuando Jehú asciende. El ascenso de Jehú está marcado por la caída del templo de Baal, o la caída del templo marca el ascenso de Jehú:

> El ascenso del guerrero estará vinculado con la destrucción del templo de Baal. Cuando el guerrero asciende, el templo de Baal debe caer.

¿Cuándo fueron destruidos los dos templos de Baal?

El ISIS capturó la ciudad de Palmira en 2015. En ese mismo año, sus agentes destruyeron los dos templos. Así, los templos de Baal, tras haber sobrevivido por dos mil años, cayeron en el año 2015.

Entonces, ¿cuándo comenzó el ascenso del homólogo actual de Jehú, el hombre cuyo ascenso marca la caída del templo de Baal? El ascenso de Donald Trump a la presidencia comenzó en el año 2015, el año de la caída de los templos de Baal. El paradigma se cumple: el guerrero asciende y el templo de Baal cae.

¿Cuándo fueron destruidos concretamente los templos de Baal? La destrucción fue verificada a finales de agosto, pero posiblemente comenzó anteriormente ese mismo verano. En cualquiera de los casos, la destrucción tuvo lugar en el verano de 2015.

¿Cuándo comenzó el ascenso de Trump? Él anunció su candidatura a la presidencia en el verano de 2015.[9]

> Cuando el guerrero comienza su carrera hacia el trono, los días del templo de Baal están contados.

Jehú comenzó su carrera hacia el trono, y poco después el templo de Baal fue destruido. Trump anunció su carrera a la presidencia, y aproximadamente dos meses después de anunciar su carrera a la presidencia, los dos templos de Baal habían sido destruidos.

¿Significa eso que los templos de Baal fueron destruidos a causa de Donald Trump? No. Como hemos notado, las manifestaciones del paradigma en raras ocasiones llegan mediante una causalidad directa. Más bien representan la interconexión y la unión de acontecimientos. El paradigma opera en el ámbito de las señales. Y dentro de ese ámbito permanecen los siguientes hechos:

- El paradigma implica al templo de Baal.
- En el paradigma, el templo de Baal es destruido.
- La destrucción del templo está vinculada al ascenso del guerrero.
- En la repetición actual del paradigma, el que cumple el esquema del guerrero, Jehú es Donald Trump.
- En el paradigma, cuando el guerrero asciende, el templo de Baal debe caer.
- El año del ascenso de Donald Trump fue 2015. En 2015 los templos de Baal fueron derribados.

Por tanto, como fue en los días que vieron la caída de la casa de Acab y como fue en el paradigma, el misterio antiguo se repitió sobre el escenario del mundo del siglo XXI: el guerrero volvió a ascender, y los pilares de Baal de nuevo fueron derribados cuando su templo cayó en ruinas.

––––––––––

¿Y qué de cosas venideras? Acudimos ahora al futuro.

Capítulo 29

LOS PRESAGIOS DE LOS DÍAS VENIDEROS

¿**Y** QUÉ DEL FUTURO?
¿Contiene el paradigma alguna revelación concerniente a lo que hay por delante?

Por un lado, con el ascenso del guerrero, la saga de la casa de Acab, su ascenso y caída, tiene resolución. Lo que comenzó con el ascenso de Acab y Jezabel queda finalmente desecho y resuelto con el ascenso de Jehú. Las manifestaciones del paradigma no necesariamente tienen que continuar. Por otra parte, la historia sí continúa. Por tanto, ¿podría haber en su continuación una revelación o un destello de lo que alberga el futuro? ¿Podrían sus detalles contener indicaciones con respecto hacia dónde nos dirigimos?

Comenzamos con Jehú. ¿Qué le sucedió al guerrero tras su ascenso al poder?

Aunque había hecho lo correcto al poner fin a la maldad de la casa de Acab, su reforma fue imperfecta; solo llegó a medio camino. Las palabras del relato bíblico contienen una represión:

> "Mas Jehú no cuidó de andar en la ley de Jehová Dios de Israel con todo su corazón, ni se apartó de los pecados de Jeroboam, el que había hecho pecar a Israel".[1]

Jehú fue sincero en su guerra contra Baal, pero fue menos que sincero en cuanto a seguir a Dios. Había limpiado la tierra de la adoración de Baal, pero no se apartó de "los pecados de Jeroboam".

¿Cuáles eran los pecados de Jeroboam? Jeroboam levantó dos becerros de oro y condujo a Israel a adorarlos. Aunque no era adoración de Baal, era idolatría. Jeroboam le dijo al pueblo que adorar al becerro de oro era, en efecto, adorar al Dios que los había sacado de la tierra de Egipto. Así, el pueblo puede que fuera convencido de que seguía adorando al Dios de Israel. Sin embargo, ahora estaban siguiendo a ídolos. El pecado de Jeroboam representaba una mezcla de verdad y falsedad. Era una corrupción. Por tanto, Jehú hizo guerra contra la pura maldad de Baal pero caminó en una mezcla de verdad y falsedad. ¿Por qué?

La adoración de Baal que Acab y Jezabel defendieron había sido llevada a la nación desde una tierra extranjera. Pero los becerros de oro, por otra parte, se habían convertido en parte de la cultura de Israel. Eran emblemas de la independencia del reino del norte del reino del sur. Por tanto, parece que la campaña de Jehú no solo se levantó en oposición a la impiedad y la inmoralidad sino también al nacionalismo y un rechazo de la influencia extranjera tal como la personificaba Jezabel. La adoración de Baal era impía, y también era extranjera; la adoración de los becerros de oro era impía pero estaba relacionada con el nacionalismo. Jehú se opuso al pecado más descarado y ajeno, pero continuó en el pecado nacional y menor en comparación. Un comentarista lo explica del siguiente modo:

> "La adoración falsa de Jeroboam había estado ahí mucho más tiempo que el baalismo introducido por Acab y Jezabel. La adoración falsa de Jeroboam no era una 'importación extranjera' como lo era el baalismo. Él introdujo una versión falsificada de la única religión verdadera, la adoración de Yahvé…la adoración que Jeroboam estableció era ahora la 'religión nacional' del reino del norte…Alguien puede ser renuente a enfrentar el error religioso porque es parte de la cultura y la identidad nacional".[2]

Así, Jehú se opuso a la profunda maldad de la casa de Acab pero siguió en un camino de concesiones en línea con el alejamiento continuado de la nación. De nuevo, él era una mezcla. Más allá del ámbito espiritual, la Biblia registra que el reinado de Jehú experimentó problemas y conflictos con las naciones circundantes. Y mediante esos conflictos Dios redujo las fronteras de la nación. Israel quedó disminuida.

Y así, bajo el reinado de Jehú, la apostasía de Israel fue ralentizada pero no revertida. Por tanto, el peligro a corto plazo de la nación fue evitado, pero el peligro a largo plazo no lo fue.

¿Podrían estos elementos del reinado de Jehú darnos revelación en cuanto a lo que puede albergar el futuro para los Estados Unidos y para el mundo?

Más allá del hecho de que tras el ascenso de Jehú no habría ninguna necesidad de que continuaran las manifestaciones del paradigma, también debemos recordar que incluso si así fuera, no hay ninguna fórmula que dicte qué detalles del esquema deben manifestarse. Por otro lado, ya que el relato continúa, ¿podría contener más claves, revelaciones, indicaciones, o incluso advertencias? Lo abriremos ahora y exploraremos algunas de esas indicaciones, no como lo que debe ser sino como lo que podría ser. De ahí que serán representadas como posibilidades, y advertencias.

> La advertencia del paradigma es que como rey, el guerrero no se cuidará de seguir los caminos de Dios, que su reforma será parcial y selectiva, que se opondrá a algunos aspectos de la apostasía de la nación pero continuará en otros.

Igual que Jehú, Donald Trump fue un enigma para aquellos que lo siguieron y oraron por los caminos de Dios. Él había prometido hacer la voluntad de Dios, pero siempre hubo una preocupación de que su reforma fuera incoherente. Igual que Jehú, Trump parecía fuerte en algunos de los asuntos concernientes a los caminos de Dios pero débil en otros.

> Como rey, se opondrá a las prácticas más obvias relacionadas con la apostasía, como en el sacrificio de niños, pero no se opondrá a otras prácticas de la apostasía.

En sus primeros días como presidente, Trump tomó la iniciativa de oponerse al pecado relacionado con Baal: la ofrenda de niños. Habló y actuó a favor de la protección de los no nacidos aún; pero en otros asuntos pareció ser mucho menos fuerte.

> La defensa que hace el guerrero de la causa del nacionalismo competirá a veces con sus intenciones de llevar a cabo la voluntad de Dios.

Igual que Jehú, la causa de Trump también fue la del nacionalismo. A veces esa causa podría ser coherente con la Escritura, pero no siempre. Por tanto, a veces competía con su capacidad e intenciones de cumplir la voluntad de Dios.

> La esperanza para los días en los cuales reina el guerrero será que no solo ralentizará el descenso de la nación, sino que también proporcionará la oportunidad para un regreso masivo a Dios espiritual y cultural. Aparte de tal regreso, el rumbo general de apostasía y descenso de la nación continuará.

Lo que Jehú había hecho al poner fin al reinado de la casa de Acab y revertir el culto de Baal fue un logro importante. El gobierno ya no hacía guerra contra los caminos de Dios ni perseguía a su pueblo. Así, habría habido esperanza entre el pueblo de Dios de que su reinado pudiera fomentar un avivamiento espiritual. Y sin embargo, a la larga la nación volvería a su rumbo descendente de apostasía.

La victoria de Trump en las elecciones presidenciales representó un profundo cambio. Evitó el sello de la apostasía de los Estados Unidos, y proporcionó una puerta muy abierta para que los líderes y creyentes evangélicos pudieran impactar la nación. Así, de igual modo habría la esperanza de un regreso a Dios a gran escala. Por otro lado, el peso y la inercia del descenso moral y espiritual de los Estados Unidos significó que no sería nada menos que un milagro que tuviera lugar ese regreso, y que aparte de ese regreso no habría otra cosa sino descenso.

¿Tenía que suceder de ese modo? Como las acciones de Jehú fueron incoherentes, ¿significaba que eso mismo tendría que ser cierto de Donald Trump? No. Como notamos anteriormente, no hay ninguna fórmula en la continuación de la dinámica. ¿Es posible que Trump pudiera apartarse del ejemplo de los últimos tiempos de Jehú y levantarse por encima de ellos? Sí, es posible. ¿Es posible que pudiera actuar peor que Jehú o no terminar su periodo o periodos de mandato? También eso es posible. Y si ese fuera el caso, ¿cambiaría eso el propósito al que sirvió en su ascenso? No. No más que el posterior fracaso de Jehú en gobernar en ningún modo negó el propósito al que había servido en el momento de su ascenso. A pesar del hecho de que Jehú no siguió en los caminos de Dios, su victoria inicial contra la casa de Acab había evitado el desastre.

Por otro lado, ¿es posible que Hillary Clinton o un candidato que represente una agenda similar pudiera en tiempos futuros presentarse a la presidencia y ganar? El paradigma ordenaba que en los días del ascenso del guerrero, la ex primera dama sería derrotada. Después de eso, su tiempo en el paradigma ha terminado. Sin embargo, todo es posible. Pero bloquear un cambio completo de sus posturas sobre asuntos bíblicos o las posturas de un candidato parecido, tal acontecimiento representaría el rechazo definitivo de la nación de los caminos de Dios y el sello de su apostasía.

¿Existe la posibilidad de que, contrariamente a lo que sucedió o no sucedió en los días del reinado de Jehú, los Estados Unidos y el mundo pudieran ser testigos de un despertar espiritual masivo? También eso es posible. Y es esa posibilidad la que constituye el meollo del asunto.

El contexto del paradigma es la caída acelerada de una nación que antes había conocido a Dios, un proceso que lleva a un punto crítico donde aparte de alguna forma de intervención, la nación está en peligro de ser sellada irrevocablemente en un rumbo de apostasía.

Los Estados Unidos estuvo en un punto crítico parecido en las elecciones de 2016. Y entonces, igual que en el ascenso por sorpresa de Jehú, todo fue trastornado. ¿Qué significa para los Estados Unidos? ¿Qué significó para la antigua Israel?

Hay patrones en la Escritura concernientes a la progresión de una nación hacia el juicio: a la nación en apostasía de Dios se le da una advertencia, incluso es sacudida, pero también una postergación. En el reino del sur de Judá se dio esa postergación en el reinado del rey recto Josías. Josías quiso llevar a la nación de nuevo a Dios. El juicio que ya había sido decretado quedó retenido. Tras la muerte de Josías, regresó el rumbo descendente de la nación, y cayó juicio.

Igualmente, el ascenso de Jehú proporcionó una postergación para Israel. Pero ¿cuál fue el propósito de esa postergación? Era darle a la nación una oportunidad de apartarse de su rumbo, de evitar el juicio, y de regresar al Dios de sus fundamentos. Era darle al pueblo de Dios un periodo de tiempo en el cual clamar a Dios como muchos que llegarían.

El asunto no era Donald Trump más de lo que el asunto en tiempos antiguos era Jehú. Jehú fue un canal con errores, con motivos y prácticas con errores. Pero sin embargo él fue un canal, un instrumento de propósitos más elevados que sus propias intenciones o conocimiento. Así también, lo que sucedió en las elecciones de 2016 no se trató en definitiva sobre Donald Trump sino sobre algo mucho más alto: los propósitos de Dios, el propósito de una postergación. Tales postergaciones pueden llegar, como lo hicieron en tiempos antiguos, poco antes del juicio de una nación. A veces pueden estar acompañadas por crisis nacionales; incluso pueden llegar en medio de una corrección divina, pues el propósito de las postergaciones y las correcciones es el mismo, para hacer regresar a una nación o un pueblo de nuevo a Dios.

En el caso de la antigua Israel, algunos sin ninguna duda vieron el ascenso de Jehú como una calamidad, y otros lo vieron como la respuesta. No fue ninguna de las dos cosas, fue una ventana. Por tanto, en el caso actual la respuesta no fue unas elecciones, un hombre, un partido o una agenda política. Una respuesta política no puede resolver un problema espiritual, pero puede abrir una ventana mediante la cual pueda llegar la respuesta. Por otro lado, un cambio político sin un cambio espiritual correspondiente terminará en fracaso o calamidad. En cuanto al deseo de volver a hacer grande a América, la única manera en que América puede llegar a ser grande de nuevo es que América regrese al Dios que hizo a América grande en un principio. La respuesta está en el arrepentimiento, el regreso y el avivamiento.

———————

El reinado de Jehú proporciona una ventana para el avivamiento, pero el avivamiento que debería haber llegado por esa ventana nunca llegó. Aunque el descenso se había ralentizado, el pueblo nunca regresó otra vez a Dios.

> Sin un regreso a Dios, la nación a quien se ha dado la postergación progresará hacia el juicio y la destrucción.

¿Y qué de América? El esquema advierte en última instancia de juicio nacional. Una nación que ha conocido especialmente a Dios pero que ahora se mantiene desafiante en cuanto a sus caminos también está en peligro de recibir su juicio. Y a una nación a quien se ha dado una postergación con el propósito de que regrese pero que rechaza esa oportunidad, no le quedará nada sino la perspectiva de juicio.

Y es en el juicio donde se unen dos esquemas bíblicos y proféticos. Tras el fin del reinado de Jehú, la nación continuó en su espiral de apostasía hasta el día de su destrucción, pero antes de la llegada de ese día, Dios les advirtió y les llamó a regresar. Les dio señales de juicios venideros: presagios.

Este es el esquema de juicio revelado en *El presagio*. En los últimos días del reino del norte de Israel nueve presagios, o señales proféticas, aparecieron en la tierra. Los presagios advertían de próximo juicio. La nación había rechazado las advertencias de Dios; y cuando llegó el juicio, fue borrada de la faz de la tierra.

La revelación de *El presagio* es que esos mismos nueve presagios de próximo juicio que aparecieron en los últimos días de la antigua Israel, han aparecido ahora sobre territorio estadounidense. Algunos han aparecido en la ciudad de Nueva York; algunos, en Washington, DC; algunos han implicado objetos proféticos; otros, acontecimientos proféticos; y algunos, a líderes nacionales, incluso líderes que pronuncian palabras proféticas de juicio sobre la tierra. Desde que se escribió *El presagio* hasta la escritura de este libro, las señales y advertencias de juicio no han dejado de manifestarse, al igual que la nación no se ha detenido aún en su desafío y guerra contra los caminos de Dios.

Los esquemas de *El presagio* y *El paradigma* están unidos. Ambos se originan desde la antigua Israel y concretamente desde el reino del norte de la antigua Israel. Ambos se originan desde la tierra de Jehú. Los acontecimientos de *El paradigma* conducen al reinado de Jehú. El reinado de Jehú finalmente conduce a los acontecimientos de *El presagio*. Los dos esquemas y misterios están relacionados.

El esquema de *El paradigma* identifica a una nación que progresa hacia el juicio, y así también lo hace el de *El presagio*. Lo especialmente ominoso es que ambos esquemas convergen en una nación específica: los Estados Unidos. Y para que nadie se consuele en el hecho de que el juicio final de la nación llegó muchos años después del reinado de Jehú, debemos notar que ambos esquemas *ya han comenzado* a manifestarse y lo han hecho, en gran parte, simultáneamente.

En cuanto a cuándo llegará el juicio, no podemos ser dogmáticos, a excepción de decir que tales cosas dependen en última instancia de la misericordia y la paciencia de Dios. En cuanto a cómo podemos estar seguros ante tal juicio, hablaremos de ello en la última parte del siguiente capítulo.

En cuanto a quienes conocen al Señor, lo que esto nos dice es que la hora está avanzada. La ventana es temporal, y no debemos desperdiciarla. Sin avivamiento no puede haber esperanza alguna. ¿Hay alguna esperanza de avivamiento? Si no hubiera esperanza, ¿cuál sería el punto de tales advertencias proféticas? Si hay advertencia, entonces hay esperanza. Por tanto, se hizo una promesa a la antigua Israel para ser aplicada incluso en días de la apostasía y el juicio de la nación. Era la siguiente:

"Si se humillare mi pueblo, sobre el cual mi nombre es invocado, y oraren, y buscaren mi rostro, y se convirtieren de sus malos caminos; entonces yo oiré desde los cielos, y perdonaré sus pecados, y sanaré su tierra".[3]

En el tiempo de la escritura de este libro, el regreso que es necesario para que haya avivamiento y restauración no se ha producido aún. Y si la cultura de la nación sigue sin cambiar, si su generación más joven sigue sin ser tocada, si su progresión de pecado y desafío sigue sin ser rota, entonces su destino final también seguirá siendo el mismo. Pero si hubo alguna vez un tiempo para que el pueblo de Dios aplique la antigua promesa dada a Israel y se humille, ore, y busque el rostro de Dios y se vuelva de sus caminos de pecado, con la confianza en su misericordia y su poder para sanar y restaurar, ese tiempo es ahora.

Así que debemos tomar nota de la naturaleza crítica de nuestros días; y debemos aún más orar por el avivamiento, creer por el avivamiento, trabajar por el avivamiento, y hablar la verdad por el avivamiento. Y más importante aún, no solo debemos orar por el avivamiento, sino también debemos comenzar realmente a vivir en el avivamiento.

Debemos utilizar cada momento hasta el máximo de nuestras capacidades para la voluntad y los propósitos de Dios. Debemos aprovechar al máximo los días que tenemos, porque no siempre los tendremos.

———

Al acercarnos ahora al final de la revelación, sigue quedando un último paradigma por abrir; y será este paradigma el que nos dará el esquema y la respuesta concernientes a nuestros propios caminos, vidas y destinos. Es el paradigma dado a quienes buscan mantenerse fuertes en un tiempo como este, vivir en la voluntad de Dios, y cumplir el propósito para el cual fueron puestos en la tierra. Es el esquema que concierne a más de una única persona de los tiempos actuales. Es el esquema dado para la persona que está leyendo este libro. Incluso se podría decir que es el paradigma de usted.

EL PARADIGMA DE ELÍAS

Y AHORA, EL PARADIGMA que falta...
Ha estado ahí de un modo u otro desde el principio, desde el tiempo de Acab; pero ahora es momento de abrirlo.

Tras el ascenso y la caída de los gobernantes del paradigma yace otro ámbito: el ámbito profético. Gran parte de lo que tiene lugar en el paradigma, desde el trono hasta el campo de batalla, es el desarrollo específico de la profecía. Y la figura profética clave del paradigma es una de las más famosas de todas las figuras proféticas: Elías.

La segunda figura profética clave es su aprendiz: Eliseo. Lo consideraremos como un ministerio, una función, y un papel, ya que Eliseo desempeñó la continuación del ministerio de Elías. Él ungió a quienes Elías fue llamado a ungir, fue parte del cumplimiento de las profecías de Elías, e incluso ministró en la unción de Elías.

Fue Elías quien estuvo ahí desde el principio para desafiar a Acab y a Jezabel. Fue Elías quien ungió a Eliseo, quien ministraba en el tiempo de la resolución del paradigma. Fue Elías a quien se dijo primero que ungiera a

Ben-Adad y Hazael, jugadores clave en la resolución del paradigma. Y fue la profecía de Elías la que se cumplió en el juicio de Acab, Joram y Jezabel.

Él entró en el relato bíblico del siguiente modo:

> "Entonces Elías tisbita, que era de los moradores de Galaad, dijo a Acab:
> Vive Jehová Dios de Israel, en cuya presencia estoy, que no habrá lluvia
> ni rocío en estos años, sino por mi palabra".[1]

Él sale a escena como salido de la nada. Conocemos poco sobre él, y sin embargo, parece que es desde el principio una figura importante, un igual del rey. No es ningún accidente que su primera aparición en la Escritura siga directamente la del rey Acab, pues Elías sería la respuesta de Dios a la casa de Acab y sus maldades. Cuando Acab y Jezabel se embarcan en su campaña de apostasía y su agenda para aniquilar los caminos de Dios es cuando Dios levanta a Elías.

Él habló con valentía al trono; se mantuvo resolutivo contra sus maldades; desafió a su dios Baal; abrió y cerró los cielos; confrontó a la nación con su pecado y la llamó al arrepentimiento; sacó a la luz los pecados de la casa real. Su aprendiz, Eliseo, profetizó a Joram, Hazael, e indirectamente a Jehú. Ascendió y cayó con estos reyes. Todo comenzó con Elías. No podemos estimar en exceso su impacto sobre Israel, de modo directo e indirecto. Prácticamente cada faceta del paradigma tiene alguna relación con este feroz profeta.

Él era radical, dramático, audaz, valiente y poderoso; y era una figura así la que se requería para el reto de los tiempos. Él se mantuvo como una fuerza opositora a la apostasía de la nación. Fue odiado por los sacerdotes de Baal y sus seguidores y por Jezabel, quien amenazó su vida; sin embargo, él confrontó al rey cara a cara. Se negó a conformarse a los tiempos o a ceder terrero alguno a los dictados de la apostasía. No fue intimidado sino que se mantuvo inflexible, sin concesiones ni vergüenza a favor de los caminos de Dios. Y su vida y ministerio fueron usados para cambiar el rumbo de la historia de su nación.

Por tanto, ¿quién era Elías?

El paradigma de Elías

Para encontrar la respuesta debemos regresar al cuadro general con el que comenzamos en la apertura del paradigma: el del alejamiento masivo de la civilización occidental de sus fundamentos bíblicos y su guerra contra la moralidad y la fe bíblicas.

Hemos visto los mismos elementos de esta guerra en la apostasía de los tiempos actuales. La civilización occidental está repitiendo la caída de la antigua Israel. Y este paradigma es el que forma el escenario para el profeta Elías. El llamado de Elías tuvo lugar en medio de una civilización una vez establecida para los propósitos de Dios y antes saturada del conocimiento de sus caminos; pero se había alejado. Y ahora su caída era cada vez más profunda y acelerada.

Si Acab, Jezabel y Joram representan la oscuridad del paradigma, entonces Elías, junto con Eliseo, representa la luz. Así, el paradigma de Elías es el paradigma de los justos, y particularmente de los justos que viven en los días de la apostasía. Y como la apostasía de tiempos de Elías es el paradigma de la apostasía presente, el paradigma de Elías habla especialmente a nuestro tiempo y es fundamental en revelar cómo el pueblo de Dios ha de situarse, actuar, dar testimonio, vencer, y ser una luz para los tiempos y el mundo en que vive.

El testimonio de Elías fue distinto al de los justos que le precedieron. En épocas anteriores, como en la del rey David, los caminos de Dios representaban el principio gobernante de la cultura de la nación. La fe bíblica era la cosmovisión reinante de la sociedad, y la moralidad bíblica representaba su código de ética prevaleciente. Siempre hubo quienes violaron tales códigos, pero los códigos en sí siguieron en su lugar. Pero en los días de Elías todo eso fue trastornado. Con el ascenso de Acab y Jezabel, la cosmovisión y el principio reinante de la cultura ya no era la fe bíblica sino el paganismo y las prácticas paganas, su código de moralidad.

Los días en los que la fe bíblica constituye el principio gobernante de la civilización no son los días del profeta Elías sino los días del rey David. Pero los días en que la civilización es gobernada por lo que es antibíblico no son los días de David sino los días de Elías. En los días de David, la fe bíblica es un fenómeno cultural al estar en gran parte unido con la cultura de la nación y ser una con ella; está establecida y es parte del *statu quo*. Pero en los días de Elías, la fe bíblica no es un fenómeno cultural; en cambio, se convierte en un fenómeno contracultural. Está separada, y no es parte del *statu quo* sino que es radical y revolucionaria.

En los días de David, la fe es de la realeza, pero en los días de Elías la fe se vuelve profética. O para expresarlo de otro modo, en los días en que una civilización está caracterizada por el reinado de Acab, entonces el pueblo de Dios debe, a su vez, estar caracterizado por Elías.

> Cuando el principio reinante de una cultura cambia de ser bíblico a ser antibíblico, la fe debe pasar de ser un fenómeno cultural a ser un fenómeno contracultural, de aquello que es *statu quo* a aquello que es radical y revolucionario. Deja de ser un fenómeno gobernante o regio y se convierte en un fenómeno profético.

En épocas pasadas, la fe judeocristiana constituía en muchos aspectos el principio reinante de la civilización occidental. Esta era la etapa de David. Iglesia y Estado estaban unidos de diversas maneras. El cristianismo aparecía como un fenómeno cultural y parte del *statu quo*, pero con la apostasía de la civilización occidental, todo eso ha sido revertido. Como en el paradigma, la fe bíblica ya no es el principio gobernante de la cultura. La civilización occidental ha pasado a la etapa de Acab. Así, el pueblo de Dios debe, a su vez, pasar a la etapa de Elías. La fe judeocristiana debe pasar de operar como un fenómeno cultural a ser contracultural. Su gente debe convertirse cada vez más en un pueblo revolucionario, un pueblo profético.

"Cuando Acab vio a Elías, le dijo: ¿Eres tú el que turbas a Israel?".[2]

Acab llamó a Elías "el que turba a Israel". Sin embargo, Elías simplemente se había mantenido fiel a los caminos del Señor. Fue la nación la que cambió; y por tanto, simplemente por mantenerse fiel a lo que antes la nación entera se mantenía fiel, él fue considerado un radical. En los tiempos en que una nación se vuelve radicalmente inmoral, la moral parecerá ser radical. Así pasó con Elías. Su negativa a seguir el rumbo de la apostasía le hizo ser un testigo viviente, un recordatorio de lo que la nación había abandonado y de lo cual había caído. Y por eso él turbaba. Una civilización que ve lo malo como bueno ahora verá lo bueno como malo. Por tanto, aquellos que en tiempos pasados habrían sido considerados héroes y modelos a seguir, ahora son considerados enemigos del estado. Así, el paradigma:

> Quienes se nieguen a conformarse a la apostasía de la cultura, quienes se mantengan fieles a los caminos de Dios, ahora serán catalogados como radicales, problemáticos, peligrosos, incluso enemigos del estado. Su existencia misma dará testimonio de lo que antes sostenía la cultura pero que ahora había abandonado.

Cuando una "cultura cristiana" apostata hacia un estado poscristiano o anticristiano, quienes se niegan a conformarse a la apostasía, quienes siguen siendo cristianos, quienes se mantienen fieles a la Palabra y los caminos de Dios, se convierten en los Elías de la época. Como sucedió con Elías, su existencia misma constituirá un testimonio y un recordatorio que turbará a la civilización en la cual viven concerniente a aquello de lo cual ha caído. Como fue con Elías, ellos serán gradualmente catalogados como radicales y peligrosos.

> "Y él respondió: Yo no he turbado a Israel, sino tú y la casa de tu padre, dejando los mandamientos de Jehová, y siguiendo a los baales".[3]

Acab ha guiado a la nación en cuanto a redefinir lo que es bueno y malo. Ahora busca redefinir a los justos, es decir, a Elías. Pero Elías se niega a ser redefinido. Él ve la nueva moralidad, con sus valores fabricados nuevamente y sus nuevos dictados de corrección política, tal como es: una rebelión contra las leyes eternas de Dios. No es Elías sino Acab quien es el turbador del reino, y Elías no tiene temor a decírselo. Porque en los días de la apostasía son los impíos quienes juzgan y son los criminales quienes reinan.

> Una civilización en apostasía intentará redefinir no solo el bien y el mal sino también al pueblo de Dios. Por tanto, los justos deben rechazar toda redefinición. Deben negarse a ser redefinidos por la apostasía. Deben aferrarse firmemente a las leyes eternas de Dios.

Así, en la apostasía actual de los Estados Unidos y Occidente, la cultura buscará no solo redefinir valores y moralidad, sino también a aquellos que se mantienen fieles a Dios; por tanto, los justos deben hacer lo que hizo Elías y rechazar todas las redefiniciones de la apostasía; y deben negarse a ser redefinidos ellos mismos. Deben aferrarse firmemente a las leyes eternas de Dios.

Dios siempre proveyó para Elías. Incluso en los días de hambruna, se atendió a sus necesidades. Por tanto, Elías nunca fue dependiente de la cultura que lo rodeaba, y esa era una dinámica crucial. Solamente manteniéndose independiente de la cultura circundante fue capaz de ser una luz en su oscuridad.

> En los días de la apostasía, el pueblo de Dios debe ser cada vez más independiente de la cultura que le rodea, especialmente separado de sus corrupciones. Solamente entonces será capaz de llevar luz a su oscuridad.

Así que en medio de la apostasía, quienes se mantengan fieles a la Palabra de Dios tendrán que separarse cada vez más de cualquier dependencia de la cultura circundante, especialmente de sus corrupciones. Pero igual que con Elías, esa separación e independencia no han de buscarse con el propósito de retirarse sino más bien de impactar e involucrar a la cultura circundante para Dios. Solamente aquellos que no son *de* la oscuridad pueden convertirse en una luz *para* la oscuridad.

A fin de llegar a ser independiente de la corrupción de su época, Elías tuvo que volverse más dependiente aún de Dios. Fue, por tanto, un hombre de profunda oración y comunión con Dios.

> La capacidad del pueblo de Dios se llegar a ser independiente de la corrupción y la contaminación de la cultura circundante será proporcional a su mayor dependencia de Dios.

A fin de ser desconectado de la oscuridad, uno debe conectarse aún más con la luz. Por tanto, en los días de la apostasía es mucho más crítico que los creyentes se conecten mucho más con Dios mediante la oración y la comunión en su presencia. Cuanto más dependientes son de Él, más independientes se volverán de la cultura circundante. Su poder y eficacia dependerán de ello.

Elías era un hombre sólido e inflexible, íntegro, decidido y enfocado. Otros habían hecho concesiones a la maldad de su época y se habían descalificado a sí mismos de ser usados por Dios; pero Elías fue en la dirección opuesta. Cuanto más malvada se volvía la cultura, más fuertemente aguantaba él. Y fue esta postura radical e inflexible la que le permitió cambiar el rumbo de su nación.

> En los días de creciente apostasía, quienes hagan concesiones a la maldad caerán; pero el que más se comprometa a vivir de modo íntegro, inflexible y sincero para Dios, será también quien sea usado por Dios más poderosamente para sus propósitos.

En los días en que la inmoralidad se convierte en el principio gobernante de una cultura, la tentación para el pueblo de Dios será suavizar su postura, doblegarse ante la presión, y hacer concesiones a lo oscuro; pero quienes hagan eso se descalificarán a sí mismos de ser usados por Dios como habían de ser usados. En cambio, los justos deben comprometerse a vivir como hizo Elías y resistir toda tentación a hacer concesiones y toda la presión para suavizar su postura. Más bien, deben moverse en la dirección opuesta. Cuando la oscuridad se hace cada vez más oscura, es entonces cuando las luces deben ser cada vez más brillantes. Cuando la maldad va de mal en peor, los justos deben ir de bien a superior. En una civilización cristiana, las velas brillan en la luz del sol; pero en una civilización poscristiana, brillan en la oscuridad de la noche; se convierten en luces de contradicción. Pero es la luz contraria la que cambia la historia de vidas y naciones; es la luz radical, la luz de la vela en la noche, la que ilumina al mundo.

Elías fue un hombre de fe y confianza, de valentía y coraje contra todo pronóstico, de una tozuda esperanza que no cedió a pesar de todo lo que se opuso contra él. A pesar de sus circunstancias y a pesar de quienes se sentaban en el trono de su nación, él sabía quién era Rey sobre todos los reyes y qué lado era el que prevalecería al final.

> En tiempos en que gobierna la oscuridad, los justos deben ver más allá de la oscuridad y aferrarse por fe a una esperanza tozuda e inflexible, viendo por encima de todas las potestades al reinado del Rey verdadero y la seguridad de la victoria que espera al final. Deben ser valientes y plenamente seguros del bien.

En los días del paradigma, Elías se mantuvo en minoría. Quienes seguían la maldad o simplemente la aceptaban y le seguían la corriente, eran mayoría. La lucha a veces debió de haber parecido desesperanzada; sin embargo, Elías se mantuvo firme y actuó como si estuviera del lado ganador; y lo estaba.

Por tanto, en los días de la apostasía en masa, a menudo parecerá que el pueblo de Dios está en el lado perdedor; pero deben ser más tozudos aún en fe, más valientes aún en verdad, y más seguros aún de la victoria. Deben resistir la tentación a estar en silencio; deben ser como Elías y luchar su buena pelea y mantenerse firmes como si estuvieran en el lado ganador, como, de hecho, lo están.

"Entonces dijo Elías a todo el pueblo: Acercaos a mí. Y todo el pueblo se le acercó; y él arregló el altar de Jehová que estaba arruinado".[4]

En los tiempos de Acab, Elías convocó a la nación en el Monte Carmelo en un intento de romper la maldición que descansaba sobre la tierra. Para que la maldición fuera rota, el pueblo tenía que decidir a qué Dios serviría: al Señor o a Baal. Pero antes de que pudiera tomarse esa decisión, el altar del Señor que había sido arruinado tenía que ser reparado.

> En la apostasía, el altar del Señor es derribado. Para que haya restauración y avivamiento, debe haber un regreso a ese altar; y ese altar debe ser reparado.

¿Qué es un altar? Es aquello sobre lo cual se mata un sacrificio. La fe sobre la que fue fundada la civilización occidental y los Estados Unidos no tiene un altar, ¿o sí lo tiene? En el fundamento espiritual de los Estados Unidos y la civilización occidental yace un altar: la cruz. ¿Qué es la cruz? Es aquello sobre lo cual fue muerto el sacrificio. La cruz es un altar: el altar del Señor.

Según el paradigma, en los días de apostasía el altar del Señor es descuidado y derribado; por tanto, en la apostasía presente, la cruz, el altar de la civilización occidental, de igual modo ha sido descuidado y derribado. Porque una civilización entregada a la idolatría y el materialismo finalmente devaluará el altar de la cruz. Una cultura obsesionada con la autogratificación y el ensimismamiento rechazará lo que represente la abnegación; así, denigrará y derribará el altar del Señor. La búsqueda de prosperidad, éxito y realización ha causado que la cruz sea descuidada y derribada también en muchas de las casas que llevan el nombre de Él.

El avivamiento no podía llegar en el caso antiguo fuera de un regreso al altar del Señor, y tampoco puede llegar el avivamiento en el caso presente sin que suceda lo mismo. Solamente puede llegar en un regreso al fundamento, a la cruz, a Jesús. Y deben ser los Elías de esta época quienes primero regresen a ese altar, a quien lo construyó y a quien, como hizo Elías, llama a regresar a ese altar a la civilización en la cual viven. Solamente entonces puede haber verdadero avivamiento.

"Y acercándose Elías a todo el pueblo, dijo: ¿Hasta cuándo claudicaréis vosotros entre dos pensamientos? Si Jehová es Dios, seguidle; y si Baal, id en pos de él".[5]

Elías llamó a la nación a tomar una decisión de una vez por todas. Sin esa decisión no podía haber restauración.

> Para que haya avivamiento y restauración, debe haber arrepentimiento. Y para que haya arrepentimiento, debe haber una decisión.

El 29 de abril de 2015, yo estaba de pie en el edificio del Capitolio de los Estados Unidos y hablé a una asamblea de líderes y miembros del Congreso. Cuando busqué al Señor en cuanto a qué mensaje debería dar, fui guiado al momento de Elías sobre el Monte Carmelo. Di esta palabra:

> "Hemos llegado a un momento de lo más crítico. Igual que Elías estaba en lo alto del Monte Carmelo y clamó a Israel en su momento de decisión, entre dos altares y dos dioses, su voz clama ahora a América y nos dice: 'Escojan este día a quién servirán'. Hace setenta años, el capellán del Senado de los Estados Unidos clamó con la misma voz y dijo a esta nación: 'Si el Señor es Dios, seguidle; y si Baal, id en pos de él…hasta el infierno'.
>
> "Esta noche, América está en la encrucijada. Y al igual que Elías fue a la cumbre del Monte Carmelo para hacer una declaración, hemos venido esta noche a Capitol Hill a declarar que nuestro Dios no es Baal…hemos venido a este monte a declarar que hay un solo Dios…el Dios de Abraham, Isaac y Jacob…el Dios de Israel y de todas las naciones…Solamente Él es la Roca sobre la cual esta nación ha llegado a existir…No nos postraremos ante Baal".

Fui guiado a hablar de los Estados Unidos situado en la encrucijada entre Dios y Baal. Aún no había llegado a mí lo que había en el paradigma. Dos semanas antes de declarar esa palabra, Hillary Clinton había declarado su candidatura a la presidencia. Menos de una semana antes de que yo hablara, ella declaró su proclamación de que las creencias profundamente asentadas tendrían que ser cambiadas. El día antes de que yo hablara, la Corte Suprema oyó el caso que decidiría el futuro del matrimonio en América. Dos semanas después de que yo hablara, Donald Trump declaró su candidatura a la presidencia. Y dos meses después de eso, los santuarios antiguos del dios contra el cual yo hablé concretamente, los templos de Baal, fueron derribados.

América sigue estando, mientras escribo, en la encrucijada entre Dios y Baal. Y solamente mediante el arrepentimiento puede haber avivamiento; y solamente mediante la decisión puede haber arrepentimiento.

Estamos en el más crucial de los tiempos: los días de Elías. Debemos orar por el momento en el Monte Carmelo de nuestra civilización y llamar a la decisión que debe tomarse, pero nosotros igualmente debemos tener nuestro propio momento del Monte Carmelo. Cada uno debe poner fin a cualquier indecisión o vacilación que aún permanezca; cada uno debe escoger a quién servirá. Porque quien sirva al Señor completamente, sinceramente y sin reservas, será aquel a quien Dios ungirá, como ungió a Elías, con el propósito de cosas grandes y poderosas, incluso para el cambio de la historia de naciones.

Hemos descubierto el esquema de Elías. Es momento ahora de llegar a ser parte de él; es momento de que nos convirtamos en los Elías del paradigma.

O en otras palabras, si estos son los tiempos de Elías, es tiempo de que nosotros nos convirtamos en los Elías de este tiempo.

En cuanto a quien lee estas palabras y medita la pregunta con respecto a cómo se puede estar seguro en la llegada del juicio o cómo se puede ser salvo ante el acercamiento de la eternidad, la respuesta se encuentra en el mismo lugar: en el altar del Señor, en la cruz. Fuera de ese altar no hay seguridad ni esperanza. Dentro de él no hay temor ni juicio.

Está escrito: "Y en ningún otro hay salvación; porque no hay otro nombre bajo el cielo, dado a los hombres, en que podamos ser salvos".[6] Ese nombre, que conocemos como *Jesús*, en su forma original es *Yeshúa*. *Yeshúa* significa Dios es salvación. Ese es el punto decisivo del asunto, no la religión o la cultura, sino el amor de Dios, que Dios mismo se puso en nuestro lugar y tomó sobre sí mismo nuestro juicio y venció la muerte para que pudiéramos ser salvos. Sigue siendo, desde tiempos antiguos hasta ahora, la mayor manifestación de amor que podríamos imaginar. No hay mayor amor, y al final ninguna otra esperanza.

Es el amor de Dios, la misericordia de Dios, y el perdón de todos los pecados. Y es solamente en ese amor y misericordia donde encontramos nueva vida y nuevo nacimiento. Y es solamente en ese nuevo nacimiento donde podemos ser salvos; como está escrito, a fin de entrar en el reino de los cielos debemos nacer de nuevo. Es vida eterna; es la paz y el gozo del cielo ahora y para siempre.

Se da gratuitamente y sin condición a todo aquel que lo reciba. Se recibe por fe, y puede comenzar dondequiera que estemos con una sencilla oración sincera para recibir el amor y la misericordia de su sacrificio y el poder de su resurrección. Comienza recibiendo su presencia en el corazón y la vida, y después siguiendo en sus pasos cada día y cada momento como discípulos de Él.

Igual que el llamado de Elías al pueblo requería una decisión, así también la salvación. No decidir es decidir en contra. Demorar o posponer el tomar esa decisión es no decidir. Por eso está escrito: "Escojan *este día*". Porque "este día" es el único día que se puede escoger. Hoy es el único día en el cual puede tener lugar la salvación…y el único momento es ahora.

Capítulo 31

CONCLUSIONES

¿**Q**UÉ HEMOS VISTO?

- Un esquema que se remonta casi tres mil años y sin embargo contiene el misterio de nuestros tiempos.
- Un paradigma que revela o determina el ascenso y la caída de líderes y gobiernos.
- Un esquema que yace tras acontecimientos mundiales hasta el siglo XXI.
- Un misterio que implica de un modo u otro las vidas de todos en la tierra.
- Un paradigma que revela...

  ...no solo los acontecimientos de nuestros tiempos sino también el momento de esos acontecimientos, los años y en algunos casos incluso las fechas exactas en que han de tener lugar.

…las personas de nuestros tiempos, los líderes y jugadores, las figuras sobre el escenario mundial actual, sus naturalezas, sus acciones, sus personalidades, e incluso, al menos en uno de los casos, un nombre.

…los parámetros de tiempo otorgados a cada uno de los líderes actuales para permanecer en la escena mundial.

…los resultados de acontecimientos actuales, incluso los de elecciones presidenciales.

…el significado y la importancia que están detrás de los acontecimientos de nuestra época.

¿Cuáles son, entonces, las implicaciones del paradigma?
Son las siguientes…

- Dios es real.
- Dios está sobre todas las cosas.
- Él hace que todas las cosas, su voluntad y todo lo que hace guerra contra su voluntad, lo bueno y lo malo, lo santo y lo profano, obren para sus propósitos supremos.
- El Dios de la Biblia, que estuvo implicado activamente y dinámicamente en los acontecimientos del mundo antiguo, también está implicado tan activa y dinámicamente en los acontecimientos del mundo moderno y de nuestro tiempo.
- Sus obras tienen lugar no solo en el ámbito sagrado sino también en el ámbito secular, el ámbito político, el ámbito económico, el ámbito cultural, el ámbito espiritual, el ámbito natural…en todos los ámbitos y en todas las cosas.
- La Biblia es la Palabra de Dios, tanto es así que sus patrones, claves y esquemas revelan, iluminan, anuncian, si no determinan, incluso los acontecimientos y detalles de la época presente.
- La Palabra de Dios está por encima del tiempo. Lo que se escribió hace casi tres mil años es tan relevante ahora como lo fue cuando se escribió.
- Lo que estamos viendo ahora es una metamorfosis masiva de la civilización occidental, una metamorfosis de valores, moralidad, cultura, sociedad y naciones: la metamorfosis de la apostasía. Esta metamorfosis está afectando al mundo entero.

- La metamorfosis está teniendo lugar según un esquema antiguo: el paradigma de la antigua Israel.

- El paradigma se está manifestando no solo a escala global, sino también en la más pequeña de las escalas y en los detalles más intricados.

- Involucra a líderes actuales que caminan en los pasos de gobernadores antiguos y siguen los patrones y rumbos de un esquema antiguo.

- Los líderes antiguos fueron parte de un paradigma de apostasía y juicio. Así, nosotros ahora estamos viviendo igualmente en los días de apostasía y progresando hacia el juicio.

- Dios es lento en juzgar; sin embargo, debe llevar y finalmente llevará toda la maldad a juicio. Es su necesidad ejecutar juicio, pero es su corazón mostrar misericordia. Por tanto, Él llama a todos al arrepentimiento y la salvación.

- Dios oye las oraciones de su pueblo y se mueve por causa de ellos.

- Las obras de Dios son tan precisas que determinan incluso los momentos más pequeños de la historia del mundo, y de nuestras vidas.

- Estamos viviendo en tiempos bíblicos.

Los acontecimientos del paradigma están separados por casi tres milenios. Ningún personaje de la historia moderna estaba vivo en el momento del relato antiguo; y todos los que vivieron y estuvieron en el relato antiguo ya hace mucho tiempo que se fueron.

Entonces, ¿quién fue quien lo unió todo? ¿Quién fue el que estaba vivo en los dos tiempos, en ambas épocas, separadas por tres mil años? Hay solamente Uno.

Así, el Paradigma revela que al final, todos los reyes y reinas, todos los profetas y sacerdotes, hombres santos y guerreros, todos los líderes y seguidores, todos los santos y pecadores, todas las culturas y naciones, todos los reinos e imperios, todas las luchas y lágrimas, toda maldad y oscuridad, pasarán. Todas las cosas pasan excepto Dios y su amor. Y todo aquel que se refugia dentro de ese amor habitará con Él para siempre.

Porque sobre todos los reyes, sobre todos los reinos, sobre todos los poderes, y sobre todos los tronos, solamente uno es Rey. Y por tanto, de Él es el reino, el poder y la gloria ayer, hoy, y para siempre.

NOTAS

Capítulo 2: Metamorfosis

1. 1 Corintios 10:11.
2. 2 Reyes 17:17.
3. Jeremías 19:4–5.

Capítulo 3: Días de los dioses

1. Fish Eaters, consultado en línea 24 de junio de 2017, www.fisheaters.com /forums/index.php?topic=2871173.0, énfasis añadido. El sitio incluye esta cita: Patricia Baird-Windle...citado en una entrevista del 29 de agosto de 1999 para *Florida Today*, y en "The 'Sacrament' of Abortion: An Interview With a Retired Abortionist". LifeSite Daily News at http://www.lifesite.net, 31 de agosto de 1999.

2. Ginette Paris, *The Sacrament of Abortion*, traducido por Joanna Mott (Washington, DC: Spring Publications, 1992), p. 56, consultado en línea 5 de junio de 2017, https://books.google.com, énfasis añadido.

3. *Ibíd.*, 92, énfasis añadido.

4. Ginette Paris, *The Psychology of Abortion: Second Edition* (publicado originalmente como *The Sacrament of Abortion*) (Washington, DC: Spring Publications, 2007), p. 70, consultado en línea 5 de junio de 2017, https://books.google .com, énfasis añadido.

Capítulo 4: El rey

1. Richard D. Patterson y Hermann J. Austel, *1 and 2 Reyes: The Expositor's Bible Commentary, Revised Edition* (Nashville, TN: HarperCollins Christian Publishing, 2017), consultado en línea 17 de junio de 2017, https://books.google.com /books?id=g8ESDgAAQBAJ.

2. Dick Meyer, "What 'Culture War'?" *Los Angeles Times*, 27 de agosto de 2008, consultado en línea 7 de junio de 2017, http://www.latimes.com/la-oe -meyer27-2008aug27-story.html.

3. *Ibíd.*

4. Patrick J. Buchanan, "Culture War Speech: Address to the Republican National Convention", Voices of Democracy, 17 de agosto de 1992, consultado en línea 7 de junio de 2017, http://voicesofdemocracy.umd.edu/buchanan-culture -war-speech-speech-text/.

5. Bill Clinton, *My Life: The Early Years* (New York: Vintage Books, 2005), pp. 29, 38.

6. 1 Reyes 16:30.

Capítulo 5: La reina

1. Patrice Taddonio, "WATCH: For Hillary in Arkansas, First Came Rejection. Then Came Rebranding", *Frontline*, 22 de septiembre de 2016, consultado en línea

17 de junio de 2017, http://www.pbs.org/wgbh/frontline/article/watch-for-hillary -in-arkansas-first-came-rejection-then-came-rebranding/.

2. Sarah Ellison, "How Hillary Clinton's Loyal Confidants Could Cost Her the Election", *Vanity Fair*, diciembre de 2015, consultado en línea 30 de julio de 2017, http://www.vanityfair.com/news/2015/10/hillary-clinton-inside-circle-huma -abedin.

3. Peter Baker y Amy Choznik, "Hillary Clinton's History as First Lady: Powerful, but Not Always Deft", *New York Times*, 5 de diciembre de 2014, consul- tado en línea 7 de junio de 2017, https://www.nytimes.com/2014/12/06/us/politics /hillary-clintons-history-as-first-lady-powerful-but-not-always-deft.html.

4. William H. Chafe, *Bill and Hillary: The Politics of the Personal* (New York: Farrar, Straus and Giroux, 2012), p. 230, consultado en línea 31 de julio de 2017, http://tinyurl.com/yd9x3b8j.

5. Geoffrey W. Bromiley, *The International Standard Bible Encyclopedia*, vol. 2 (Grand Rapids, MI: Wm. B. Eerdmans, 1982), consultado en línea 7 de junio de 2017, http://tinyurl.com/ybwqoxek.

Capítulo 6: El rey y la reina

1. 1 Reyes 18:19.

2. 1 Reyes 21:25.

3. Michael A. Genovese, *Encyclopedia of the American Presidency* (New York: Facts On File, 2004), p. 99.

4. Amy Chozick, "Sara Ehrman, Outspoken Feminist With Deep Ties to Clin- tons, Dies at 98", *New York Times*, 3 de junio de 2017, consultado en línea 26 de junio de 2017, www.nytimes.org.

5. Marielle Segarra, "A Look at Women Who Had a Strong Influence Over the Presidency", Newsworks, 28 de julio de 2016, consultado en línea 26 de junio de 2017, http://www.newsworks.org/index.php/local/item/95225-as-dnc-approaches -a-look-at-women-whove-had-a-strong-influence-over-the-presidency.

6. Peter Baker y Amy Chozick, "Hillary Clinton's History as First Lady: Powerful, but Not Always Deft", *New York Times*, 5 de diciembre de 2014, consul- tado en línea 27 de julio de 2017, https://www.nytimes.com/2014/12/06/us/politics /hillary-clintons-history-as-first-lady-powerful-but-not-always-deft.html.

7. "Bill Clinton on Abortion", On the Issues, consultado en línea 26 de junio de 2017, http://www.ontheissues.org/celeb/Bill_Clinton_Abortion.htm.

8. "Clinton Health Care Plan of 1993", Wikipedia, consultado en línea 3 de julio de 2017, https://en.wikipedia.org/wiki/Clinton_health_care_plan_of_1993.

9. "Bill Clinton on Abortion", On the Issues, consultado en línea 3 de julio de 2017, http://www.ontheissues.org/celeb/Bill_Clinton_Abortion.htm.

10. "Partial-Birth Abortion Ban Act of 2003", NRLC.org, consultado en línea 3 de julio de 2017, https://www.nrlc.org/archive/abortion/pba/partial_birth _abortion_Ban_act_nal_language.htm.

11. "Clinton Makes Keynote Speech Before Gay-Lesbian Group", CNN, AllPoli- tics, 8 de noviembre de 1997, consultado en línea 3 de julio de 2017, http://www .cnn.com/ALLPOLITICS/1997/11/08/clinton.gays/index.html.

12. "Presidential Documents", *Federal Register*, 6 de junio de 2000, consultado

en línea 3 de julio de 2017, https://www.gpo.gov/fdsys/pkg/FR-2000-06-06/pdf/00 -14440.pdf.

13. Andrew Gimson, "Hillary Clinton as Lady Macbeth", *Telegraph*, 17 de abril de 2008, consultado en línea 3 de julio de 2017, http://www.telegraph.co.uk/news /worldnews/1895909/Hillary-Clinton-as-Lady-Macbeth-Democratic-debate.html.

14. Edward B, Coe, "Jezebel", consultado en línea 3 de julio de 2017, https:// www.scribd.com/document/92464891/JEZEBEL.

15. "A Comparison of Shakespeare's Lady Macbeth and Biblical Jezebel", Kibin, consultado en línea 3 de julio de 2017, https://www.kibin.com/essay-examples /a-comparison-of-shakespeares-lady-macbeth-and-biblical-jezebel-mCiZpWBT.

16. *Ellicott's Commentary for English Readers*, Bible Hub, consultado en línea 3 de julio de 2017, http://biblehub.com/commentaries/1_Kings/16-31.htm.

Capítulo 7: La diosa

1. 2 Crónicas 33:6.

2. Mary Emily O'Hara, "Hillary Clinton Draws Cheers and Criticism for 'Future Is Female' Line", NBC News, 7 de febrero de 2017, consultado en línea 3 de julio de 2017, http://www.nbcnews.com/news/us-news/hillary-clinton-draws -cheers-criticism-future-female-line-n717736.

3. Joseph Berger, "Performing Seances? No, Just 'Pushing the Membrane of the Possible'", *New York Times*, 25 de junio de 1996, consultado en línea 3 de julio de 2017, http://www.nytimes.com/1996/06/25/us/performing-seances-no -just-pushing-the-membrane-of-the-possible.html.

4. Kenneth L. Woodward, "Soul Searching", *Newsweek*, 7 de julio de 1996, consultado en línea 3 de julio de 2017, http://www.newsweek.com/soul-searching -179536.

5. *Ibíd.*

6. "Performing Séances?", *New York Times*.

7. Jean Houston, *The Passion of Isis and Osiris* (New York: Wellspring/Ballantine, 1998), p. 21.

8. *Ibíd.*, énfasis añadido.

9. Richard Lieby, "Marianne Williamson, Hollywood Self-Help Guru, Wants to Heal Washington", *Washington Post*, 11 de marzo de 2014, consultado en línea 3 de julio de 2017, https://www.washingtonpost.com/lifestyle/style/marianne -williamson-hollywood-self-help-guru-wants-to-heal-washington/2014/03/11 /378b0d02-a85f-11e3-b61e-8051b8b52d06_story.html?utm_term=.b2efb0521f77.

10. Houston, *The Passion of Isis and Osiris*, p. 20.

11. E. A. Wallis Budge, "Neter. The Egyptian Word for God" Monist, Vol. 13, No. 4 (Julio de 1903), p. 481, consultado en línea 3 de julio de 2017, https://www .jstor.org/stable/27899432?seq=1#page_scan_tab_contents.

12. Houston, *The Passion of Isis and Osiris*, p. 21.

13. *Ibíd.*, énfasis añadido.

14. Mark Ellis, "Hillary Clinton: Has Her Methodism Been Influenced by Séances, Spiritism, and New Age Spirituality?" *Christian Post*, 22 de marzo de 2016, consultado en línea 3 de julio de 2017, http://m.blogs.christianpost.com/god-reports

/hillary-clinton-has-her-methodism-been-influenced-by-seances-spiritism-and-new
-age-spirituality-27414/.

15. Houston, *The Passion of Isis and Osiris*.

16. *Ibíd.*

Capítulo 8: Los días del rey

1. 1 Reyes 16:30, énfasis añadido.

Capítulo 9: La némesis

1. 1 Reyes 20:38–42.

2. "Osama Bin Laden: A Chronology of His Political Life", *Frontline*, consultado en línea 3 de julio de 2017, http://www.pbs.org/wgbh/pages/frontline/shows
/binladen/etc/cron.html.

3. *Ibíd.*

4. *Ibíd.*

5. *Ibíd.*

6. Glenn Kessler, "Bill Clinton and the Missed Opportunities to Kill Osama
Bin Laden", *Washington Post*, 16 de febrero de 2016, consultado en línea 3 de
julio de 2017, https://www.washingtonpost.com/news/fact-checker/wp/2016/02/16
/bill-clinton-and-the-missed-opportunities-to-kill-osama-bin-laden/?utm_term
=.2ddfa5eca9af.

7. Dan Good, "Bill Clinton, Hours Before 9/11 Attacks: 'I Could Have Killed'
Osama Bin Laden", ABC News, 1 de agosto de 2014, consultado en línea 3 de
julio de 2017, http://abc-news.go.com/US/bill-clinton-hours-911-attacks-killed
-osama-bin/story?id=24801422.

8. 1 Reyes 20:42, énfasis añadido.

Capítulo 10: La viña

1. 1 Reyes 21:1–2.

2. vv. 3–4.

3. v. 7.

4. v .7.

5. v. 8.

6. v. 14.

7. v. 15.

8. vv. 17–18.

9. "Whitewater Time Line," *Washington Post*, consultado en línea 3 de julio de
2017, http://www.washingtonpost.com/wp-srv/politics/special/whitewater/timeline
.htm.

10. "Whitewater Controversy", Wikipedia, consultado en línea 28 de junio de
2017, https://en.wikipedia.org/wiki/Whitewater_controversy.

11. Dan Froomkin, "Untangling Whitewater", *Washington Post*, consultado en
línea 3 de julio de 2017, http://www.washingtonpost.com/wp-srv/politics/special
/whitewater/whitewater.htm.

12. *Ibíd.*

13. "Whitewater Controversy", Wikipedia.

14. *Ibíd.*

15. "Vince Foster", Wikipedia, consultado en línea 3 de julio de 2017, https://en.wikipedia.org/wiki/Vince_Foster.

16. "Whitewater Time Line", *Washington Post.*

17. "Foster Origins", The Foster Name Website, consultado en línea 31 de julio de 2017, http://www.fostername.com/england.htm.

Capítulo 11: La profecía

1. Éxodo 20:17.
2. 1 Reyes 21:9–10.
3. Éxodo 20:16.
4. 1 Reyes 21:13.
5. Éxodo 20:13.
6. 1 Reyes 21:19.
7. vv. 20–22.
8. v. 22.
9. vv. 23–24.
10. v. 27.
11. vv. 28–29.

12. Steven Nelson, "Bill Clinton 15 Years Ago: 'I Did Not Have Sexual Relations With That Woman'", *US News & World Report*, 25 de enero de 2013, consultado en línea 3 de julio de 2017, https://www.usnews.com/news/blogs/press-past/2013/01/25/bill-clinton-15-years-ago-i-did-not-have-sexual-relations-with-that-woman.

13. "House Brief for Impeachment Trial", *Washington Post*, 11 de enero de 1999, consultado en línea 3 de julio de 2017, http://www.washingtonpost.com/wp-srv/politics/special/clinton/stories/housetext011199.htm.

14. Julia Maues, "Banking Act of 1933 (Glass-Steagall)", Federal Reserve History, consultado en línea 3, de julio de 2017, https://www.federalreservehistory.org/essays/glass_steagall_act.

15. Ryan Chittum, "Bill Clinton on Deregulation: 'The Republicans Made Me Do It!'" *Columbia Journalism Review*, 1 de octubre de 2013, consultado en línea 3 de julio de 2017, http://archives.cjr.org/the_audit/bill_clinton_the_republicans_m.php.

16. Bill Medley, "Riegle-Neal Interstate Banking and Branching Efficiency Act of 1994", Federal Reserve History, consultado en línea 3 de julio de 2017, https://www.federalreservehistory.org/essays/riegle_neal_act_of_1994.

17. Steven A. Holmes, "Fannie Mae Eases Credit to Aid Mortgage Lending", *New York Times*, 30 de septiembre de 1999, consultado en línea 3 de julio de 2017, http://www.nytimes.com/1999/09/30/business/fannie-mae-eases-credit-to-aid-mortgage-lending.html.

18. "Bill Clinton on Deregulation", *Columbia Journalism Review.*

19. "This Day in History", 19 de diciembre de1998, consultado en línea 3 de julio de 2017, http://www.history.com/this-day-in-history/president-clinton-impeached.

20. "Bin Ladin Preparing to Hijack US Aircraft and Other Attacks", Central

Intelligence Agency Memo, 4 de diciembre de 1998, Declassiffed and Approved for Release July 12, 2004, consultado en línea 3 de julio de 2017, https://www.cia .gov/library/readingroom/docs/DOC_0001110635.pdf.

21. "Ahab", Smith's Bible Dictionary, consultado en línea 3 de julio de 2017, http://www.christianity.com/bible//dictionary.php?dict=sbd&id=151, énfasis aña-dido.

22. Tokunboh Adeyemo, ed., *Africa Bible Commentary* (Nairobi, Kenya: Word-Alive Publishers, 2006), p. 441.

Capítulo 12: El fin

1. 1 Reyes 22:3–4.

2. vv. 29–30.

3. v. 31.

4. vv. 34–35.

5. 1 Reyes 21:19.

6. 1 Reyes 22:35–38.

7. Helen Kennedy, "President Clinton Admits He Lied Under Oath About His Affair With Monica Lewinsky in 2001", *Daily News*, 19 de enero de 2016 (publi-cado originalmente el 20 de enero de 2001), consultado en línea 3 de julio de 2017, http://www.nydailynews.com/news/politics/bill-feds-cut-dealsurrenders-law -license-escape-ind-article-1.904790.

8. Tom Rosenstiel y Amy S. Mitchell, eds., *Thinking Clearly: Cases in Journa-listic Decision-Making* (New York: Columbia University Press, 2003), p. 26, con-sultado en línea 26 de julio de 2017, http://tinyurl.com/ycwc5pfq.

9. "Controversial Article Regarding Kenneth W. Starr, Independent Counsel", Government Publishing Office, 24 de junio de 1998, consultado en línea 3 de julio de 2017, https://www.gpo.gov/fdsys/pkg/CREC-1998-06-24/html/CREC -1998-06-24-pt1-PgH5252-9.htm.

10. 1 Reyes 22:1–2, énfasis añadido.

Capítulo 13: El día

1. 1 Reyes 21:27.

2. v. 29.

3. 1 Reyes 20:42.

4. Steven Nelson,"Bill Clinton 15 Years Ago: 'I Did Not Have Sexual Relations With That Woman,'" *US News & World Report*, January 25, 2013, consultado en línea 3 de julio de 2017, https://www.usnews.com/news/blogs/press-past /2013/01/25/bill-clinton-15-years-ago-i-did-not-have-sexual-relations-with-that -woman.

5. David Maraniss, "First Lady Launches Counterattack," *Washington Post*, January 28, 1998, consultado en línea 3 de julio de 2017, http://www.washington post.com/wp-srv/politics/special/clinton/stories/hillary012898.htm.

6. "President Bill Clinton," CNN, All Politics, August 17, 1998, consultado en línea 3 de julio de 2017, http://www.cnn.com/ALLPOLITICS/1998/08/17/speech /transcript.html.

7. *Ibíd.*

8. *Ibíd.*

9. "Transcript of President's Remarks to Religious Leaders at Prayer Breakfast," *Los Angeles Times*, The Starr Report, September 12, 1998, consultado en línea 3 de julio de 2017, http://articles.latimes.com/1998/sep/12/news/mn-21961.

10. 1 Reyes 21:29, 22:1–2, énfasis añadido.

11. "President Bill Clinton: I Have Sinned," e History Place, consultado en línea 3 de julio de 2017, http://www.historyplace.com/speeches/clinton-sin.htm.

Capítulo 14: La reina en la sombra

1. Terence P. Jeffrey, "Hillary Clinton on Partial Birth Ban", CNSNews.com, 31 de agosto de 2016, consultado en línea 3 de julio de 2017, http://www.cnsnews.com/commentary/terence-p-jeffrey/hillary-clinton-partial-birth-ban.

2. Patrick Healy, "Clinton's Announcement Makes Waves in '08 Field", *New York Times*, 20 de enero de 2007, consultado en línea de julio de 2017, http://www.nytimes.com/2007/01/20/us/politics/20cnd-clinton.html.

Capítulo 15: El heredero

1. Zeke J. Miller, "Axelrod: Obama Misled Nation When He Opposed Gay Marriage in 2008", *TIME*, 10 de febrero de 2015, consultado en línea 3 de julio de 2017, http://time.com/3702584/gay-marriage-axelrod-obama/.

2. "Clinton Makes Keynote Speech Before Gay-Lesbian Group", CNN, All-Politics, consultado en línea 30 de julio de 2017, http://www.cnn.com/ALLPOLITICS/1997/11/08/clinton.gays/index.html.

3. Brooks Jackson, "Obama and the 'Christian Nation' Quote", FactCheck.org, 26 de agosto de 2008, consultado en línea 3 de julio de 2017, http://www.factcheck.org/2008/08/obama-and-the-christian-nation-quote/.

4. *Ibíd.*

Capítulo 16: El reino hostil

1. 2 Reyes 6:30–31.

2. vv. 32–33.

3. 2 Reyes 3:13.

4. Geoffrey W. Bromiley, *International Standard Bible Encyclopedia*, vol. 2 (Wm. B. Eerdmans Publishing, 1995), 977, consultado en línea 3 de julio de 2017, http://tinyurl.com/y7mn7b2n.

5. Ben Smith, "Obama on Small-Town Pa.: Clinging to Religion, Guns, Xeno-phobia", Politico, 11 de abril de 2008, consultado en línea 3 de julio de 2017, http://www.politico.com/blogs/ben-smith/2008/04/obama-on-small-town-pa-clinging-to-religion-guns-xenophobia-007737.

6. Zeke J. Miller, "Axelrod: Obama Misled Nation When He Opposed Gay Marriage In 2008", *TIME*, 10 de febrero de 2015, consultado en línea 3 de julio de 2017, http://time.com/3702584/gay-marriage-axelrod-obama/.

7. Adam Liptak, "Supreme Court Ruling Makes Same-Sex Marriage a Right Nationwide", *New York Times*, 26 de junio de 2015, consultado en línea 3 de julio de 2017, https://www.nytimes.com/2015/06/27/us/supreme-court-same-sex-marriage.html?_r=0.

8. Allie Malloy y Karl de Vries, "White House Shines Rainbow Colors to Hail Same-Sex Marriage Ruling", CNN, 30 de junio de 2015, consultado en línea 3 de julio de 2017, http://www.cnn.com/2015/06/26/politics/white-house-rainbow -marriage/index.html.

9. "Freedom of Access to Clinic Entrances and Places of Religious Worship", The US Department of Justice, actualizado 6 de agosto de 2015, consultado en línea 3 de julio de 2017, https://www.justice.gov/crt-12.

10. Igor Volsky, "Obama at HRC Dinner: GOP Presidential Candidates Must 'Stand Up' for Gay Soldiers", ThinkProgress, 1 de octubre de 2011, consultado en línea 3 de julio de 2017, https://thinkprogress.org/obama-at-hrc-dinner-gop -presidential-candidates-must-stand-up-for-gay-soldiers-6d2f48be13b4.

11. Billy Hallowell, "Obama's 5 Most Controversial Statements About Abortion and 'Women's Rights' During His Planned Parenthood Speech", The Blaze, 26 de abril de 2013, consultado en línea 3 de julio de 2017, http://www.theblaze.com /news/2013/04/26/obamas-5-most-controversial-statements-about-abortion-and -womens-rights-during-his-planned-parenthood-speech/.

12. "America's Most Biblically-Hostile U.S. President", Wall Builders, 29 de diciembre de 2016, consultado en línea 3 de julio de 2017, https://wallbuilders.com /americas-biblically-hostile-u-s-president/#edn1.

13. "Trump Executive Order Reverses Foreign Abortion Policy", BBC News, 23 de enero de 2017, consultado en línea 3 de julio de 2017, http://www.bbc.com /news/world-us-canada-38724063.

14. "Obama Pick: Taxpayers Must Fund Abortions", World Net Daily, 27 de enero de 2009, consultado en línea 3 de julio de 2017, http://www.wnd.com /2009/01/87249/.

15. Sarah Pulliam Bailey, "Obama Administration Changes Bush 'Conscience' Provision for Health Workers", *Christianity Today*, 18 de febrero de 2011, consultado en línea 3 de julio de 2017, https://www.christianitytoday.com/news/2011 /february/obama-admin-changes-bush-conscience-provision-for-health.html.

16. Steven Ertelt, "Obama Administration Announces $50 Million for Pro-Forced Abortion UNFPA", LifeNews, 26 de marzo de 2009, consultado en línea 3 de julio de 2017, http://www.lifenews.com/2009/03/26/int-1138/.

17. Steven Ertelt, "Pro-Life Groups Left Off Obama's Health Care Summit List, Abortion Advocates OK", LifeNews, 5 de marzo de 2009, consultado en línea 3 de julio de 2017, http://www.lifenews.com/2009/03/05/nat-4888/.

18. Jim Iovino, "Jesus Missing From Obama's Georgetown Speech", NBC Washington, 17 de abril de 2009, consultado en línea 3 de julio de 2017, http:// www.nbcwashington.com/news/local/Jesus-Missing-From-Obamas-Georgetown -Speech.html.

19. Steven Ertelt, "Obama Admin Terrorism Dictionary Calls Pro-Life Advocates Violent, Racist", LifeNews, 5 de mayo de 2009, consultado en línea 3 de julio de 2017, http://www.lifenews.com/2009/05/05/nat-5019/.

20. Johanna Neuman, "Obama Ends Bush-Era National Prayer Day Service at White House", *Los Angeles Times*, 7 de mayo de 2009, consultado en línea 3 de julio de 2017, http://latimesblogs.latimes.com/washington/2009/05/obama-cancels -national-prayer-day-service.html.

21. Matt Cover, "Obama's EEOC Nominee: Society Should 'Not Tolerate Private Beliefs' That 'Adversely Affect' Homosexuals'", CNSNews.com, 18 de enero de 2010, consultado en línea 31 de julio de 2017, http://www.cnsnews.com /news/article/obama-s-eeoc-nominee-society-should-not-tolerate-private-beliefs -adversely-affect.

22. "White House Spent $23M of Taxpayer Money to Back Kenyan Constitution at Legalizes Abortion, GOP Reps Say", *Fox News*, 22 de julio de 2010, consultado en línea 3 de julio de 2017, http://www.foxnews.com/politics/2010/07/21/gop -lawmaker-blasts-white-house-m-spent-kenya-constitution-vote.html.

23. Steven Ertelt, "Obama, Congress Cut Funding for 176 Abstinence Programs Despite New Study", LifeNews, 26 de agosto de 2010, consultado en línea 3 de julio de 2017, http://www.lifenews.com/2010/08/26/nat-6659/.

24. Steven Ertelt, "President Barack Obama's Pro-Abortion Record: A Pro-Life Compilation", LifeNews, 7 de noviembre de 2010, consultado en línea 3 de julio de 2017, http://www.lifenews.com/2010/11/07/obamaabortionrecord/.

25. Meredith Jessup, "Obama Continues to Omit 'Creator' From Declaration of Independence", eBlaze, 19 de octubre de 2010, consultado en línea 31 de julio de 2017, http://www.theblaze.com/news/2010/10/19/obama-continues-to-omit-creator -from-declaration-of-independence/.

26. LadyImpactOhio, "Feds Sued by Veterans to Allow Stolen Mojave Desert Cross to Be Rebuilt", RedState, 14 de enero de 2011, consultado en línea 3 de julio de 2017, http://www.redstate.com/diary/ladyimpactohio/2011/01/14/feds-sued-by -veterans-to-allow-stolen-mojave-desert-cross-to-be-rebuilt/.

27. Marianne Medlin, "Amid Criticism, President Obama Moves to Fill Vacant Religious Ambassador Post", Catholic News Agency, 9 de febrero de 2011, consultado en línea 3 de julio de 2017, http://www.catholicnewsagency.com/news /amid-criticism-president-obama-moves-to-fill-vacant-religious-ambassador-post/.

28. Brian Montopoli, "Obama Administration Will No Longer Defend DOMA", CBS News, 24 de febrero de 2011, consultado en línea 3 de julio de 2017, http:// www.cbsnews.com/news/obama-administration-will-no-longer-defend-doma/.

29. Chris Johnson, "ENDA Passage Effort Renewed With Senate Introduction", Washington Blade, 15 de abril de 2011, consultado en línea 3 de julio de 2017, http://www.washingtonblade.com/2011/04/15/enda-passage-effort-renewed-with -senate-introduction/.

30. Chuck Donovan, "HHS's New Health Guidelines Trample on Conscience", Heritage Foundation, 2 de agosto de 2011, consultado en línea 3 de julio de 2017, http://www.heritage.org/health-care-reform/report/hhss-new-health-guidelines -trample-conscience.

31. "Wounded, Ill, and Injured Partners in Care Guidelines", Family Research Council, consultado en línea 31 de julio de 2017, http://downloads.frc.org/EF /EF11L05.pdf.

32. "Maintaining Government Neutrality Regarding Religion", Military Religious Freedom Foundation, consultado en línea 31 de julio de 2017, https://www .militaryreligiousfreedom.org/docs/gen_schwartz_letter_religion_neutralilty.pdf.

33. Hillary Rodham Clinton, "Remarks in Recognition of International Human Rights Day", U.S. Department of State, 6 de diciembre de 2011, consultado en

línea 31 de julio de 2017, https://2009-2017.state.gov/secretary/20092013clinton
/rm/2011/12/178368.htm.

34. Ted Olsen, "Church Wins Firing Case at Supreme Court", *Christianity Today*, 11 de enero de 2012, consultado en línea 3 de julio de 2017, http://www
.christianitytoday.com/ct/2012/januaryweb-only/church-firing-case-supreme-court
.html.

35. Geo Herbert, "Air Force Unit Removes 'God' From Logo; Lawmakers Warn of 'Dangerous Precedent'", syracuse.com, 9 de febrero de 2012, consultado en línea 3 de julio de 2017, http://www.syracuse.com/news/index.ssf/2012/02/air
_force_rco_removes_god_logo_patch.html.

36. Markeshia Ricks, "Bible Checklist for Air Force Lodges Going Away", *First-Principles Press*, consultado en línea 31 de julio de 2017, http://firstprinciples
press.org/2012/04/26/bible-checklist-for-air-force-lodges-going-away/.

37. Patrick Goodenough, "White House 'Strongly Objects' to Legislation Protecting Military Chaplains from Doing Same-Sex Weddings or Being Forced to Act Against Conscience", CNS News, 16 de mayo de 2012, consultado en línea 3 de julio de 2017, http://www.cnsnews.com/news/article/white-house-strongly
-objects-legislation-protecting-military-chaplains-doing-same-sex.

38. "Military Logos No Longer Allowed on Troop Bibles", CBN News, 14 de junio de 2012, consultado en línea 3 de julio de 2017, http://www.cbn.com
/cbnnews/us/2012/june/military-logos-no-longer-allowed-on-troop-bibles
/?mobile=false.

39. Billy Hallowell, "Obama Opposes NDAA's 'Rights of Conscience' for Military Chaplains and Members, Vows to Protects Rights of Gays", The Blaze, 4 de enero de 2013, consultado en línea 3 de julio de 2017, http://www.theblaze.com
/stories/2013/01/04/obama-opposes-ndaas-rights-of-conscience-for-military
-chaplains-members-vows-to-protect-rights-of-gays/.

40. Steven Ertelt, "Obama Admin's HHS Mandate Revision Likely Excludes Hobby Lobby", LifeNews, 1 de febrero de 2013, consultado en línea 3 de julio de 2017, http://www.lifenews.com/2013/02/01/obama-admins-hhs-mandate
-revision-excludes-hobby-lobby/.

41. Tony Perkins, "Obama Administration Begins Training Homosexual Activists Around the World", LifeSiteNews, 6 de junio de 2013, consultado en línea 31 de julio de 2017, https://www.lifesitenews.com/opinion/obama-administration
-begins-training-homosexual-activists-around-the-world.

42. Stacie Ruth y Carrie Beth Stoelting, *Unite the USA: Discover the ABCs of Patriotism* (Bloomington, IN: WestBow Press, 2013).

43. Jack Minor, "Military Warned 'Evangelicals' No. 1 Threat", World Net Daily, 5 de abril de 2013, consultado en línea 3 de julio de 2017, http://www.wnd
.com/2013/04/military-warned-evangelicals-no-1-threat/.

44. "Liberty Institute Calls On U.S. Department of Defense to Abandon Shift in Military's Proselytizing Policy", PR Newswire, 7 de mayo de 2013, consultado en línea 3 de julio de 2017, http://www.prnewswire.com/news-releases/liberty
-institute-calls-on-us-department-of-defense-to-abandon-shift-in-militarys
-proselytizing-policy-206486691.html; Ken Klukowski, "Pentagon May Court Martial Soldiers Who Share Christian Faith", Breitbart, 1 de mayo de 2013,

consultado en línea 3 de julio de 2017, http://www.breitbart.com/national
-security/2013/05/01/breaking-pentagon-confirms-will-court-martial-soldiers
-who-share-christian-faith/.

45. "Obama Administration Ignores Outcries, Finalizes HHS Mandate Tar-
geting Religious Freedom", Liberty Counsel, 30 de junio de 2013, consultado en
línea 31 de julio de 2017, http://www.lc.org/newsroom/details/obama
-administration-ignores-outcries-finalizes-hhs-mandate-targeting-religious
-freedom; Tom Strode, "Moore, Others: Final Mandate Rules Fail", Baptist Press, 1
de julio de 2013, consultado en línea 31 de julio de 2017, http://www.bpnews
.net/40659/moore-others-nal-mandate-rules-fail.

46. Todd Starnes, "Obama 'Strongly Objects' to Religious Liberty Amendment",
Townhall.com, 12 de junio de 2013, consultado en línea 3 de julio de 2017, https://
townhall.com/columnists/toddstarnes/2013/06/12/obama-strongly-objects-to
-religious-liberty-amendment-n1618769.

47. Chad Groening, "Attorney Demands Answers for Air National Guard Ser-
geant Punished for Beliefs", OneNewsNow, 15 de julio de 2013, consultado en
línea 3 de julio de 2017, https://www.onenewsnow.com/culture/2013/07/15
/attorney-demands-answers-for-air-national-guard-sergeant-punished-for-beliefs
#.UeapQFNXyRS.

48. Steven Ertelt, "Army Briefng Tells Soldiers Christians and Pro-Lifers are a
'Radical' Threat", LifeNews, 23 de octubre de 2013, consultado en línea 3 de julio
de 2017, http://www.lifenews.com/2013/10/23/army-briefing-tells-soldiers
-christians-and-pro-lifers-are-a-radical-threat/.

49. "White House on Kim Davis: The Rule of Law Is Central to Our Democracy", RawStory, 3 de septiembre de 2015, consultado en línea 3 de julio de 2017,
http://www.rawstory.com/2015/09/white-house-on-kim-davis-the-rule-of-law-is
-central-to-our-democracy/.

50. "America's Most Biblically-Hostile U. S. President", WallBuilders.

51. *Ibíd.*

52. Penny Starr, "Civil Rights Commission: 'Religious Liberty,' 'Religious
Freedom' Code Words for Intolerance, Homophobia, and 'Christian Supremacy'",
CNSNews.com, 9 de septiembre de 2016, consultado en línea 3 de julio de 2017,
http://www.cnsnews.com/news/article/penny-starr/civil-rights-commission
-religious-liberty-religious-freedom-code-words.

Capítulo 17: El heredero y la reina

1. *The Open Door: A Pocket Magazine for Trolley of Train*, vol. 8 (New York
Public Library, 1911), p. 17, consultado en línea 30 de julio de 2017, https://books
.google.com/books?id=46ZVAAAAYAAJ&printsec=frontcover&dq=e+Open
+Door:+A+Pocket+Magazine+for+Trolley+of+Train,+Volume+8&hl=en&sa=X
&ved=0ahUKEwi54YKFmLPVAhWh1IMKHSAkCfMQ6AEIKDAA#v=one
page&q=Aer%20Ahab's%20death&f=false.

2. John Kitto, ed., *A Cyclopaedia of Biblical Literature*, vol. 2 (London:
W. Clowes and Sons), p. 112, consultado en línea 30 de julio de 2017, http://
tinyurl.com/ycuqglxm.

3. Don Fleming, "Jezebel", *Bridgeway Bible Dictionary*, consultado en línea 3 de julio de 2017, http://www.studylight.org/dictionaries/bbd/j/jezebel.html.

4. Peter Baker y Helene Cooper, "Clinton Is Said to Accept Secretary of State Position", *New York Times*, 21 de noviembre de 2008, consultado en línea 3 de julio de 2017, http://www.nytimes.com/2008/11/22/us/politics/22obama.html.

Capítulo 18: El asesino

1. 2 Reyes 8:7–8.

2. vv. 9–10.

3. vv. 11–13.

4. v. 14.

5. v. 15.

6. Mark Mazzetti, Helene Cooper, y Peter Baker, "Behind the Hunt for Bin Laden", *New York Times*, 2 de mayo de 2011, consultado en línea 3 de julio de 2017, http://www.nytimes.com/2011/05/03/world/asia/03intel.html.

7. 2 Reyes 6:11–12.

8. 2 Reyes 8:8.

9. Keith Bodner, *Elisha's Profile in the Book of Reyes: The Double Agent* (Oxford: Oxford University Press, 2013), pp. 133–134, consultado en línea 3 de julio de 2017, http://tinyurl.com/yau52xlr, énfasis añadido.

10. Mazzetti, Cooper, y Baker, "Behind the Hunt for Bin Laden", *New York Times*, consultado en línea 3 de julio de 2017, http://www.nytimes.com /2011/05/03/world/asia/03intel.html.

11. "SEAL's First-Hand Account of Bin Laden Killing", CBS News, 24 de septiembre de 2012, consultado en línea 3 de julio de 2017, http://www.cbsnews.com /news/seals-first-hand-account-of-bin-laden-killing/.

Capítulo 19: La guerra de tronos

1. *The Pulpit Commentaries*, StudyLight.org, consultado en línea 25 de julio de 2017, https://www.studylight.org/commentaries/tpc/2-Kings-9.html?print=yes.

2. Merrill C. Tenney, *The Zondervan Encyclopedia of the Bible*, Volume 1: Revised Full-Color Edition (Grand Rapids, MI: The Zondervan Corp., 2009), consultado en línea 30 de julio de 2017, http://tinyurl.com/yavhe7e2.

3. Marc A. Thiessen, "Hillary Clinton Is a Threat to Religious Liberty", *Washington Post*, 13 de octubre de 2016, consultado en línea 3 de julio de 2017, https:// www.washingtonpost.com/opinions/hillary-clinton-is-a-threat-to-religious -liberty/2016/10/13/878cdc36-9150-11e6-a6a3-d50061aa9fae_story.html?utm _term=.704ae93d2621, énfasis añadido.

4. James Strong y John McClintock, "Jezebel", *The Cyclopedia of Biblical, Theological, and Ecclesiastical Literature* (New York: Harper and Brothers, 1880), consultado en línea 3 de julio de 2017, http://www.biblicalcyclopedia.com/J /jezebel.html.

5. Amy Chozick, "Planned Parenthood, in Its First Primary Endorsement, Backs Hillary Clinton", *New York Times*, 7 de enero de 2016, consultado en línea 3 de julio de 2017, https://www.nytimes.com/politics/first-draft/2016/01/07 /planned-parenthood-in-its-first-primary-endorsement-backs-hillary-clinton/.

6. Daniel Allott, "Democratic Convention a Celebration of Abortion", *Washington Examiner*, 26 de julio de 2016, consultado en línea 3 de julio de 2017, http://www.washingtonexaminer.com/democratic-convention-a-celebration -of-abortion/article/2597792.

7. Jay Hobbs, "4 Ways Hillary Clinton Will Increase Abortion as President", The Federalist, 19 de octubre de 2016, consultado en línea 3 de julio de 2017, http://thefederalist.com/2016/10/19/four-ways-hillary-will-increase-abortion/.

8. Ramesh Ponnuru, "Clinton's Only Consistency: Ghastliness on Abortion", National Review, 26 de julio de 2016, consultado en línea 3 de julio de 2017, http://www.nationalreview.com/article/438315/hillary-clinton-abortion -democratic-partys-nominee-far-left-america-abortion.

9. Dave Andrusko, "10 Examples of How Extreme Hillary Clinton Is on Abortion", LifeNews, 12 de septiembre de 2016, consultado en línea 3 de julio de 2017, http://www.lifenews.com/2016/09/12/10-examples-of-how-extreme-hillary-clinton -is-on-abortion/.

Capítulo 20: El guerrero

1. 2 Reyes 9:1–3.

2. vv. 4–5.

3. vv. 6–8.

4. Warren W. Wiersbe, *The Bible Exposition Commentary*, vol. 1 (David C. Cook, 2004), p. 543, consultado en línea 3 de julio de 2017, http://tinyurl.com /y7md2649.

5. *Ibíd.*

6. Michelle Fields, "Former Florida Governor Jeb Bush Went After Donald Trump During Tuesday's GOP Presidential Debate, Calling Him a 'Chaos Candidate'", Breitbart, 15 de diciembre de 2015, consultado en línea 31 de julio de 2017, http://www.breitbart.com/big-government/2015/12/15/jeb-bush-calls-donald -trump-chaos-candidate/.

7. 2 Reyes 9:6.

Capítulo 21: La carrera

1. 2 Reyes 9:11–13.

2. v. 14.

3. v. 16.

4. v. 20.

5. Matthew Poole, "Commentary on 2 Reyes 9:20", *Matthew Poole's English Annotations on the Holy Bible* (de dominio público, 1685), consultado en línea 3 de julio de 2017, http://www.studylight.org/commentary/2-Kings/9-20.html.

6. Dwight L. Moody, T. DeWitt Talmage, y Joseph Parker, *Bible Characters* (de dominio público, formato digital publicado el 17 de mayo de 2017), consultado en línea 3 de julio de 2017, https://www.gutenberg.org/files/54736/54736-h/54736-h .htm.

7. 2 Reyes 9:14.

8. v. 16.

9. v. 20.

10. *Ibíd.*, LBLA, énfasis añadido.

11. *Ibíd.*, TLA, énfasis añadido.

12. *Ibíd.*, NVI, énfasis añadido.

13. *Ibíd.*, NTV, énfasis añadido.

14. *Ibíd.*, DHH, énfasis añadido.

15. *Ibíd.*, RVR-1995, énfasis añadido.

16. *Ibíd.*, PDT, énfasis añadido.

17. *ESV Global Study Bible* (Crossway, 2012), consultado en línea 3 de julio de 2017, http://tinyurl.com/y8pyx8yk.

Capítulo 22: El derrocamiento

1. 2 Reyes 9:14–15.

2. v. 17.

3. v. 22.

4. v. 23.

5. v. 25.

6. vv. 25–26.

7. John McCormack, "Would Donald Trump Be a Pro-Abortion President?", *Weekly Standard*, 17 de enero de 2016, consultado en línea 20 de junio de 2017, http://www.weeklystandard.com/would-donald-trump-be-a-pro-abortion -president/article/2000619.

Capítulo 23: La caída

1. 2 Reyes 9:22.

2. v. 30.

3. v. 31.

4. v. 32–33.

5. v. 34.

6. Joseph Benson, *Commentary of the Old and New Testaments* (New York: T. Carlton & J. Porter, 1857), consultado en línea 31 de julio de 2017, http://biblehub .com/commentaries/2_kings/9-34.htm.

7. Jenna Johnson, "At Florida Rally, Trump Resumes Attacking 'Crooked Hillary Clinton'", *Washington Post*, 27 de septiembre de 2016, consultado en línea 3 de julio de 2017, https://www.washingtonpost.com/news/post-politics/wp/2016 /09/27/at-florida-rally-trump-resumes-attacking-crooked-hillary-clinton/?utm _term=.93ed5f52d897.

8. Myra Adams, "How the Clinton Victory Party Went From Coronation to Despair", *Washington Examiner*, 12 de noviembre de 2016, consultado en línea 3 de julio de 2017, http://www.washingtonexaminer.com/how-the-clinton-victory -party-went-from-coronation-to-despair/article/2607188.

9. Ryan Lizza, "The Abortion Capital of America", New York, consultado en línea 3 de julio de 2017, http://nymag.com/nymetro/news/features/15248/.

10. Susan Berry, "Hillary Clinton to Receive Planned Parenthood's 'Champion of the Century' Award", Breitbart, 11 de abril de 2017, consultado en línea 3 de julio de 2017, http://www.breitbart.com/big-government/2017/04/11/hillary -clinton-receive-planned-parenthoods-champion-century-award/, énfasis añadido.

Capítulo 24: Los días del heredero

1. Marie Horrigan, "From Relative Obscurity, Obama's Star Rose Quickly", *New York Times*, 16 de enero de 2007, consultado en línea 20 de junio de 2017, http://www.nytimes.com/cq/2007/01/16/cq_2127.html.

2. Mark Leibovich, "The Speech at Made Obama", *New York Times*, 27, de julio de 2016. consultado en línea 3 de julio de 2017, https://www.nytimes.com /2016/07/27/magazine/the-speech-that-made-obama.html.

3. 2 Reyes 3:1, énfasis añadido.

4. Kevin Liptak, "Barack Obama Slams Trump, Makes Appeal for Hillary Clinton", CNN, 28 de julio de 2016, consultado en línea 3 de julio de 2017, http:// www.cnn.com/2016/07/27/politics/president-obama-democratic-convention -speech/index.html, énfasis añadido.

5. "READ: President Obama's Speech at the Democratic Convention", NPR, 28 de julio de 2016, consultado en línea 3 de julio de 2017, http://www.npr.org /2016/07/28/487722643/read-president-obamas-speech-at-the-democratic -convention, énfasis añadido.

6. "12 Years Later: Obama's DNC Speeches Then and Now", NBC News, 28 de julio de 2016, consultado en línea 3 de julio de 2017, http://www.nbcnews.com /storyline/2016-conventions/12-years-later-obama-s-dnc-speeches-then-now -n618166, énfasis añadido.

Capítulo 25: El hombre santo

1. 2 Reyes 10:15.

2. Jeremías 35:8–10.

3. W. H. Westcott, "The House of the Rechabites", *Scripture Truth*, vol. 7 (1915), p. 291, consultado en línea 3 de julio de 2017, http://www.stempublishing .com/authors/westcott/Rechabites.html.

4. "2 Kings Chapter 10", *YORWW Bible Commentary*, 2 de junio de 2012, con-sultado en línea 3 de julio de 2017, http://yorwwbiblecommentary.com/index.php /historical-books/book-of-second-kings/2-kings-1-12, énfasis añadido.

5. Alexander MacLaren, *MacLaren's Commentary: Expositions of Holy Scrip-ture* (Delmarva Publications Inc.), consultado en línea 3 de julio de 2017, http:// tinyurl.com/y86g95f4, énfasis añadido.

6. Charles Pfeiffer y Everett Harrison, *The Wycliffe Bible Commentary* (Moody Publishers, 1962), consultado en línea 3 de julio de 2017, https://books.google.com /books?id=r4lLCAAAQBAJ&pg=PT20&dq=e+Wycliffe+Bible+Commentary &source=gbs_selected_pages&cad=3#v=onepage&q=as%20a%20servant%20of &f=false, énfasis añadido.

7. Warren Wiersbe, *The Bible Exposition Commentary*, vol. 1, 543, consultado en línea 3 de julio de 2017, http://tinyurl.com/ya7bwjgx.

8. "2 Kings 10:15" Pulpit Commentary, consultado en línea 3 de julio de 2017, http://biblehub.com/commentaries/2_Kings/10-15.htm.

9. "2 Kings 10:16", *Barnes' Notes on the Bible*, consultado en línea 3 de julio de 2017, http://biblehub.com/commentaries/2_kings/10-16.htm.

10. 2 Reyes 10:15.

11. *Ibíd.*

12. v. 16.

13. *Ibíd.*

14. Joseph Rawson Lumby, *The Second Book of the Kings: With Introduction and Notes* (University Press, 1887), p. 103, consultado en línea 3 de julio de 2017, http://tinyurl.com/y94dodww.

15. John L. Mckenzie, *The Dictionary of the Bible* (Simon and Schuster, 1995), p. 722, consultado en línea 3 de julio de 2017, http://tinyurl.com/yaz9rup8, énfasis añadido.

16. "Rechabite", *Encyclopaedia Britannica*, consultado en línea 20 de junio de 2017, https://www.britannica.com/topic/Rechabite, énfasis añadido.

17. David Noel Freedman, ed., *Eerdmans Dictionary of the Bible* (Wm. B. Eerdmans Publishing, 2000), p. 1112, consultado en línea 3 de julio de 2017, https://books.google.com/books?id=P9sYIRXZZ2MC&printsec=frontcover&source=gbs_ge_summary_r&cad=0#v=snippet&q=the%20rechabites%20are%20described%20as%20a%20relig&f=false.

18. John H. Walton, Victor H. Matthews, y Mark W. Chavalas, *The IVP Bible Background Commentary: Old Testament* (InterVarsity Press, 2012), p. 398, consultado en línea 20 de julio de 2017, http://tinyurl.com/yaeu2kor.

19. 2 Reyes 10:15.

20. Candace Smith, Paola Chavez, y Veronica Stracqualursi, "Donald Trump Swears to Christian Leaders, 'I'm So on Your Side'", ABC News, 21 de junio de 2016, consultado en línea 31 de julio de 2017, http://abcnews.go.com/Politics/donald-trump-swears-christian-leaders-im-side/story?id=40021097.

21. David Gibson, Aysha Khan y Emily McFarlan Miller, "Trump to Top Evangelicals: 'I'm so on Your Side, I'm a Tremendous Believer'", Deseret Digital Media, 21 de junio de 2016, consultado en línea 31 de julio de 2017, http://www.deseretnews.com/article/865656629/Trump-to-top-evangelicals-6I7m-so-on-your-side-I7m-a-tremendous-believer7.html.

22. Lumbry, *The Second Book of the Kings: With Introduction and Notes*, p. 102, consultado en línea 3 de julio de 2017, http://tinyurl.com/ycw8bb2j.

23. "Mike Pence: 'I'm a Christian, a Conservative, and a Republican—in That Order'", *The Week*, 20 de julio de 2016, consultado en línea 3 de julio de 2017, http://theweek.com/speedreads/637487/mike-pence-im-christian-conservative-republican--that-order.

24. Bradford Richardson, "Shock Over Vice President Pence's Marriage Shows Washington, Media Out of Touch", *Washington Times*, 6, de abril de 2017, consultado en línea 3 de julio de 2017, http://www.washingtontimes.com/news/2017/apr/6/shock-over-mike-pences-marriage-shows-washington-m/.

25. "2 Kings 10:16" *Jamieson-Fausset-Brown Bible Commentary*, consultado en línea 3 de julio de 2017, http://biblehub.com/commentaries/2_kings/10-16.htm.

Capítulo 26: Los días de la reina

1. Sam Frizell, "What Hillary Clinton Did Before Her Campaign", *TIME*, 12 de abril de 2015, consultado en línea 3 de julio de 2017, http://time.com/3774872/hillary-clinton-campaign-launch/.

2. 1 Reyes 16:30, énfasis añadido.

3. 2 Reyes 3:1, énfasis añadido.

4. 1 Reyes 22:51, énfasis añadido.

Capítulo 27: El rey guerrero

1. Bromiley, *The International Standard Bible Encyclopedia*, vol. 2, p. 982, consultado en línea 3 de julio de 1017, http://tinyurl.com/yby9mcsc.

2. Chris Spargo, "Double, Double, Donald's in Trouble: Witches Including Lana Del Rey Will Gather at Midnight to Cast a Spell on President Trump And His Supporters in Hopes of Banishing Him From Office", Daily Mail, actualizado 25 de febrero de 2017, consultado en línea 27 de julio de 2017, http://www.dailymail.co.uk/news/article-4257216/Witches-gather-midnight-cast-spell-Donald-Trump.html.

3. *Ibíd.*

4. "2 Kings 10:31" *Pulpit Commentary*, consultado en línea 20 de junio de 2017, http://biblehub.com/commentaries/2_kings/10-31.htm.

Capítulo 28: El Templo

1. 1 Reyes 16:32.

2. 2 Reyes 10:26–28.

3. "2 Kings 10:27", *The Pulpit Commentaries*, consultado en línea 3 de julio de 2017, https://www.studylight.org/commentaries/tpc/2-kings-10.html.

4. *Ibíd.*

5. Maggie Haberman, "Trump Tells Planned Parenthood Its Funding Can Stay if Abortion Goes", *New York Times*, 6 de marzo de 2017, consultado en línea 3 de julio de 2017, https://www.nytimes.com/2017/03/06/us/politics/planned-parenthood.html.

6. Laurie McGinley y Amy Goldstein, "Trump Reverses Abortion-Related U.S. Policy, Bans Funding to International Health Groups", *Washington Post*, 23 de enero de 2017, consultado en línea 3 de julio de 2017, https://www.washingtonpost.com/news/to-your-health/wp/2017/01/23/trump-reverses-abortion-related-policy-to-ban-funding-to-international-health-groups/?utm_term=.5df9483b9ec9.

7. Liam Stack, "ISIS Blows Up Ancient Temple at Syria's Palmyra Ruins", *The New York Times*, 23 de agosto de 2015, consultado en línea 20 de junio de 2017, https://www.nytimes.com/2015/08/24/world/middleeast/islamic-state-blows-up-ancient-temple-at-syrias-palmyra-ruins.html.

8. Mathew Katz, "Satellite Images Confirm Destruction of Ancient Temple in Palmyra", *TIME*, 31 de agosto de 2015, consultado en línea 3 de julio de 2017, http://time.com/4018108/satellite-images-temple-destruction-palmyra/.

9. Reem Nasr, "Donald Trump Announces Candidacy for President", CNBC, 16 de junio de 2015, consultado en línea 3 de julio de 2017, http://www.cnbc.com/2015/06/16/donald-trump-announces-candidacy-for-president.html.

Capítulo 29: Los presagios de días por llegar

1. 2 Reyes 10:31.

2. Bob Deffinbaugh, "23. The Life and Times of Elisha the Prophet—Jehu Cleans House (Ahab's House) (2 Kings 10:1–36)", 24 de agosto de 2004,

consultado en línea 3 de julio de 2017, https://bible.org/seriespage/23-life-and
-times-elisha-prophet-jehu-cleans-house-ahab-s-house-2-kings-101-36.

3. 2 Crónicas 7:14.

Capítulo 30: El paradigma de Elías

1. 1 Reyes 17:1.
2. 1 Reyes 18:17.
3. v. 18.
4. v. 30.
5. v. 21.
6. Hechos 4:12.

ACERCA DEL AUTOR

J ONATHAN CAHN CAUSÓ una agitación nacional con la publicación del éxito de ventas del *New York Times, El presagio*, y sus posteriores éxitos de ventas del *New York Times*. Se ha dirigido a miembros del Congreso y ha sido orador en las Naciones Unidas. Fue enumerado, junto con Billy Graham y Keith Green, entre uno de los principales cuarenta líderes espirituales de los últimos cuarenta años "que cambiaron radicalmente nuestro mundo". Es conocido como una voz profética para nuestros tiempos y para la revelación de profundos misterios de Dios. Jonathan lidera Hope of the World un ministerio para los más necesitados del mundo, y el Jerusalem Center en las afueras de la ciudad de Nueva York, en Wayne, Nueva Jersey. Es un orador muy solicitado y aparece en toda América y en el mundo. Es un creyente mesiánico, un seguidor judío de Jesús.

Para más información, para obtener otros mensajes y enseñanza de Jonathan, o para ponerse en contacto con su ministerio, escriba a:

Hope of the World
Box 1111
Lodi, NJ 07644
USA

O visite su sitio web en:

HopeOfTheWorld.orgs

Facebook: Jonathan Cahn

Email: contact@hopeoftheworld.org